청소년 프로그램 개발과 평가

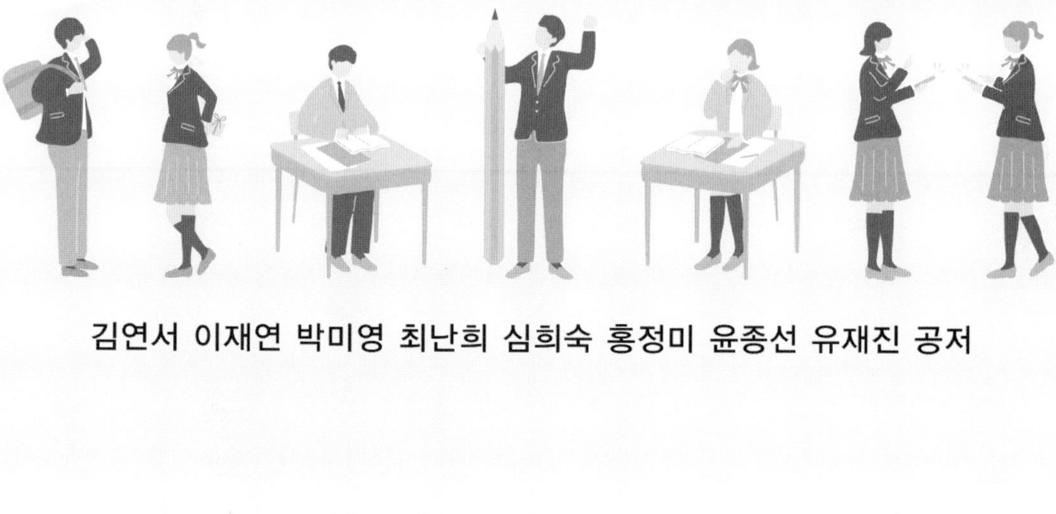

김연서 이재연 박미영 최난희 심희숙 홍정미 윤종선 유재진 공저

양 성 원

머리말

청소년기는 아동기에서 벗어나서 성인기로 나아가는 중간에 있는 발달단계이다. 따라서 청소년이 사회에 잘 적응하고 성장하는 데 도움을 주는 프로그램을 많이 개발할 필요가 있다. 더불어 이런 청소년 프로그램에 대해서는 적절하게 평가할 필요가 있다. 본 저서는 청소년 프로그램을 개발하고 평가하는 데 도움을 주기 위해서 발간하게 되었다.

청소년 프로그램 개발과 평가에 대한 국내 서적은 목차가 거의 비슷한 편이다. 이것은 청소년 지도사를 위한 과목 지침을 따랐기 때문인 것으로 보인다. 그리고 청소년 프로그램 개발과 평가에 대한 외국 서적은 드문 편이다. 따라서 본 저서에서는 그동안 우리나라에서 청소년 프로그램 개발과 평가에 대해 발간한 저서를 많이 참고하였다.

본 저서의 첫 부분에서는 청소년 프로그램의 개발에 대해 다루었다. 둘째 부분에서는 청소년 프로그램을 개발하고 평가하는 과정을 자세히 다루었다. 마지막으로 셋째 부분에서는 청소년 프로그램의 실제 사례를 다루었다.

본 저서는 청소년을 대상으로 프로그램을 개발 · 실시 · 평가한 여러 사회복지사들이 모여서 작업하였다. 그러다 보니 일부 중복이 있을 수 있고 표현 방법에서 차이가 있을 수 있다. 본 저서에서 부족한 부분은 나중에 개정판에서 보완할 예정이다.

본 저서를 발간하는 데는 여러 분들의 도움이 있었다. 먼저, 본 저서를 발간해 주신 양성원 강철원 사장님께 감사드린다. 그리고 본 저서의 발간을 지지해 주신 목일수 부사장님과 멋있게 편집해 주신 편집부에 고마움을 전한다.

본 저서가 청소년 프로그램을 개발하고 평가하는 데 도움이 되기를 바란다.

2025년 2월

저자 일동

차 례

Chapter 11

Chapter 12

Chapter 01

청소년 프로그램의 이해

학습목표

- 청소년 프로그램의 개념 및 성격을 이해한다.
- 청소년 프로그램의 유형을 이해한다.
- 청소년 프로그램의 기능을 이해한다.

Chapter

01 청소년 프로그램의 이해

1. 청소년 프로그램의 개념 및 성격

1) 청소년 프로그램의 개념

청소년 프로그램은 청소년 교육의 핵심 요소로서 기본적으로 청소년 중심의 가치 지향을 지니고 개인적 성장과 발전을 지향한다. 청소년 프로그램은 익히 알고 있는 학교의 교육과정과 공통성을 갖고 있기도 하지만, 청소년 프로그램에 대한 접근은 비교적 획일화된 학교의 교육과정과 다르게 하는 것이 실질적으로 필요하다. 또한 청소년 프로그램은 청소년의 성장과 발달을 위해 청소년이 가져야 할 필요가 있는 적절한 기회를 제공해 주는 경험들로 구성되고 현 사회의 부정적 영향력들을 중화한다. 예를 들어, 청소년들이 학교와 지역사회에서 동아리, 교회, 조직 등에 참여하는 일은 청소년들의 학업 성취와 전반적인 발달 면에서 효과적이라 할 수 있다(권양이, 2013). 이와 함께 청소년 개인의 변화와 성장을 통한 사회변혁을 도모하기도 하며 프로그램 자체가 청소년 관련기관이나 단체의 사회적 역할 수행이기도 하다.

한 사회의 청소년정책이나 의도는 청소년 프로그램이라는 수단을 통해 실행되기 때문에 청소년 지도사인 전문가가 청소년 프로그램을 개발하고 평가한다는 것은 그러한 프로그램들을 어떻게 만들고 실행하고 평가해서 발전시켜 나갈지를 모색하는 것이다(김영종, 2013).

프로그램이란 참여자를 위해 유익한 성과를 성취하기 위하여 설계되고 조정된 활동의 집합을 의미한다(Davidson, 2005). 청소년 프로그램은 “청소년의 건전한 육성을 목적으로 하는 다양한 청소년 활동을 보다 효과적이고 효율적으로 실현하기 위해 필요한 활동들의 집합”이라고 볼 수 있다(한국청소년개발원 편, 1997). 이러한 청소년 프로그램은 프로그램으로서의 기본인 성격과 청소년 활동의 독특한 성격을 동시에 가지게 된다. 따라서 청소년활동이나 행사의 단순한 일정표를 프로그램이라고 말할 수 없다. 최소한 청소년 지도의 프로그램 목적, 학습 목표와 내용, 교수 학습 방법, 프로그램 전개 과정, 학습체제(format) 등의 매체 속에 하나의 시스템처럼 체계화되어 있고, 이에 따라 청소년의 학습경험을 조력할 수 있는 다양한 환경적 자원과 지도 및 평가 전략이 구체적으로 안내되어 있는 일련의 계획표를 프로그램이라고 할 수 있을 것이다(김진화, 2009).

청소년 프로그램의 개념을 정리해 보면 프로그램을 통해서 청소년을 어떻게 성장시키고 변화시켜야 할 것인지와 관련된 철학적 · 심리적 · 교육학적 · 사회학적 · 문화적 의미가 포함되어 있으며, 시사성, 개방성, 융통성 등과 같은 원리에 기초하기 때문에 그 과정과 프로그램도 학습자의 참여, 요구, 능력, 역할 등을 고려하여 계획되고 실행되어야 한다(정하성 · 안승열, 2003). 이에 청소년 프로그램은 일정한 청소년 활동을 구체화하기 위해 필요한 활동 내용과 그에 관련된 자원과 조건 등의 제반 여건을 종합적으로 연결하여 단계적으로 자세히 편성해 놓은 것으로 정의할 수 있다. 이처럼 청소년 프로그램이 청소년의 전인적인 성장과 건강한 발달을 도모하기 위해 수행되어야 하는데 이러한 목적 달성이 선결 요건으로 제시될 때 더욱 완전한 청소년 발달이라는 효과를 기대해 볼 수 있을 것이다.

2) 청소년 프로그램의 성격

청소년 프로그램은 학교 교육과는 다르게 청소년기관 및 단체의 성격, 프로그램의 유형, 프로그램의 단위, 참여자의 형태, 프로그램 개발자의 성향에 따라 다른 양상을 보이며, 목표, 계획, 설계, 절차, 조직된 방법, 창안된 행위, 정돈된 준비, 도식화 등을 포함한 광범위하고 포괄적인 성격을 가지고 있다. 청소년 프로그램은 기본적으로 프로그램에 대한 청소년들의 호응도와 만족도가 높아야 하고 지역사회에서의 가시성과 신뢰성이 있어야 한다. 또한 청소년들이 관심을 가지고 참여해야 하며, 프로그램을 운영하는 기관의 만족도와 함께 프로그램을 계획한 지도자의 만족도 역시 높아야 한다(권일남, 2000; 이교봉, 2008).

청소년 프로그램의 성격을 구체적으로 제시하면 다음과 같다.

첫째, 청소년 프로그램은 활동 중심적이다. 학교 교육에 비해 다루는 내용이나 주체, 방법 등에서 훨씬 다양하고 청소년의 실제적인 생활 자체를 기초로 실생활과 밀접하게 관련된 활동 중심적으로 진행된다. 내용에 있어서 지적인 영역을 넘어 정의적 · 심체적 측면을 모두 다루며, 주제의 측면에서도 청소년들이 관심을 갖는 모든 영역을 다루며, 방법적인 면에서도 청소년들의 흥미와 관심을 고취시키기 위해 최첨단 기술과 기법들이 적용되고 있다. 또한 인격적 측면만을 강조하는 활동을 중시하기보다는 실천적 경험과 활동을 습득하여 새로운 문화와 사회적 가치에 적응하도록 하는 능력을 배양하는 것이 필요하다. 따라서 단지 활동성을 강조한 동적인 체험이 아닌 청소년에게 필요한 삶의 가치와 진솔함이 담겨 있으며, 청소년의 바람직하고 균형 잡힌 성장으로 연결된다고 할 수 있다.

둘째, 청소년 프로그램은 대상 중심적이다. 청소년의 요구 반영과 자발적인 참여를 전제로 청소년의 다양한 특성과 요구에 따라 매우 다양한 형태를 취하며, 청소년 스스로가 자발적으로 활동에 참여하여 자율적으로 수행할 수 있도록 청소년 중심의 활동이 주로 선택된다. 따라서 청소년에게 학습 사고를 불러일으키며 개개인에게 교육적 특성을 주는 것이어야 하므로, 청소년기의 심리적 특성에 맞는 주제, 환경, 관심사, 역할 등에 따라 다양한 청소년 프로그램이 존재하며, 집단뿐만 아니라 개인의 능력을 신장하는 활동들도 중시해야 한다. 청소년 프로그램은 청소년 지도자나 청소년 기관 또는 청소년단체가 중심이 되는 프로그램이 아니라 청소년이 중심이 되는 프로그램이다. 따라서 청소년은 청소년시설이나 기관 등 외부의 목적 달성을 위한 수단으로 간주되어서는 안 된다.

셋째, 청소년 프로그램은 과정 중심적이다. 청소년 프로그램은 학교 교육과정과는 다르게 청소년의 전인적인 성장 발달을 목적으로 하는 인간중심 프로그램이다. 청소년 프로그램에 참여하면서 얻게 되는 다양한 무엇인가를 위한 결과보다는 과정이 더욱 중시되고, 논리나 객관적인 기준보다는 신뢰, 사랑, 이해 등 심리적 유대감에 기초한 인간관계가 더욱 중시되도록 구성되어 있다. 따라서 청소년들이 경험하는 과정이 뒤에 오는 경험의 지속적인 성장을 이끌어 낼 수 있도록 해야 한다.

넷째, 청소년 프로그램은 현실지향적이며 미래지향적이다. 청소년 프로그램은 청소년들의 현재의 삶과 미래의 삶에 동시에 초점을 맞춘다. 그러므로 청소년지도 현장에서 앞으로 전개될 행동을 미리 예측하여 이를 바탕으로 향후 10년, 20년 후의 미래의 삶에서 필요로 하는 지식과 정보, 기술, 태도 함양과 청소년들의 욕구와 특성에 따라 내용과 방법의 일부를 융통성 있게 수정 · 변경시킬 수 있는 현실 지향적인 특성을 동시에 지니고 있다. 그러므로 부분보다는 전체를 이해하고 복합적인 분석이 이루어지는 접근이 필요하다.

다섯째, 청소년 지도의 목적 달성을 위한 수단이다. 청소년 프로그램의 경우는 실제로 청소년들의 필요와 문제해결에 대한 다양한 목적들이 존재한다. 따라서 임의적 · 맹목적으로 행해지는 프로그램이 아니라, 청소년의 바람직한 성장과 발달이라는 구체적인 목적을 지향하는 프로그램이다. 청소년 프로그램은 포괄적인 내용과 범위가 광범위하고, 상황에 따라 지도방법이 가변적인 상황에서 프로그램의 내용을 선정하고 조직해야 한다. 청소년이 프로그램 참여 전에 자신이 기대하고자 하는 것이 무엇인지를 알고 참여할 수 있도록 도움을 줄 수 있으며, 활동을 통한 청소년의 지속적인 성장과 발달은 청소년 활동의 최상의 목표이며, 청소년 활동지도는 그 과정을 돕는 일이다.

2. 청소년 프로그램의 유형

청소년 프로그램의 유형은 프로그램 개발 주체, 구성 범위, 형태, 내용에 따라 구분할 수 있다. 청소년 프로그램은 특성상 청소년과 지도자의 요구에 역동적으로 반응한다. 그렇기 때문에 학교의 교과목처럼 청소년 프로그램을 어떤 하나의 원리로 분류하거나 유형화하는 작업은 어렵다. 청소년 프로그램은 하나의 목표를 위해 만들어지기보다는 청소년의 소질과 특기 함양, 청소년의 기량과 품성 함양, 청소년의 능동적이고 주체적인 삶의 질 향상 등 창의적이고 자율적인 청소년 활동을 지원하는 종합적인 구조를 가지기 때문이다. 그러나 청소년 프로그램의 유형은 몇 가지 분류의 원리에 따라 다음과 같이 나눌 수 있다(김윤나, 2018: 마상욱, 2020; 홍선미, 2018).

1) 개발 주체에 따른 분류

청소년 프로그램은 개발 주체가 어디냐에 따라 프로그램을 접근하고 개발하는 방식이 달라질 수 있다. 이 경우, 청소년 프로그램의 유형은 국가가 개발하는 프로그램, 기관이 개발하는 프로그램, 청소년 지도자가 개발하는 프로그램, 청소년이 직접 개발하고 실행하는 프로그램으로 분류할 수 있다.

(1) 국가 개발 프로그램

프로그램의 개발과 보급에 책무가 있는 국가에서 개발되는 국가 프로그램은, 국가가 청소년 활동의 활성화를 위하여 일선 현장의 청소년 지도자들에게 다양한 프로그램을 보급하는 것을 주요 목표로 하여 개발하는 정책적인 성격의 프로그램을 의미한다. 국가 단위 프로그램의 대표적인 것으로는 청소년 프로그램 인증제에 의한 것이 있다. 인증된 청소년 활동 프로그램은 국가가 청소년 활동의 공공성과 신뢰성을 인증하는 프로그램으로 청소년 수련 활동이 갖는 일정 기준 이상의 형식적 요건과 질적 특성을 갖춘 청소년 활동 프로그램이다. 즉, 국가 차원에서 청소년의 교육·사회적 환경 변화에 따른 양질의 청소년 활동 프로그램을 활성화하고 참여기회를 제공함으로써 청소년들의 사회문화적 역량을 개발하도록 하는 것이다. 여성가족부(2024)의 청소년 프로그램 공모사업 영역별 프로그램인 청소년 진로 활동, 학교 연계 청소년 활동, 청소년 디지털 활동, 국가보훈처의 청소년을 위한 나라 사랑 테마 활동 공모사업 등이 여기에 해당한다.

(2) 기관 개발 프로그램

주로 청소년단체나 청소년시설 등의 청소년 관련 기관들이 각 기관에서 전개될 청소년 활동을 위해 독자적으로 개발하는 사업적 성격을 가진 프로그램을 의미한다. 기관 개발 프로그램이 중점을 두는 것은 사고와 의사소통 같은 개인의 기본능력의 발달과 성장에 관한 것이며 한 개인의 보다 나은 발전을 위하여 여러 원리의 내용을 가르치는 것이다. 기관적이라는 용어는 기관 본연의 임무와 프로그램의 요점 사이의 밀접한 관계를 반영하기 위해 쓰여졌다. 이 유형에서 프로그램 개발은 교육자가 학습자 스스로 원리를 습득하는 것을 돕는 것과, 지식의 조직적인 실체에 근거하여 결정된다(권양이, 2013).

우리나라 농촌진흥청과 한국 4-H본부의 4-H 운동과 같이 청소년단체나 시설 등에서 독자적으로 개발하는 사업적인 성격을 가진 프로그램을 의미하기도 한다. 최근 청소년 지도 현장에서 프로그램의 중요성이 크게 강조되면서 각 기관이나 시설별로 독자적인 프로그램을 개발 · 운영하려는 노력이 확산되고 있다. 이 프로그램들은 기관의 목적 및 목표를 달성하기 위한 기본 수단으로 활용된다. 예를 들면, 청소년적십자(RCY)의 각종 공중위생 활동 프로그램, 해양청소년단의 해양스포츠 활동 프로그램, 걸 스카우트의 가정생활 교육 프로그램, 흥사단의 청소년 국토순례 프로그램, 한국우주소년단의 실물모형 제작 프로그램 등은 기관프로그램에 해당한다(한상철, 2009).

(3) 청소년 지도자 개발 프로그램

청소년 지도자가 청소년 활동 지도에 필요한 프로그램을 개발하여 적용하는 것으로 주요 단위 활동에 요구되는 구체적인 활동 계획 수준의 프로그램을 의미한다. 따라서 누구나 프로그램을 이용할 수 있도록 프로그램의 대상, 일시, 시간, 장소, 기간, 내용, 인적 · 물적 자원 등의 요소를 고려하여 프로그램을 개발하고 기재되어 있어야 한다. 대상에 따라서는 학생, 비학생 등에 따른 프로그램으로 구분해 개발하고, 시기에 따라서는 계절, 방학 등을 고려하고, 장소나 환경을 고려하여 실내와 야외 프로그램을 개발한다. 또한 내용과 자원의 환경을 고려하여 다양한 프로그램이 개발될 수 있다. 예를 들면, 각종 인성개발 프로그램, 신체 단련 활동 프로그램, 봉사활동 프로그램, 탐험 활동 프로그램, 전통 체험 프로그램, 레크리에이션 프로그램 등이 여기에 해당한다.

(4) 청소년 개발 프로그램

청소년이 직접 개발하는 프로그램은 인터넷, 스마트폰 그리고 SNS의 발달에 따라 자유롭게 소통하는 청소년들이 청소년 개인의 아이디어와 의견을 자유롭게 제안하고, 동아리 등에서 스스로 프로그램을 개발하여 실행하거나, 청소년 기관 및 청소년 지도자가 제공하는 다양한 청소년 프로그램 시스템 안에서 청소년들이 참여하여 프로그램을 개발하는 형태의 유형이다. 국제 청소년 성취포상제, 청소년 프로그램 공모사업 등을 통해 청소년은 자신의 의견을 반영할 수 있는 프로그램을 개발할 수 있다.

2) 프로그램의 구성 범위에 따른 분류

(1) 단위 프로그램

어떤 하나의 주제에 따른 내용을 바탕으로 단순하게 이루어지는 간단한 활동 프로그램을 의미한다. 이것은 공통적으로 여러 번 반복해서 사용할 수 있도록 작성된 프로그램으로 단일 프로그램이라고도 한다. 예를 들면, 지역사회 봉사활동 프로그램, 견학 및 답사 프로그램, 각종 예방 캠페인 프로그램 등이 여기에 해당한다.

(2) 연속 프로그램

하나의 주제에 여러 개의 내용으로 나누어서 이를 일정한 순서에 따라서 연결한 프로그램이다. 다시 말하면, 동일한 계열에 속하는 여러 개의 활동 프로그램들이 단일 목표를 이루기 위해 한데 모여서 이루어진 복합 프로그램이다. 기능연마나 기술 습득을 목적으로 한 주제의 다양한 내용들이 일정한 순서에 따라 연결되는 프로그램이다. 예를 들어, 컴퓨터 지도, 미술 지도, 악기연주, 태권도 지도, 각종 스포츠 지도 등이 여기에 해당한다.

(3) 통합 프로그램

통합 프로그램(integrated program)이란 한 주제에서 세분화된 여러 활동이나 비슷한 성격의 활동들을 한데 모아 한 체계 속에서 적절하게 연결하여 하나의 활동으로 묶어서 구성한 것이다. 통합 프로그램 역시 연속 프로그램과 같이 복합 프로그램의 한 방식이다. 구성 요소들은 서로 수평적 관계이며, 하나의 목표를 향해 효과적으로 결합되어 있으며, 비슷한 성격의 활동들을 한 체계 속에 연결하여 서로 독립되는 개별 내용이 모순되지 않아야 한다. 이러한 프로그램은 청소년들의 가치관 또는 태도 형성이나 각종 사회문제 해결을 목적으로 하는 청소년 지도에서 많이 나타난다. 예를 들어, 환경문제를 인식하여 환경을 보호하는 태도를 형성하기 위한 것으로 강물 오염, 공해, 쓰레기 난 등 심각한 환경오염 실태를 알려 문제의 심각성을 깨닫도록 하는 인식 프로그램, 환경오염을 스스로 파악하게 하는 환경답사 또는 조사활동 프로그램, 자연 탐구활동 프로그램, 환경보호 사례 프로그램, 환경보호 실천 프로그램 등이 여기에 해당한다.

(4) 종합 프로그램

종합 프로그램(synthesized program)은 부분별 프로그램들이 각각 고유한 목표와 성격을 그대로 유지하면서 여러 영역의 활동 프로그램을 한데 모아서 활동의 체계에 따라 분류하지 않고 같은 구조 속에서 그 연계성을 합리적으로 조합한 총괄성을 가진 프로그램이다. 이 유형은 비교적 규모가 큰 프로그램으로서, 주로 특정한 기간 동안 이루어지는 제목 중심의 행사형 프로그램들이다. 청소년 캠프의 경우, 캠프를 준비하기 위한 답사부터 각 단위 프로그램들이 종합되어 이루어지기 때문에 여기에 속한다. 예를 들면, 청소년 문화축제, 청소년 해양 스포츠 제전, 청소년 박람회 등의 행사프로그램이 여기에 해당한다. 특히 청소년 방과 후 아카데미는 단위 프로그램과 연속 프로그램이 복합되어 있는 종합 프로그램이다.

3) 프로그램 형태에 따른 분류

청소년 활동의 특성상 프로그램의 운영형태가 고정된 틀 속에서 운영되는 것이 아니라, 매우 폭넓고 다양하며, 프로그램을 운영하는 장소, 시기, 방법, 내용, 추구하는 목적에 따라 여러 형태로 운영될 수 있다. 특히 일정한 장소에서 한 가지 주제를 장기간 수행하는 형태의 일일 정기형 프로그램과 집을 벗어나 일정한 시기 동안 숙박을 하면서 이루어지는 형태의 숙박형 프로그램, 한 장소에 머물러 있지 않고 계속 이동하면서 프로그램을 운영하는 이동형 프로그램이 있을 수 있다. 이와 같은 운영형태에 따른 분류는 청소년수련활동 인증제도에서 활동 프로그램의 운영형태에 따라 인정 기준을 설정하기 위해 도입되어 운영 중에 있다(이교봉, 2008).

(1) 일일 정기형 프로그램

청소년들의 일상생활이 이루어지는 생활근거지를 중심으로 전체 프로그램 운영

시간이 2시간 이상으로 진행된다. 시행한 날에 끝나거나 또는 2일 이상의 각 회기로 구성되어 있으며 숙박을 하지 않고 일정 기간 동안 정기적, 비정기적 종합적인 활동이 이루어지는 형태의 활동 프로그램으로서, 주로 기능 개발 중심의 활동 프로그램을 말한다. 취미 개발, 문화 예술 활동, 스포츠활동, 직업 체험활동, 과학 정보활동 등의 각종 기능 습득을 중심으로 한 청소년수련관, 청소년 문화의 집, 유스호스텔 등에서 주로 이루어진다.

(2) 숙박형 프로그램

청소년들이 집을 떠나 숙박에 적합한 장소에서 일정 기간 숙박하며 1일 이상 이루어지는 활동 프로그램이다. 주로 건강·보건 활동, 모험 개척 활동, 자기(인성) 계발활동, 자연 체험활동, 환경 보존 활동 등 야외에서 이루어지는 활동을 하는 프로그램으로서, 청소년수련원, 유스호스텔, 청소년 캠프장, 청소년 야영장 등에서 이루어진다.

(3) 이동형 프로그램

프로그램의 활동 내용에 따라 선정된 활동장을 이동하여 숙박하며 이루어지는 활동을 하는 프로그램이다. 주로 탐험 활동 프로그램, 역사 탐방 프로그램, 국토 순례 등이 여기에 속한다.

(4) 학교 단체 숙박형 프로그램

학교의 장이 참가를 승인한 숙박형 활동으로 숙박에 적합한 장소에서 일정 기간 숙박하며 이루어지는 활동을 하는 프로그램이다. 여기에는 개별 단위 프로그램으로 학교 단체 숙박형 활동을 구성하는 각각의 프로그램이 있다.

〈표 1-1〉 청소년수련활동 인증제 활동유형구분

활동유형	내용
기본형	전체 프로그램 운영 시간이 2시간 이상으로서, 실시한 날에 끝나거나 또는 2일 이상의 각 회기로 구성되어 있으며 숙박 없이 수일에 걸쳐 이루어지는 활동
숙박형	숙박에 적합한 장소에서 일정 기간 숙박하여 이루어지는 활동
이동형	활동 내용에 따라 선정된 활동 장을 이동하여 이루어지는 활동
학교 단체 숙박형	학교장이 참가를 승인한 숙박형 활동 **개별단위프로그램: 학교 단체 숙박형 활동을 구성하는 각각의 프로그램

출처: 여성가족부(2023).

청소년수련활동 신고제도

청소년수련활동 신고제도는 「청소년활동 진흥법」 제9조의2에 따라 19세 미만의 청소년을 대상으로 하는 청소년수련활동 계획을 사전에 신고하도록 하고, 관련 정보를 참가자가 편리하게 확인할 수 있도록 인터넷 등에 공개하는 제도이다. 청소년수련활동 관련 안전사고 예방을 위해 2013년 11월 '이동 · 숙박형 청소년활동 신고제도'로 도입되어 2014년 7월부터 '숙박형 등 청소년수련활동 신고제도'로 신고 대상과 활동을 변경하여 운영 중이다.

신고제도를 통해 수련활동의 신고를 준비하는 과정에서 활동 운영 전반에 관한 안전 요소를 점검하게 되고 범죄 경력자 등 결격 사유가 있는 지도자의 참여를 막을 수 있으며, 안전 보험 가입을 의무화하여 보다 안전한 수련활동을 진행할 수 있도록 하였다. 또한 신고 수리된 활동 정보를 인터넷 홈페이지 등에 공개함으로써 청소년, 학부모 등 정보가 필요한 모든 사람이 쉽게 수련활동 정보를 알 수 있도록 하여 활동 선택과 참여 결정에 도움을 줄 수 있다(여성가족부, 2022).

4) 내용에 따른 유형

청소년 활동 내용은 전 생애에 걸쳐 유의미한 발달이라는 측면에서 조망하면, 매우 폭넓은 내용들이 있을 수 있다. 특히 청소년기 특성상 성공적인 성인으로 이행하기 위한 가치 있는 경험과 체험의 활동들은 수없이 많을 수 있다. 그러므로 학자들마다 여러 가지 기준을 바탕으로 내용에 대해 범주화하고 분류를 시도하고 있다. 그중에서도 대표적인 것으로 「청소년활동 진흥법」에서 제시하고 있는 청소년 활동의 내용에 따른 분류가 있다. 여기에서는 크게 수련 활동, 교류 활동, 문화 활동으로 영역을 구분하여 분류한다. 청소년 수련 활동은 청소년들이 자발적인 참여를 바탕으로 기량과 품성을 함양하는 것으로 광범위한 내용을 포괄하고 있다. 청소년교류활동은 지역 간 교류, 남북 간 교류, 국가 간 교류 활동으로 분류하고, 청소년 문화 활동은 예술 활동, 스포츠활동, 동아리 활동, 봉사활동 등으로 분류하고 있다. 이러한 맥락에서 청소년 활동의 내용은 청소년들의 생활 전체를 포함하는 것이므로 특정한 하나의 기준과 내용으로 청소년 활동 전체를 설명하기에는 무리가 따른다(이교봉, 2008). 여기에서는 내용에 따른 유형으로 여성가족부의 청소년 프로그램 공모사업과 청소년수련활동인증제 영역으로 분류한다.

(1) 청소년 프로그램 공모사업 영역별 프로그램

여성가족부(2024) 청소년 프로그램 공모사업은 정부 정책 및 사회변화에 부합하는 청소년 활동이 현장에서 작동할 수 있도록 청소년에게 다양한 체험 기회를 제공하고, 사회변화에 부합하는 우수한 프로그램을 발굴·확산하여 청소년 활동 현장 활성화 및 청소년의 미래 역량 함양 기여를 위해 마련됐다. 지원 분야는 청소년 진로 활동(진로탐색, 진로설계 및 실천 등), 학교연계 청소년활동(교육과정

연계, 학교 유휴교실 활용 활동 등), 청소년 디지털 활동(디지털 도구 활용, 미디어 콘텐츠 제작 등) 등 3개 분야이며, 2024년에는 청소년 진로 활동 분야를 신설하여 청소년들의 진로 설계와 진로 체험 지원을 강화했다(〈표 1-2〉 참조).

〈표 1-2〉 2024 여성가족부 청소년 프로그램 공모사업

분야	주요 내용
청소년 진로활동	• 진로 탐색을 위한 자아 탐색, 진로 이해, 직업 이해, 진로정보 탐색 활동 (자아 탐색) 자기 이해, 생애 탐색, 가치관 확립 등 (진로 이해) 직업 흥미 및 적성 탐색, 진로성숙도 탐색 등 (직업 이해) 직업관 확립, 일과 직업의 역할 이해, 직업 세계의 변화 탐구 등 • 진로설계 및 실천을 위한 진로 준비, 진로 계획 수립, 지역사회 연계 진로체험 활동 등
학교연계 청소년활동	• 교육과정(교과, 창의적 체험활동*)과 연계한 활동프로그램 * 자유학기제, 고교학점제, 진로연계학기 등 포함 • 학교 내 유휴 교실 등을 활용하는 활동 • 진로체험지원센터 연계 · 협력 사업 • 학교로 찾아가는 활동프로그램 운영 등 • '학교 안팎 청소년 지원 강화 대책('22.10.6.)' 관련 사업추진 등
청소년 디지털활동	• 디지털 도구 이해 · 활용을 통한 자기표현, 타인 소통 역량 개발 활동 • 디지털화의 사회적 영향 이해 및 책임 · 윤리의식, 시민성 형성 활동 • 영상제작 관련 도구 이해와 활용 미디어 콘텐츠 제작 활동 • 디지털 교육과 관련된 콘텐츠 제작, 표현역량 제고를 위한 활동 등

출처: 여성가족부(2024).

(2) 인증수련활동 영역별 프로그램

청소년수련활동 인증영역에서는 프로그램을 내용에 따라 건강 · 보건활동, 과학정보활동, 교류활동, 모험개척활동, 문화예술활동, 봉사활동, 직업체험활동, 환경보존활동, 자기(인성)계발활동의 9가지 영역으로 구분하고 있다(〈표 1-3〉 참조).

〈표 1-3〉 인증수련활동 영역별 분류

영역	영역별 활동예시(안)
건강 · 보건활동	신체단련활동, 약물예방활동, 흡연 · 음주 · 약물 · 비만예방활동, 안전 · 응급처치활동, 성교육활동
과학정보활동	모형 및 로봇활동, 인터넷활동, 우주천체활동, 정보캠프활동, 영상매체활동 등
교류활동	청소년국제교류활동, 남북 청소년교류활동, 도농간 청소년교류활동, 국제이해활동, 다문화이해활동, 세계문화비교활동, 한민족청소년캠프 등
모험개척활동	탐사 · 등반활동, 야영활동, 해양활동, 오지탐사활동, 극기훈련활동, 호연지기활동, 수상훈련활동, 한국의 산수 탐사활동, 안전지킴이활동 등
문화예술활동	지역문화, 세계문화, 대중문화, 역사연극활동, 어울마당, 전통예술활동 등
봉사활동	일손돕기활동, 위문활동, 지도활동, 캠페인활동, 자선 · 구호활동, 지역사회개발 및 참여활동 등
직업체험활동	청소년모의창업, 경제캠프, 사회생활기술, 진로탐색 활동, 직업현장체험 등
환경보존활동	생태활동, 환경탐사활동, 자연지도 만들기, 숲체험, 환경음식 만들기, 환경살리기 활동, 환경시설 보존활동 등
자기(인성) 계발활동	표현능력개발 수련활동, 자기탐구활동, 자기존중감 향상 프로그램, 자기표현활동, 심성수련활동 등

출처: 여성가족부(2013).

3. 청소년 프로그램의 기능

청소년 프로그램은 청소년들의 바람직한 성장이행을 위한 청소년들의 체험중심 활동 프로그램으로서, 청소년들의 요구 반영과 자발적인 참여를 전제로 청소년들이 실생활 속에서 직접 의미 있는 활동을 경험하게 하여 보다 나은 전인적 성장 발달을 조성하고, 집단 성원의 흥미와 욕구 충족 등 청소년 집단 내에 바람직한 효과를 가져오기 위한 것이다.

동시에 다양한 청소년 지도 및 교육활동이나 청소년이 참여하는 활동을 효과적·효율적으로 실현하기 위해 필요한 교육적 경험과 환경의 집합이다. 이론보다는 생활을, 지식보다는 행동을, 지도자보다는 청소년 중심의 활동을 중시함으로써 청소년과 청소년 지도자와의 만남과 활동을 위한 각종 공간, 즉 사회와 자연, 청소년 활동 터전과의 접점을 형성시켜 주고, 각종 사물과의 연결을 도모하는 등 근본적으로 청소년의 성장 및 발전을 위한 것이다. 청소년 프로그램의 기능을 구체적으로 제시하면 다음과 같다(유진이, 2021).

첫째, 청소년의 진로를 정하는 데 도움을 준다. 청소년의 진로에 관한 다양하고 효과적인 청소년 프로그램이 개발되어 청소년 현장에서 운영되고 있다. 직업 현장 방문, 전문가와의 만남, 직업 체험 등의 이색적인 활동을 통해 바람직한 태도의 변화와 다양한 삶의 장면에서 발현될 수 있는 기량을 배양하고, 지식을 함양하며, 역량을 개발·촉진하고 있다. 또한 새로운 정보 습득 및 상호작용, 새로운 삶의 체험 기회 제공 등 청소년에게 진로 설계의 기회도 제공하고 있다.

둘째, 청소년의 욕구를 충족시킨다. 청소년 프로그램은 청소년들로 하여금 현재의 고민이나 문제를 해결하도록 도와줌으로써 청소년들이 무엇을 원하고, 필요한지를 조사하고, 어떻게 해야 청소년이 만족감과 자신감을 획득할 수 있는지를 연구를 통하여 계획하고, 청소년들의 의사 및 사회의 가치와 규범을 변화·유지시키고, 집단 성원의 흥미와 욕구를 충족시킨다.

셋째, 청소년들 사이의 상호작용을 촉진시킨다. 청소년 프로그램은 학교에서 보던 또래 친구와 비슷하면서도 다른 학교, 다른 지역, 다른 나라의 다양한 청소년들을 만나게 됨으로써 청소년들에게 이익을 줄 수 있고, 활동에 대한 만족에도 영향을 주고, 활동의 전 과정을 촉진시키기 위해서도 유용하게 활용될 수 있다. 또한 서로 다양한 상호작용이 일어나는 기회를 제공하여 청소년들 사이의 상호작용을 촉진시키며 정서적 긴장 및 갈등의 완화에도 도움을 준다.

넷째, 학교에서 부족한 자기개발을 제공해 준다. 청소년이 스스로 활동에 능동적으로 참여함으로써, 청소년들에게 과제 수행에 필요한 정보를 수집할 기회를 제공하며, 특별한 생활과제를 위한 기술을 개발하는 수단으로 활용되기도 한다. 학교에서 많은 시간을 학업 성적 위주의 지적 성장을 추구함으로 인해 부족해지는 덕성과 체력 향상을 제공하고, 다양한 잠재적 역량개발을 위한 기회를 제공할 수 있다.

다섯째, 청소년의 여가 활동에 도움을 준다. 청소년의 인터넷 · 스마트폰 과다 사용은 현재 인터넷 발달로 인한 사회적 문제로 대두되고 있다. 이와 같은 청소년 문제행동이 일어나는 원인 중 하나로 청소년의 건전한 여가 활동 부족을 들 수 있다. 청소년 프로그램 활동을 통해 여가 시간을 적절히 활용할 수 있는 기회일 뿐만 아니라, 활동을 통해 형성된 긍정적 관계를 기초로 이들의 에너지를 발산하고 자신의 재능을 발견할 수 있는 좋은 기회를 가지게 되므로 삶의 질을 향상시키고 성취감을 맛볼 수 있게 된다.

Chapter

02

청소년 프로그램 개발의 이해

학습목표

- 청소년 프로그램 개발의 개념을 이해한다.
- 청소년 프로그램 개발의 특성을 이해한다.
- 청소년 프로그램 개발자의 역할을 이해한다.

Chapter

02 청소년 프로그램 개발의 이해

1. 청소년 프로그램 개발의 개념

청소년 프로그램 개발은 이상적인 교육행위의 조직과 운영을 기본으로 하는 실천 활동으로, 대상 고객집단과 기관 간의 공동 노력을 통해 정보와 자원을 획득하고, 일정한 절차에 따라 적절한 순서대로 프로그램을 구성하며, 개발된 프로그램을 고객에게 제공하여 최종적으로 그 효과를 평가한 후에 프로그램을 개정하는 일련의 과정이다(이화정 · 양병찬 · 변종임, 2003). 따라서 프로그램의 개발에는 계획뿐만 아니라 정보 · 자원 획득, 프로그램 구성, 효과성 측정까지의 과정이 포함된다.

그리고 청소년 프로그램의 개발은 청소년 기관의 적응기제, 혁신기제로서 청소년기관의 변화를 창출하고, 청소년 개개인의 행동 변화뿐만 아니라 청소년 집단의 변화를 지향하고, 나아가 청소년을 둘러싼 지역사회 및 환경을 변화시키는 데 목적이 있다.

청소년 프로그램 개발의 개념은 구조적 측면, 절차적 측면, 행위적 측면, 현상적 측면에서 살펴볼 수 있다(진은설, 2020).

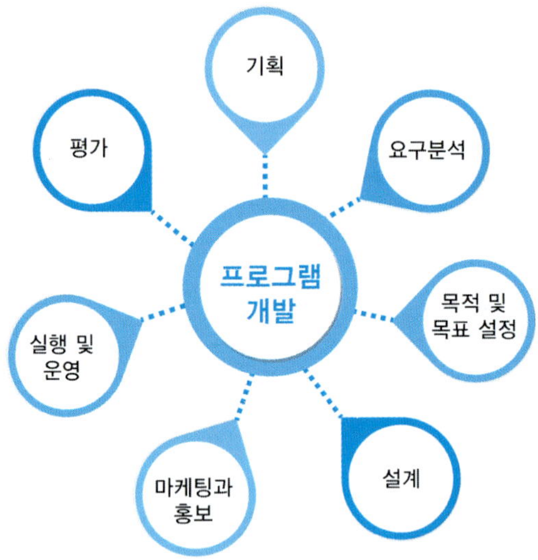

[그림 2-1] 프로그램 개발의 개념도

1) 구조적 측면

프로그램 개발의 범위로서 어디까지를 프로그램 개발로 규정할 것인가의 측면이다. 즉, 잠재적인 활동 참가자와 기관의 공동 노력을 통해 정보와 자원을 획득하고, 이들을 일정한 절차에 따라 적절하게 순서화하여, 그 내용을 참가자에게 제공하고 최종적으로 그 효과를 평가한 후에 이를 다시 개정하는 일련의 과정을 말한다. 프로그램 기획, 프로그램의 요구분석, 프로그램의 목적 및 목표 설정, 프로그램 설계, 프로그램 마케팅과 홍보, 프로그램 실행 및 운영, 프로그램 평가를 포함하는 개념이다.

2) 절차적 측면

프로그램을 체계적이고 과학적으로 개발하기 위해 프로그램 전문가가 행하는 모든 활동의 절차 및 단계로 규정되는 일련의 과정을 뜻한다. 일반적으로 청소년 욕구의 적합성과 프로그램 제반 요소의 고려, 프로그램의 현실적용 및 가능성 점검, 청소년의 참여 가능성, 청소년의 발달단계와 부합된 개발, 청소년의 전체 생활 및 활동과의 관련성, 프로그램의 변화 대응 등을 고려하는 측면이다.

3) 행위적 측면

프로그램 개발자가 담당해야 할 역할과 그들이 실질적으로 직면하는 문제를 해결해 나가는 과정이다. 프로그램 개발과 관련된 사람들의 요구 및 관심사를 협상할 수 있는 사회적 · 정치적 능력, 청소년 부모 등 시민들에 대한 홍보, 청소년과 행정 기관의 연결 등 기본적이고 실제적인 전문 능력의 측면이다.

4) 현상적 측면

청소년 참가자와 지도자 간의 상호작용을 통하여 청소년들의 욕구를 얼마나 정확하고 올바르게 실현할 수 있는가의 문제해결에 필요한 지식과 정보를 창출한다. 그리고 청소년의 흥미에 맞으면서 현장 적용이 용이한 프로그램을 토대로 내용을 선정 · 조직하고 매체화된 자료로 개발하는 행위를 의미한다. 이는 프로그램 참가자의 성장과 발달에 유용한 지식, 정보, 기술을 합리적으로 선정하고 조직하여 매체화시키는 과정의 측면이다.

2. 청소년 프로그램 개발의 특성

청소년 프로그램 개발은 다음과 같은 특성을 지닌다.

첫째, 프로그램 개발은 청소년 단체 및 기관 등 조직체를 기본단위로 그 특성에 따라 다른 양상을 보인다. 청소년 프로그램을 운영하는 기관의 특성이란 그 기관의 이념과 교육목적, 조직, 인적 자원, 시설, 환경 등을 의미한다. 이러한 기관 운영자들의 판단에 의해 결정되는 기관 중심적인 성격을 지닐 수밖에 없다. 이렇게 기관의 특성은 프로그램 개발자의 계획 행위에 영향을 끼치고 계획 행동의 형성에 영향을 끼칠 수 있기 때문이다. 또한 조직체의 철학과 목표가 프로그램 개발 실무자의 계획 방향 설정에 기여하기 때문이다.

둘째, 프로그램 개발에서 청소년 지도사의 역할이 학교 교육 현장에 종사하는 교사보다 월등히 크다. 학교 교육 현장에서의 교사 역할에 비해 청소년 지도사는 프로그램의 내용을 직접 선정하고 조직한다. 청소년 지도사의 개인적인 특성과 프로그램 개발에 대한 이론적 준거틀과 사회적 요소에 대한 반영, 사회적 배경 등의 차이에 따라 프로그램이 달라질 수 있음을 암시한다. 그러므로 프로그램을 어떻게 개발하는지에 따라 청소년 지도사의 능력과 그에 따른 전문성을 평가받을 수 있다.

셋째, 청소년 지도에서 프로그램 개발은 프로그램의 유형, 참여자의 형태에 따라 다른 양상을 보이며, 프로그램의 유형에 따라 개발 절차 및 방법 또한 다르다. 또한 참여자의 형태를 고려하여 프로그램 개발을 위한 접근방식을 다르게 한다. 이에 맞는 변화 창출의 전략으로서 사회적 변화가 빠른 오늘날의 시대적 흐름을 감안하여 다양한 프로그램의 개발이 필요하다.

넷째, 실천지향적이며 경영관리적 요소를 포함하고 있다. 학교 교육이 학문중심적이라면 청소년 프로그램 활동은 실생활과 밀접한 관계를 가지고 참가자의 문제해결 능력 등의 신장을 위한 실천적 의미를 강조한다. 또한 하나의 프로그램이 완성되기까지 많은 사람들의 아이디어와 정보가 합리적이고 논리적인 과정을 거쳐 선정되고 체계화된다. 이상적인 활동의 조직과 운영을 기본으로 하는 실천적 연구 행위이다.

3. 청소년 프로그램 개발자의 역할

청소년과 청소년 지도자의 만남은 프로그램 속에서 이루어진다. 프로그램을 개발하는 과정에서 청소년 지도사의 역할은 매우 중요하다. 청소년 지도사는 청소년의 건전한 성장과 발달을 책임지고 지도하는 사람이다. 청소년들이 일상생활 속에서 접하는 모든 사람, 그 가운데서도 중요한 타자가 되는 주변 인물은 지도자들이며 직접 청소년들에게 다양한 활동을 제공하고, 시범을 보이며, 도움을 주는 모든 사람이 청소년 활동 지도자라고 할 수 있다(권일남 · 정철상 · 김진호 · 김영철, 2003). 청소년 지도사의 주요 업무 중 하나가 청소년 프로그램을 개발하는 것이며, 프로그램 개발 과정에 참여한 사람이면 프로그램 개발 절차상의 문제뿐만 아니라 현실적인 다양한 문제에 직면하게 된다. 이런 문제의 예로 프로그램 내용은 어느 정도 깊이 있게 다룰 것인가, 매 단계마다 의사결정은 어떻게 내릴 것인가, 프로그램 개발자 사이의 상이한 요구와 관심사를 어떻게 합리적으로 조정할 것인가 등이 있다. 그 과정에서 청소년 지도사 본인의 청소년 프로그램에 대한 신념과 철학이 드러나게 되고, 이로써 프로그램의 성격이 판가름 나는 데 큰 영향을 미친다. 또한 청소년과 기관을 이어 주는 연결고리 역할을 하여 프로그램의 성공적인 운영에 영향을 주기 때문에 청소년 지도사가 중심을 잡고 그 역할을 적절히 수행하는 것이 필요하다. 프로그램 개발자로서의 역할을 구체적으로 제시하면 다음과 같다(김진화, 2009; 김남선, 2010).

1) 과정 전문가(planning management experts)

절차적인 측면의 과정 전문가는 프로그램 개발과정에서 절차, 단계, 기법, 운영 등을 적용할 수 있는 프로그램 개발 모형을 설정하고, 구체적인 절차와 단계에 따라 다양한 기법들을 어떻게 적용할 수 있는지에 대한 감각 및 능력을 갖추어야 한다. 이때 프로그램 개발자가 직면하게 되는 문제는 '어떠한 절차와 단계를 거쳐서 프로그램을 개발하는가, 개발 모형은 어떻게 설정할 것인가, 효과적인 절차와 단계는 무엇인가, 개발팀은 어떻게 운영해야 하는가' 등에 대한 것들이다.

2) 학습설계 전문가(instructional design experts)

프로그램 내용 설계 측면의 학습설계 전문가는 개발 과정 중에서 프로그램을 설계하고 또한 이들의 활동을 조력하기 위해 매체를 개발하고, 참여를 촉진시키기 위해 다양한 방법을 창출하여 설계해야 하는 능력이 요구된다. 그리고 청소년들의 특성, 능력에 맞게 요구를 충족시킬 수 있도록 프로그램의 내용, 지도 방법, 교육 매체 등을 계열성, 난이도, 통합성, 현실성을 고려하여 적절하게 하나의 통합된 프로그램으로 설계하게 되는데, 이를 통해 완성된 최종 프로그램이 나오게 된다.

3) 내용 전문가(subject-matter experts)

내용적인 측면의 내용 전문가로서 프로그램 개발의 많은 노력은 참여 청소년의 요구와 필요에 부응할 수 있는 적절한 내용을 찾아내는 과정에 초점이 맞추어진다. 프로그램 요소 중 내용은 아주 중요한 요소이기 때문이다. 프로그램 개발자는 프로그램 참여 대상자의 욕구 및 특성, 능력에 맞게 내용을 조직할 수 있어야 하므로 프로그램의 구체적인 내용에 대해 상당한 정도의 전문성과 식견을 소유하고, 그에 따른 깊이 있는 정보가 있어야 한다. 그래서 '현장 전문가'라고 하기도 한다.

4) 협상 전문가(negotiator experts)

정치적인 측면의 협상 전문가는 프로그램 개발과 관련된 여러 전문가가 함께 하는 집단적 협력 과정을 이끌어 내는 능력이 요구된다. 프로그램에 참여한 사람들은 동일한 요구나 흥미를 가지고 있지 않고, 각자의 위치와 역할에 따라 권력에도 차이가 있다. 프로그램의 방향이 기관의 책임자의 관심사와 차이가 있을 경우나, 함께 참여한 다른 프로그램 개발자의 의견과 일치하지 않을 경우나 기타 경우, 프로그램 개발에 참여한 다양한 이해 집단이 가지고 있는 요구, 흥미, 역할에 관련된 관심사를 적절히 정리하고 통합할 수 있는 협상과 조정자의 능력을 발휘해야 한다.

5) 의사결정 전문가(decision-making experts)

의사결정 측면의 의사결정 전문가에게는 특정 사항을 혼자서 결정하기 어려우며, 여러 상황에서 우선순위를 정하여 결정하는 능력이 요구된다. 프로그램 개발의 전 과정에서 많은 의사결정 상황이 존재한다. '프로그램 개발의 범위는 어느 정도로 할 것인가, 전문가 집단은 몇 명으로 구성할 것인가, 우선순위를 설정하기 위하여 어떤 합당한 준거를 가지고 추진할 것인가, 확인된 많은 요구 중에서 가용 자원과 여건을 고려하여 어떤 것을 우선적으로 프로그램 내용에 포함시킬 것인가' 등에 관해 해당 기관의 관계자, 동료 등과 대화하여 합리적이고 체계적으로 결정해야 하는 역할을 담당해야 한다.

6) 정리

이상과 같이 프로그램 개발 전문가(PDS)는 절차적인 측면에서 계획과정을 논리적이고 체계적으로 진행시켜 나갈 수 있는 과정 전문가(PME)로서의 역할을 발휘해야 하고, 프로그램 내용을 학습자의 특성과 능력에 맞게 적절히 설계할 수 있는 학습 설계 전문가(IDE)로서의 역할도 갖추어야 한다. 또한 내용적인 측면에서 계획할 내용에 대한 깊이 있는 식견과 지식을 갖춘 내용 전문가(SME), 다양한 사람들이 가지고 있는 요구와 관심사를 적절히 통합하고 조정할 수 있는 협상 전문가(NTE), 도출된 많은 대안과 요구 중에서 주어진 여건과 제한된 자원을 고려하여 우선순위를 합리적으로 결정할 수 있는 의사결정 전문가(DME)로서의 역할도 요청된다(김진화, 2009).

Chapter

03

청소년 프로그램 개발의 접근방법과 모형

학습목표

- 청소년 프로그램 개발의 접근방법을 이해한다.
- 청소년 프로그램 개발의 모형을 이해한다.

Chapter

03 청소년 프로그램 개발의 접근방법과 모형

1. 청소년 프로그램 개발의 접근방법

최근 들어 청소년 프로그램 개발 영역은 단순히 청소년 실천 현장의 주관적 경험이나 직관에 의존하지 않고, 이론과 지식에 기반을 두고 접근하는 추세이다(권양이, 2014). 따라서 청소년 프로그램 개발의 접근방법을 이해하는 것은 중요하다.

청소년 프로그램 개발의 주요한 접근방법에는 전통적 합리주의적 접근방법(classical rational approach), 자연주의적 접근방법(naturalistic approach), 체제적 접근방법(system approach), 비판적 접근방법(critical practical approach)이 있다.

1) 전통적 합리주의적 접근방법

전통적 합리주의적 접근방법은 미국의 교육학자인 타일러(Tyler)의 전통적 합리성 이론을 밑바탕으로 시작된다. 즉, 교육목표 → 학습경험의 조직 → 교육활동 → 학습경험의 평가 등과 같이 연결되며, 선형적이고 일련의 통제 과정을 뜻한다. 특히, 이 이론은 교육프로그램 개발 절차를 강조하였고, 긴 시간 동안 압도적인 이론으로 익히 알려져 왔다(진은설 · 이혜정 · 김도영, 2022). 전통적 합리성 이론은 규준에 맞춰 서서히 실현해 나가는 선형적 접근방법이다. 그뿐만 아니라 효율적인 교육과정 전달을 강조하는 등, 기술 공학의 합리성에 중점을 두고 있다.

전통적 합리주의적 접근방법은 수단-결과(목표)모형이라고도 한다. 왜냐하면 기대된 결과(목표)와 결과에 다다르기 위한 수단(활동경험)에서, 대부분의 수단이 목표 성취 여부를 결정하는 과정(평가)을 다루고 있기 때문이다.

전통적 합리주의적 접근방법으로 프로그램 개발을 하는 경우, 프로그램의 목적과 목표를 먼저 선정한다. 이어서 내용 및 활동을 세우고, 그다음에 목표가 성취되었는지를 평가하는 식으로 진행된다. 이 과정에서 프로그램의 목표는 프로그램의 내용을 결정하는 데 큰 비중을 차지한다. 이때, 프로그램의 목표를 효율적으로 계획해야만, 효과적인 목표 달성 여부와 기대효과 부응 정도를 측정할 수 있다. 결과적으로 프로그램 내용은 청소년 지도의 목적과 목표를 달성하는 방법으로서 비중 있는 역할을 한다(강석영 · 양은주 · 방나미, 2011).

2) 자연주의적 접근방법

자연주의적 접근방법은 맥락적 상호작용 이론에 기초한다. 즉, 프로그램의 개발자와 참여자 관계의 상호작용에 중점을 둔다. 스킬벡(Skilbeck)과 워커(Walker)는 맥락적 상호작용 이론의 대표적 학자이다. 이 방법은 어떠한 제시된 절차에 따라 개발하는 전통적 합리주의적 접근방법과는 차이가 있다.

자연주의적 접근방법은 프로그램 개발 상황과 연관된 여러 요소들을 참고로 해서 순환적인 이치에 따른다. 프로그램 목표에 비해, 프로그램 내용에 중점을 두며, 프로그램 개발의 선형적 요소로 여긴다. 따라서, 먼저 프로그램의 내용이 시작되고, 프로그램의 목표가 뒤이어 결정된다. 왜냐하면 프로그램 개발자와 참여자 사이에 함께 공유되는 내용에서 프로그램 개발이 출발하기 때문이다.

정리하면, 프로그램 목표를 정하는 것에 비해, 프로그램을 실제 현장에서 지도할 수 있는 내용에 보다 심혈을 기울인다.

3) 체제적 접근방법

체제적 접근방법은 체제이론(system theory)에서 출발하였다(임중철 · 김선웅, 2019). 체제이론에서는 프로그램 개발에 있어서 프로그램 수행기관, 참여자, 환경과 조직 등의 관계에서 상호작용을 중시한다.

체제(system)에는 규정된 목표 및 목적을 성취하고자 다양한 구성 요소들이 전체와 유기적으로 관련되어 있다. 또한 체제는 조화롭게 작용하는 관계의 단위 및 집합을 뜻한다(교육학 용어사전). 이처럼 체제는 여러 부분이 합하여 이루어진 전체 또는 하나의 큰 틀 정도로 이해할 수 있다. 체제적 접근방법은 청소년 프로그램을 실행하는 청소년기관, 시설, 단체와 같은 곳을 하나의 사회체제로 본다.

그리하여 프로그램 개발자가 청소년 참여자, 청소년기관, 시설, 단체와 조직체 및 환경 등과 상호작용을 거쳐 프로그램 개발을 수행한다. 청소년 프로그램 개발 중에 '체제적'이란 청소년 지도자가 청소년과 사회의 기대에 부응하는 것을 말한다. 또한 참여자 역할에 중점을 두고, 참여자들이 결과(효과)를 성취할 수 있도록 하는 절차다. 더불어 신중하면서도 순차적으로 프로그램을 개발하는 것이다(한국청소년개발원, 2009).

코왈스키(Kowalski)는 체제이론의 대표적인 학자이다. 그는 프로그램 개발의 체제모형을 정함에 있어, 투입 · 과정 · 산출의 형태를 바탕으로 하였다. 체제모형에서 프로그램 개발자는 프로그램 개발이 발생하는 맥락을 신중히 탐색하여 여러 대안 중에서 적합한 대안을 선택해야 한다. 체제모형은 프로그램 개발자가 개발과정에서 산출되는 여러 가지 대안 중에서 제일 효과적인 결정을 내리도록 하는 것에 중점을 둔다(신용주, 2017).

4) 비판적 실천 접근방법

비판적 실천 접근방법은 비판적 실천 이론으로부터 출발하였다. 전통적 합리주의적 이론은 프로그램 개발을 가치중립적 행위로 판단하기 때문에, 프로그램 개발 구성의 절차적 요소에 초점을 기울이는 것을 비판한다.

학교를 중심으로 생활하는 우리나라 청소년은 학업 외에 주변을 여유 있게 살펴볼 수가 없다. 아울러 자신이 거주하는 지역사회에도 염두에 두기 어려운 실정이다. 하지만 청소년들은 지역사회의 중요한 구성원이다. 성인기가 곧 도래하므로 지역사회 문제 및 해결 방안에 관심을 기울이고 걱정할 필요가 있다.

이처럼 지역사회가 품고 있는 현안을 걱정하며 청소년 지도사와 청소년들이 이를 공유하고 상호작용하는 동시에, 비판적 실천 과정을 거쳐야 한다. 또한 지속적인 과정이 유지되면서 프로그램을 개발하여야 한다. 그러므로 비판적 실천 접근방법에서는 청소년과 청소년 지도사 간의 상호작용은 물론이고, 청소년의 성실한 참여와 같은 비판적 실천이 매우 중요하다.

참여한 청소년들의 토론, 캠페인 등과 같은 비판적 실천 행위 자체가 곧 하나의 프로그램 개발로 간주된다. 또한 외부 전문가에 의해 프로그램 평가가 이루어지는 것이 아니고 청소년 스스로 평가를 내린다. 이러한 점은 청소년기관이나 청소년 지도사가 프로그램 개발을 마친 상태에서 청소년에게 제공하거나 외부 전문가로부터 평가를 받는 것과는 분명 다른 측면이라 할 수 있다.

결과적으로, 프로그램 개발 면에서 비판적 실천 접근방법은 민주적 원리의 흐름을 타는 비선형적이고 순환적인 과정으로 이해할 수 있을 것이다.

2. 청소년 프로그램 개발의 접근원리

청소년 프로그램 개발의 접근원리란 프로그램을 개발할 경우, 적용할 수 있는 방법을 의미한다. 청소년 프로그램 개발의 접근원리는 선형적 접근과 비선형적 접근, 통합적 접근과 비통합적 접근으로 분류할 수 있다.

1) 선형적 접근

가장 활발하게 사용하는 프로그램 개발 방법이 선형적 접근이다. 이 접근은 단계별로 차근차근 개발해 나가는 방법이다. 즉, 순차적으로 개발되는데, 1단계가 완성되면 2단계로, 2단계가 완성되면 3단계로 차례로 실행되며, 마지막 단계에서 개발이 완료된다.

단계별로 실행해야 할 과제들이 단순하고 분명하게 제시된다. 선형적 접근의 장점은 다음과 같다(진은설 · 이혜정 · 김도영, 2022).

첫째, 초보 수준의 개발자도 쉽게 접근할 수 있다.

둘째, 안정적이고 합리적이다.

2) 비선형적 접근

비선형적 접근은 일정한 절차를 따르지 않는다. 또한 특정 원리에 따라 프로그램을 개발하거나 접근하지도 않는다. 상황을 중시하고 여러 요소들을 참고하여 당시 여건에 따라 단계가 진행된다. 그러므로 절차를 진행할 때는 단계마다 평가를 지속적으로 되풀이한다. 특히 절차를 진행할 때 여러 단계를 동시다발적으로 실시할 수도 있다. 그뿐만 아니라 특정 단계를 프로그램 개발자의 판단에 따라 생략할 수도 있다.

비선형적 접근의 특징은 다음과 같다.

첫째, 계속적으로 순환한다.

둘째, 여러 과정이 동시에 이루어진다.

3) 통합적 접근

통합적 접근은 종합적으로 참조하는 방법이다. 즉, 여러 요소들이 프로그램 개발에 영향을 준다. 프로그램 개발에 있어서 청소년 참여자를 중요하게 고려하는 접근이다. 특히, 청소년정책 및 제도에 이르기까지 영향을 받는 참여자를 검토하는 것에 초점을 둔다. 청소년이 프로그램에 참여하는 경우, 청소년의 참여동기를 특히 중시하며, 프로그램의 목표와 자원, 장비 및 장소 등의 제반 사항을 중요시한다.

통합적 접근의 특징은 다음과 같다.

첫째, 매우 복잡한 프로그램 과정이 요구되므로 프로그램 개발자는 전문성을 갖추어야 한다.

둘째, 다양한 요인들을 고려하는 만큼 오차를 최소화할 수 있다.

4) 비통합적 접근

여타 접근원리와 비교할 때, 제일 쉬운 방법으로 활용할 수 있는 것이 비통합적 접근이다. 이것은 프로그램의 참여자를 염두에 두지 않는다. 따라서 프로그램 개발자인 청소년 지도사나 프로그램 실행기관이 독립적으로 프로그램 개발을 수행한다. 또한 프로그램 참여자 요인을 개의치 않는다. 무엇보다 여타 기관의 자료들을 모방하고 참조할 수 있다는 점에서 어떠한 접근원리보다도 쉽게 수행할 수 있는 특성이 있다.

비통합적 접근의 특징은 다음과 같다.

첫째, 프로그램의 미미한 점을 비교적 짧은 시간에 수정할 수 있다.

둘째, 청소년 참여자의 요구 및 흥미를 부정하거나 왜곡할 수 있다.

3. 청소년 프로그램 개발의 모형

1) 선형모형과 비선형모형

(1) 선형모형

선형모형(linear model)은 교육 및 청소년 현장 외에도 프로그램 개발 현장에서 광범위하게 이용되고 있다. 선형모형은 요구분석, 목표 달성, 프로그램 설계, 자원획득, 프로그램 홍보, 프로그램 실시의 6단계로 구성되어 있다. 각 단계를 실행하고 이어 순차적인 방식으로 다음 단계로 진행하는 연속적인 접근 모형이다. 따라서 초보자도 손쉽게 적용할 수 있을 정도로 단계별 과업이 명확하다(김윤나 · 오승근 · 정건희 · 손진희 · 양은일, 2018).

프로그램 개발을 위한 접근방법 중 가장 일반적으로 활용되며, 프로그램 개발을 단선적으로 일어나는 현상으로 전제한다. 또한 그 과정을 단계별로 세분화하고, 프로그램을 개발하는 모형이다. 이 모형은 마치 케이크를 굽는 사람이 신뢰하고 있는 제조법을 그대로 따라 하는 것과 같다. 위와 같이 한 단계가 마무리된 후에야 비로소, 다음 단계에 수행될 절차가 연속적으로 진행된다.

선형모형이 가장 많이 활용되는 이유는 단계마다의 과업이 명확하고 단순하여 안정감을 지니기 때문이다. 프로그램 개발자는 잠재적 프로그램 이용자의 요구들을 사정하여 우선순위에 의한 최종 요구를 확정 짓는다. 그것을 목적 및 목표로 전환하여 설정 및 진술하고, 이를 달성하는 데 요구되는 인재와 물적 자원 및 시설을 확보한다.

그리고 지역사회에 프로그램 마케팅을 실시하고, 이용자를 확보한 후 프로그램을 실행한다. 다만, 이 모형은 조직과 외부 환경을 정적인 것으로 가정하고 있는 단점이 있다. 현실적으로 보면, 모든 조직과 외부 환경은 역동적이므로, 선형모형에 의해 개발된 프로그램은 제반 변화에 대처할 수 있는 유연성이 부족하다.

(2) 비선형모형

비선형모형(non-linear modol)은 다수의 절차가 한꺼번에 이루어지는 모형을 일컫는다. 그만큼 동시다발적으로 차례가 실행되므로 자원배당 및 시간 면에서 융통성이 있다. 그리고 요구분석과 목표설정, 예산편성, 프로그램 마케팅, 자원확보 및 임무 개발단계는 프로그램 평가를 통해 각 단계별로 순환적 체계를 지니고 있다.

선형모형은 각 단계에서 하나의 절차만이 수행되지만, 비선형모형은 동시에 여러 개의 절차가 이루어져 시간 계열상의 제약을 받지 않는다. 또 각 단계가 계속적으로 순환되는 특징을 가지고 있다.

비선형모형은 선형모형의 경우와 같이 프로그램 개발이 획일적인 절차에 의해 이루어지지 않는다. 개발자의 풍부한 경험을 통해 획득된 독특한 개발기법이 적용된다. 비선형모형은 다른 모형들에 비해 시간과 자원의 분배 측면에서 장점을 지닌다. 그리고 개발자의 재량에 의해 조정될 수 있으므로 융통성이 있는 편이다. 반면에 개발자의 전문적 능력을 특히 중시하므로 다른 모형에 비해 사용하기는 어렵다.

비선형모형에서 프로그램 평가는 중심핵을 이루는데, 각 단계에 적절한 평가활동이 되풀이되며 피드백되곤 한다. 이러한 이유로, 선형모형에 비해 훨씬 어렵고

더 많은 자원이 필요하다. 따라서 프로그램 개발에 상당한 능력과 전문성이 요구된다.

2) 통합모형과 비통합모형

(1) 통합모형

통합모형(integrated model)은 프로그램 개발에 있어 외부 환경의 상호작용 요인은 물론, 투입과 산출 등을 주요 변인으로 설정한다. 통합모형은 프로그램의 기획과 설계, 마케팅, 실행 및 평가 단계를 포함한다. 그리고 프로그램 평가를 통해 수정, 개발되는 순환적 환류 체계이다.

통합모형은 프로그램 개발에 영향을 미치는 요인들을 종합적으로 고려하는 방식이다. 체제분석 모형이라고도 하는데, 이러한 체제분석 과정을 활용하여 프로그램을 개발하는 접근방법이다. 특히 통합모형은 프로그램 개발 관련 주변 요인들을 여러 측면에서 참고하는 방식인 체제분석 모형이라 할 수 있다. 체제분석은 의사결정자가 종합적으로 제시된 문제해결 과정에서 적합한 방법을 선택하는 등과 같이, 체계적으로 분석하고 연구하는 방법이다. 통합모형은 모든 조직의 프로그램 개발에 적용될 수 있다. 주로 투입과 산출 외부환경과의 상호작용 등을 주요 변인으로 설정하여 프로그램을 개발한다.

통합모형에서의 프로그램 개발 방법은 총체적이고 분석적이다. 그러므로 개발 과정이 복잡하고 개발자들의 전문적 능력이 요구되지만, 다른 모형들과 달리 개발 오류를 최소화시킬 수 있다는 장점이 있다. 이 모형은 프로그램 개발에 있어 프로그램 이용자와 관련된 다양한 요인들을 우선시한다. 또한 요구 및 문제 등을 충분히 고려하고 조직의 목표와 자원, 정책 등도 충분히 반영한다.

통합모형은 여러 형태의 조직에서 활용이 가능하다. 프로그램 개발자가 새로운 프로그램을 개발하거나 기존의 프로그램을 개선하는 데 유용하게 활용할 수 있다. 통합모형은 과학적인 분석을 근거로 프로그램을 개발하기 때문에, 비통합모형에 의해 개발된 프로그램보다 그 타당성이 높다.

(2) 비통합모형

비통합모형(non-integrated model)은 새로운 프로그램을 연구하는 것보다, 이미 제시된 프로그램을 답습하고 응용 및 모방하는 모형을 뜻한다. 청소년 지도자가 프로그램을 전개하고 개발하는 과정에서 시간을 절약할 수 있는 것이 장점이다. 반면에, 단시간의 프로그램 개발 결과에서 참여 청소년의 욕구가 반영되지 않을 수 있다는 단점을 낳는다.

그리고 비통합모형은 프로그램을 새롭게 개발하기보다는 다른 조직의 프로그램을 거의 그대로 모방하는 방법을 사용한다. 즉, 프로그램 개발자가 프로그램 개발 과정에서 기존에 어딘가에 존재하는 다른 프로그램을 차용하며 모방하는 형식을 취한다.

또한 이 모형에서는 대체로 프로그램 기획 과정에서 잠재적 프로그램 이용자를 참여시키지 않는다. 따라서 프로그램 이용자들의 요구나 의견을 따로 수렴하지 않고, 조직 또는 개발자에 의해 일방적으로 프로그램이 개발되고 제시된다.

그러므로 이 모형의 가장 뚜렷한 특징은 고립성을 가진다는 점이다. 이는 잠재적 프로그램 이용자의 참여와 집중을 제한시키는 형태로 프로그램 개발이 진행된다는 의미를 지닌다.

비통합모형은 다음과 같은 장점을 지닌다.

첫째, 프로그램 개발에 대한 깊은 지식이 없는 사람도 프로그램을 쉽게 개발할 수 있다.

둘째, 시간과 비용 및 노력을 절약할 수 있다.

셋째, 미비한 계획을 쉽게 개정하거나 수정할 수 있다.

넷째, 지역사회와 사람들의 특성 및 제반 조건이 유사한 경우에 프로그램 결과를 예측할 수 있다.

반면에, 비통합모형은 다음과 같은 단점을 지닌다.

첫째, 프로그램 참여자의 흥미와 필요를 왜곡하거나 부정할 수 있다는 한계를 갖는다.

둘째, 참여자를 배제한 프로그램 개발이기 때문에 현실성이 부족하고 장기적으로 지속하기 어려운 점이 있다.

3) 프로그램 개발의 통합모형

청소년 지도 현장에서 활용할 수 있는 프로그램 개발의 통합모형을 지시한다면 다음과 같다. 이 모형은 프로그램 개발의 거시적 범위를 프로그램 기획, 프로그램 설계, 마케팅, 실행, 평가 이렇게 총 5개의 단계로 설정한다.

(1) 프로그램 기획

프로그램 기획은 프로그램 개발의 네 개 하위과정 중에서 첫 번째 과정으로서,

프로그램 개발자가 프로그램과 관련된 상황을 분석하고 프로그램 개발에 기본 방향을 설정하는 단계를 말한다.

프로그램 개발자가 프로그램 기획 과정을 어느 정도 충실하게 준비하느냐에 따라, 앞으로 개발될 프로그램의 질뿐만 아니라 프로그램 개발이 체계적 · 논리적 · 객관적으로 이루어질 수 있다. 이 때문에 프로그램 기획을 일컬어 프로그램 개발의 반석이라 한다.

프로그램 기획에는 프로그램 개발팀 구성, 청소년기관 분석, 청소년 특성 분석, 프로그램 개발 타당성 분석, 프로그램 개발 기본 방향 설정, 프로그램 아이디어 창출, 청소년의 필요 분석 및 우선순위 설정 등이 포함된다.

(2) 프로그램 설계

프로그램 설계는 청소년의 요구와 프로그램 개발의 기본 방향에 맞게 프로그램의 목적과 목표를 설정하고, 이어서 이와 관련된 프로그램 내용을 선정, 조직하고 지도 방법을 체계화하여 활동 매체를 개발하는 단계를 말한다. 이 단계에서는 프로그램의 형태에 따라 접근방식이 달라진다. 그러므로 프로그램 설계단계에서 가장 큰 노력과 인내가 필요하며 가장 정교해야 한다.

프로그램 설계에는 프로그램 목적 · 목표설정, 프로그램 내용 선정, 프로그램 내용 계열화, 활동 체계 설계, 활동 내용 설계, 활동 운영 설계, 활동 매체 개발 등이 포함된다.

(3) 프로그램 마케팅

프로그램 마케팅이란 프로그램에 잠재적 참여자의 참여를 유도하고 촉진시키기 위해 취해지는 조치를 이른다. 프로그램 설계가 완료되면 프로그램 개발자는 잠재적 참여자들의 프로그램 참여를 유도하고 촉진시키는 데 관심을 기울여야 한다. 청소년기관들은 잠재적 참여자들의 프로그램 참여를 유도하기 위해 여러 가지 조치를 취하게 된다. 이것을 포괄적으로 지칭하는 것이 프로그램 마케팅이다.

프로그램 마케팅과 유사한 용어 가운데 협의적 의미인 진흥과 모집, 광고, 홍보 등이 있다. 이들의 공통점은 잠재적 참여자의 프로그램 참여 여부에 관심을 기울이는 것이다. 프로그램 마케팅에는 잠재적 참여자 맵핑과 프로그램 마케팅 방법 결정, 프로그램 마케팅 매체 자료 제작, 프로그램 마케팅 실행 등이 포함된다.

(4) 프로그램 실행

프로그램 실행은 완성된 프로그램을 실제 적용하고 전개하는 단계를 말한다. 설계가 완료된 프로그램은 실행 및 운영 과정을 거치지 아니하면, 그 가치를 판단할 수가 없다. 청소년 프로그램이 실행된다는 것은 컴퓨터 프로그램처럼 자동적으로 작동되는 것이 아니다. 프로그램에 관련된 청소년, 청소년 지도사, 운영요원 등의 의도적 노력에 따라 작동이 가능하게 된다. 실제로 청소년 지도 현장에서 프로그램의 실행은, 청소년 지도사의 행위와 청소년의 학습 행위, 운영요원의 운영 및 관리 행위가 있어야 가능하다.

프로그램 실행단계에는 청소년 관리(등록, 학습, 참여), 지도자 관리(섭외, 교수, 촉진), 활동자료 관리(교재, 매뉴얼, 매체), 자원확보 및 관리(물적 · 시설 자원) 등이 포함된다.

(5) 프로그램 평가

프로그램 평가는 일정 기간 실시된 청소년 프로그램을 대상으로 프로그램이 의도한 대로 잘 수행되었는지를 판단하는 과정을 말한다. 프로그램 개발자는 프로그램을 완성한 후에 실행한 결과에 근거하여 지속적으로 프로그램을 개선해 나간다.

프로그램 평가 단계에는 프로그램 평가 목적 달성, 프로그램 평가 영역과 준거 확인, 프로그램 평가 지표와 도구 개발, 프로그램 평가자료 수집과 분석, 프로그램 평가 보고 및 개정 등이 포함된다.

4) 에디(ADDIE) 모형

에디(ADDIE) 모형은 교수설계 모형의 대들보 격이며, 대표적인 모형이라 할 수 있다. 따라서 그 밖의 다른 모형들은 에디 모형을 모델로 변형시켰다거나, 영향을 받고 나타난 모형이다.

에디 모형은 문헌고찰과 전문가 검토 방법을 사용하여 교육프로그램 모형을 제시한다. 또한 학습자의 요구를 반영하여 보다 적합한 프로그램을 구성할 수 있다(이창훈, 2008; 김나연 · 이기춘, 2006).

(1) 개관

에디 모형은 다음과 같은 특징을 지닌다.

첫째, 분석(analysis)과 사례(design), 이어서 개발(development)과 실행(implementation), 마지막으로 평가(evaluation)의 다섯 단계 구성이다.

둘째, 매 단계를 표현하는 영어 단어의 첫 글자를 내세워 ADDIE라고 부른다.

셋째, 순환적으로 이루어진 다섯 개의 단계가 선형적으로 이루어질 수도 있다.

넷째, 한 사이클을 순환하고 제시된 평가 결과를 바탕으로 한다. 이어서 다음 사이클의 분석에 넣어 개선하는 것과 같이 나선형(screw shape)으로 발전시켜 산출될 수 있다.

다섯째, 각 단계를 거치며 수정되고 피드백이 되는 것처럼 매우 복잡한 과정들을 거쳐 도출된다.

에디 모형의 설계모형 단계를 정리하면 〈표 3-1〉과 같다.

〈표 3-1〉 설계모형 단계

설계모형 단계	
① 분석(analysis)	학습 전에 선행 과정이 필히 요구되며, 학습에 영향을 미치는 요인들을 분석한다.
② 설계(design)	전반적인 교육 제반 사항을 설계하는 것으로서, 분석 과정에서 나온 결과를 참조한다.
③ 개발(development)	실질적으로 수업에 적용될 교수 관련 자료 및 설계 설명서를 개발 · 제작한다.
④ 실행(implementation)	필요한 현장에서 위와 같이 설계 · 개발된 교육훈련 프로그램을 이용한다. 따라서 이를 교육과정에 설치하며 지속적으로 관리, 유지 및 변화되는 활동을 의미한다.
⑤ 평가(evaluation)	실행 과정을 포함한 종합적인 결과를 평가한다.

출처: 임철일(2000).

에디 모형은 체제적 교수설계 이론에 기반을 두고 있으며, 가장 널리 활용되고 있는 모형 중 하나이다(전보혜, 2015). 대부분 현존하는 교수설계 모형들은 에디 모형에서 파생된 것이거나 이를 변형시킨 모형들이다. 일반적으로 교수설계는 교수-학습에서 기대되는 학습의 성과를 달성하기 위해 최적의 학습 과정을 처방하는 데 관심을 두는 학문 분야를 가리킨다.

또한 교수설계는 교수활동의 전개 과정을 최적의 조건으로 구성함으로써, 교수효과를 증진시킨다. 청소년들의 프로그램을 운영하는 것 역시, 일정한 목표를 달성하기 위해 이에 대한 적절한 과정을 전개해 가는 것이다. 따라서 에디 모형은 청소년 프로그램 개발에 적용하기 적절한 모형이라 할 수 있다.

에디 모형의 각 단계들은 모두 유기적으로 연관되어 있다(이신동 · 조형정 · 장선영 · 정종원, 2012). 그리고 이 모형은 다음과 같은 다섯 가지의 특성이 있다(조규필 · 전은설 · 현안나 · 박현진 · 안은민 · 김수진, 2015).

첫째, 체계적(systemic)이다. 구조적으로 조직된 신뢰성 있는 체계로 각기 구성요소들 간에 상호 의존성이 높다.

둘째, 체제적(systemetic)이다. 각 단계가 논리적인 순서로 구성되어 있으며, 입력-처리-출력-피드백의 순서를 거치는 모형이다.

셋째, 순환적(interactive)이다. 매 단계를 반복적으로 진행함으로써 각종 문제나 위험을 파악하고 순환적인 분석과 수정 · 보완이 가능하다.

넷째, 경험적(empirical)이다. 각각의 단계마다 특정한 교수 설계자나 장소 등에 구애받지 않고, 동일하게 수행될 수 있다.

(2) 각 단계

구체적으로 에디 모형의 각 단계를 살펴보면 다음과 같다(강다연, 2019).

(가) 분석 단계

분석 단계는 조직적으로 계획을 결정하고 학습 내용을 정의하는 교수설계의 시작 단계다. 이 단계에서 설계 내용과 가능성, 임무 및 비전 등이 결정된다. 그러므로 프로그램 개발자는 교수설계를 위한 요구분석을 착수해야만 한다. 요구분석은 비용과 시간을 줄이고 프로그램의 타당성을 미리 검증한다.

요구분석은 프로그램에 영향을 주는 다양한 요인과 제한조건을 밝히고 합리적인 프로그램을 개발하고 설계하는 데 보탬이 되는 요구사항을 관리하고 수행하는 활동이다. 그리고 문제를 규명하고 해결될 방안을 탐색한다.

명확한 요구분석을 실시하기 위해서는 도달하고자 하는 '바람직한 상태'와의 차이 요구를 규명해야 하며, 이를 기반으로 분석을 실시해야 한다.

분석 단계에서는 학습자 분석, 환경분석, 직무 및 과제 분석이 추가적으로 이루어진다. 학습자 분석은 학습자의 특성을 파악하고 학습자가 필요로 하는 것과 기대되는 것이 무엇인지를 파악하는 것이다. 즉, 나이, 성별, 경험 등의 일반적 특성과 학습 능력과 학습자들이 선호하는 학습양식을 분석하는 것이다.

환경분석은 학습이나 교수에 영향을 미치는 교수 매체, 컴퓨터 기반 환경 등, 교육에 실제 사용할 수 있는 물적 자원과 학습공간의 물리적 환경을 분석하는 것을 이른다. 직무 및 과제 분석은 교수와 학습자가 목표를 달성하고자 필요한 지식, 기능, 태도 등을 파악하고 분석하는 것이다.

(나) 설계단계

설계단계는 교수 방법을 보다 구체화하는 과정이다. 즉, 분석 단계에서 탐색한 문제점과 산출물을 모아, 효과적 · 효율적인 교육프로그램을 개발하는 단계이다. 더불어 수행목표의 구체화, 평가도구 설계, 교수전략 수립 및 교수 매체를 선택하고 결정하는 단계이다.

수행목표의 구체화는 개발하고자 하는 프로그램의 효과가 학습자의 수행으로 연계될 수 있도록 하는 것이다. 학습 내용과 활동의 제시, 경험순서의 배열 등을 통해 교수전략, 매체 선정과 프로그램 청사진 제시가 이루어진다.

평가도구의 선정은 학습자의 수행 척도를 선정하는 것이다. 평가도구는 수행목표로서 구체화된 지식, 기능, 태도를 학습자가 얼마나 달성했는지 평가하는 수단이며, 학습자의 수행을 확인하는 도구를 말한다.

(다) 개발단계

개발단계란 분석과 설계단계에서 도출된 내용을 기반으로 삼아, 교수 자료를 실제로 개발하고 제작하는 과정을 말한다. 교수 자료와 평가도구를 개발하기 위해서는 시청각 및 인쇄매체 등 다양한 형태를 지닌 교수 자료들이 교수설계의 효과성을 증진하고자 사용된다.

최종자료를 개발하고자 초안을 제작하고 몇 차례의 검토를 거친 후에, 수정 및 보완하는 작업이 진행된다. 이때 전문가와 다양한 학습자와 현장의 검토 과정을 거쳐야만 한다.

개발된 프로그램의 타당성을 위한 검토 과정에서는 개발된 교수-학습 자료와 매체가 목표 달성에 적합한지, 개발된 평가도구가 목표와 일관성이 있는지, 개발된 자료가 학습자의 수준이나 특성에 적합한지를 예비조사 등을 통해 확인해야 한다.

따라서 이러한 복잡한 과정을 거쳐 최종적으로 도출된 교수 자료는 목표와 내용에 적합한지 검토해야만 한다. 그리고 프로그램 개발 비용과 사용 시간, 활용성, 형성평가 결과가 반영되는지와 수정 여부 등을 꼼꼼히 검토해야만 한다.

(라) 실행단계

실행단계에서는 설계 · 개발된 프로그램을 실제 현장에 적용하고, 이를 교육과정에 설치한다. 이 단계에는 계속적으로 유지하고 변화 · 관리하는 활동이 포함된다.

(마) 평가단계

평가단계는 실행 과정에서의 모든 결과를 평가하는 단계를 말한다. 동시에, 평가 결과는 교수체제를 수정하는 순환적 절차 과정에서 이용된다.

5) 논리모형

한마디로, 논리모형(logic model)은 프로그램의 로드맵(road map)이다. 즉, 프로그램 개발과 개입을 명확하고 쉽게 제시해 주는 지도라 할 수 있다. 논리모형에서는 개입에 필요한 문제와 상황에 대한 분석, 프로그램의 투입, 산출, 그에 따른 성과에 대한 논리적인 관계가 꼭 포함되어야 한다(김영종 · 권순애, 2003).

논리모형은 보통 참여자의 특성과 프로그램의 구성요소, 관련된 활동, 의도된 결과 등을 논리적으로 표현한다. 따라서 이 모형은 프로그램의 과정과 성과를 보기 쉽게 제시할 수 있다. 그뿐만 아니라, 실제 다수의 연구자들로부터 활발히 유용돼 오고 있다(이봉주 · 김예성 · 임정임, 2009).

(1) 논리모형의 장점

논리모형은 다음과 같은 장점이 있다(박지영 · 배화숙 · 엄태환 · 이인숙 · 최희경, 2005).

첫째, 논리모형은 프로그램 개발 평가 모형이다. 프로그램을 실시하는 이유와 함께 계획된 프로그램의 실행 목표, 문제해결 의지가 담긴 프로그램의 주요 요소들 간의 논리적 관계를 표현하는 도식과 설명을 제시한다.

둘째, 논리모형은 프로그램의 개발, 평가 시에 적용될 수 있는 준거 틀이다. 프로그램 평가를 위해 사용될 뿐만 아니라 기획과 설계, 관리, 소통의 중요한 수단이자 핵심이다.

셋째, 논리모형은 그 결과가 무엇인지에 대해 시각적으로 표현해 낼 수 있다. 프로그램에 투입과 활동한 과정에서 그 결과가 무엇인지를 나타낸다.

(2) 논리모형의 구성요소

논리모형은 일반적으로 상황(situation), 투입(input), 활동(activities), 산출(output), 성과(결과, outcomes)의 다섯 개 요소로 제시된다. 이석민(2011)은 다섯 개의 요소 외에 가정(assumption) 및 문화적 맥락 요인(contextual cultural factors)을 보충하여, 모두 일곱 개의 요소로 설명하고 있다.

(가) 상황

상황은 모든 것의 바탕을 이루고, 이슈를 포함한 문제와 관련하여 기술하는 단계다. 논리 모형을 보다 쉽게 개발하는 것과, 상황을 심층적으로 파악하고 문제를 명확히 분석하는 것은 비례한다.

요구 사정(needs assessment)에 의해 우선순위가 결정된다. 우선순위가 설정되려면, 상황과 문제가 만족스럽게 분석되어야만 한다. 실질적으로 영향을 미치는 요인들로는 경험, 상황지식, 가치, 자원 전문성, 이해관계자 개입, 미션 등이 있다.

(나) 투입

프로그램 실행은 투입과 관련된 자원 부분에 중점을 둔다. 프로그램 운영자 요소, 프로그램 운영 기술 능력, 프로그램 운영 도구, 연구 바탕이 있고, 그 외에도, 자원봉사자 등의 투입이 중요하다.

(다) 활동

이는 프로그램의 활동 요소들이다. 또한 기대되는 결과를 산출하기 위한 일련의 변화 과정이다. 여기에는 상담 제공과 교육, 훈련, 미디어 홍보, 워크숍 개최 및 서비스 전달 등이 혼재되어 있다.

(라) 산출

산출은 프로그램 전달의 표출된 성과이다. 이는 프로그램의 활동과 투입을 통해 결정된다. 거의 개발된 생산물, 교재, 참여자 만족도, 프로그램 참여 및 이수자 인원 등을 들 수 있다.

(마) 결과

결과는 프로그램 실시에 의해 예상되는 직접적인 이익 및 결과이다. 이는 다음과 같이 단기결과, 중기결과, 장기결과로 분류된다.

첫째, 단기결과는 대체적으로 학습을 바탕으로 한 동기와 지식, 열망, 인식, 기술 및 태도 등의 변화를 의미한다.

둘째, 중기결과는 행동의 변화를 뜻하며 결정, 정책, 사회 행위와 실행 등과 같은 변화를 일컫는다.

셋째, 장기결과는 실질적 이익으로서 사회적 · 경제적, 제도적, 환경적 변화를 말하며, 대부분 표출되는 영향은 장기 결과를 뜻하기도 한다.

(바) 가정

가정이란 프로그램에 대한 신뢰심, 투입 인원, 작동 방식과 예상 과정을 뜻한다. 실제적으로 가정은 경험적 연구에 따라 검증되며, 프로그램 작성에 의미 있는 영향을 준다. 따라서 어떠한 프로그램과 논리 모형에는 이와 같은 가정들이 내재되어 있다.

(사) 문화적 · 맥락적 요인

문화적 · 맥락적 요인(contextual cultural factors)은 프로그램 성공이나 전달에 영향을 주거나 간섭하는 요인들로 정의된다. 여기에는 인구와 주거, 정치경제, 기후, 역사 및 문화적 요인, 참여자의 배경과 경험 등이 포함된다. 이와 같은 요인들은 프로그램 상호 간에 영향을 준다.

4. 모형과 관련된 유의점

청소년 프로그램 개발은 환경과 청소년의 요구에 따라 가변성이 있으므로 다양한 모형을 염두에 두어야 한다. 프로그램 개발 모형은 개발자가 영화감독처럼 창작활동을 하는 역할과 관련이 있다. 따라서 청소년 지도자로서 고유의 교육철학, 방법론, 국가관 및 세계관 등을 반영한 모형에 근거해, 청소년들과 소통할 수 있는 프로그램을 개발하여야 한다.

Chapter 04

청소년 프로그램 기획

학습목표

- 청소년 프로그램 기획의 개념, 의의, 필요성, 특성을 이해한다.
- 청소년 프로그램 기획의 유형과 과정을 이해한다.
- 청소년 프로그램 기획의 모델과 단계를 이해한다.
- 청소년 프로그램 기획가의 필요 역량을 이해한다.

Chapter

04 청소년 프로그램 기획

1. 청소년 프로그램 기획의 개념과 의의 및 필요성과 특성

1) 청소년 프로그램 기획의 개념

일반적으로 기획(planning)은 기본적 철학을 실현하기 위해 계획을 짜는 과정을 말한다. 그리고 구체적으로 기획이란 목적과 표적물을 기대하는 과정이고 목적과 기대에 도달하기 위해 하나의 계획을 준비하는 과정이다(마상욱, 2021; Skidmore, 1995). 따라서 청소년 프로그램 기획은 청소년 프로그램의 목적과 표적물을 기대하는 과정이고, 이런 목적과 기대에 도달하기 위해 계획을 준비하는 과정이다.

기획과 유사한 개념으로 계획(plan)이 있다. 계획은 How to do로서, "어떻게 할 것인가?" 또는 "어떻게 만들 것인가?" 또는 "어떠한 방법이 있는가?"의 개념이다. 이에 비해서 기획은 What to do로서, "무엇을 할 것인가?" 또는 "무엇을 만들고 무엇이 될 것인가?"의 개념이다(김진화 · 정지웅, 1997). 따라서 겉으로 볼 때, 기획과 계획은 유사한 것 같지만, 실제로는 차이가 있다.

2) 청소년 프로그램 기획의 의의

기획은 모든 과제에서 중요하다. 큰 틀에서 볼 때, 기획은 인간이 하는 활동에서 기본이 되는 것으로서, 인간 능력의 총체를 보여 주고 있다. 그리고 구체적인 계획은 기획의 결과로 나타난다(홍선미, 2018; 마상욱, 2021; Szopik-Depczyńska, 2016). 따라서 청소년 프로그램 기획은 이런 면에서 의의가 있다.

또한 기획은 목표를 설정하기 위한 효율적인 수단을 강구하는 과정이며, 행동지향적이며, 미래지향인 활동이다. 정확하고 구체적인 계획일수록 결과와 성과에 있어 목표 달성에 유리하게 작용할 수 있다. 따라서 프로그램에서 기획은 중요하다.

프로그램 기획은 프로그램 개발에서 초기단계에 수행되는 의사결정 과정이라고 볼 수 있으며, 프로그램 개발의 기본방향을 설정하는 기초단계로 볼 수 있다.

프로그램 기획은 프로그램 개발 과정의 첫 번째 과정이고 프로그램 개발의 기본방향을 제시하는 전반적 준비활동이다.

3) 청소년 프로그램 기획의 필요성

청소년 프로그램 기획은 청소년들의 전인적인 성장과 발달을 목적으로 청소년 단체 및 기관, 지역사회, 국가가 최적의 수단에 의해 다양한 경험과 활동을 청소년들에게 지속적이고 체계적으로 제공하기 위한 의사결정 과정이다. 청소년 프로그램에서 기획이 없다면 프로그램 개발자는 자신의 경험에 의존하게 되고 계속되는 과정상의 오류를 범하게 된다.

청소년 프로그램 기획은 불확실성을 줄이고, 정해진 목표를 성취하고, 합리성을 증진시키고, 정해진 목표를 성취하게 한다.

청소년 프로그램 기획은 미래지향적이고 연속적인 과정이며 일련의 의사결정 과정이고 목표 지향적이다. 또한 청소년 프로그램 기획은 수단을 목적과 연계시키며 행동지향적인 준비활동 과정이다.

청소년 프로그램을 기획해야 할 필요성은 다음과 같이 정리할 수 있다.

첫째, 기관의 입장에서는 청소년 프로그램 기획을 통해 결과와 예측이 가능하며, 기관의 다른 프로그램과의 조정 및 조화가 가능하게 된다. 또한 의사결정 과정을 공개함으로써, 중요한 지원이 요청되는 사람에게 보다 잘 전달할 수 있다.

둘째, 청소년의 입장에서는 잘 기획된 프로그램은 청소년들에게 참여 동기를 갖게 하고, 정확한 목표 의식을 가지고 프로그램에 참여할 수 있게 하고, 프로그램 목표에 따른 효율적인 시간 사용을 용이하게 한다.

셋째, 청소년 지도사의 입장에서는 잘 기획된 프로그램을 통해 청소년 지도를 더 용이하게 할 수 있다. 또한 목표지향적인 활동으로 청소년 지도사의 입장에서 활동을 보다 명확히 설명할 수 있고, 시간 투자에 있어 보다 높은 성과를 낼 수 있다.

4) 청소년 프로그램 기획의 특성

청소년 프로그램 기획의 의미를 더 잘 이해하려면 프로그램 기획에 대한 정의 속에 포함된 공통적 특성을 이해할 필요가 있다. 그리고 청소년 프로그램 기획의 특성은 청소년 프로그램 기획에 대한 정의와 필요성과도 관련되고 있다(홍선미, 2018).

청소년 프로그램의 기획이 지닌 공통된 특성은 다음과 같다(마상욱, 2021).

첫째, 미래지향적이다.

둘째, 연속적인 과정이다.

셋째, 의사결정을 하는 일련의 과정이다.

넷째, 목표지향적이다.

다섯째, 수단과 목적을 서로 연계시킨다.

여섯째, 행동지향적 활동이다.

일곱째, 준비하는 과정이다.

2. 청소년 프로그램 기획의 유형 및 과정

1) 청소년 프로그램 기획의 유형

프로그램 개발 유형은 프로그램 기획자가 프로그램의 중심을 어디에 두느냐에 따라서, 욕구 중심 기획, 문제해결 중심 기획, 자원활용 중심 기획, 참여 기획의 4가지로 나눌 수 있다.

(1) 욕구 중심 기획

욕구 중심 기획은 프로그램에 참여할 대상의 욕구를 사전에 측정하고 조사한 후 프로그램에 반영하는 것이다. 욕구 중심 기획에서는 겉으로 나타나지 않으면서 갈구하는 욕구 파악을 잘 찾아내야 하며, 제3자나 전문가의 입장에서 욕구파악을 하여 조화롭게 프로그램에 반영시킨다.

(2) 문제해결 중심 기획

문제해결 중심 기획은 대상 집단이 가지고 있는 문제들을 파악하고 해결하기 위한 프로그램을 기획하는 방법이다. 문제해결 중심 기획에서는 각 집단의 문제에 초점을 맞추어 심각한 문제부터 해결해 나간다.

(3) 자원활용 중심 기획

자원활용 중심 기획은 관련 지역이나 각 기관이 보유하고 있는 인적 자원과 물적 자원을 최대한 활용하는 것이다. 자원활용 중심 기획에서는 철저한 사전 자원 조사를 통해 집단의 욕구나 문제를 기반으로 기획을 한다.

(4) 참여 기획

참여 기획은 프로그램에 관계된 모든 사람이 함께 기획에 참여하는 방법이다. 참여 기획은 가장 합리적인 제안 방법이라 볼 수 있다.

2) 청소년 프로그램 기획의 과정

프로그램 기획은 학자마다 단계를 다르게 분류하고 있다. 그러나 여기에는 반드시 확인하여야 하는 주요한 단계가 있다.

프로그램 기획가가 반드시 확인하여야 하는 주요한 단계는 프로그램 개발의 필요성 확인 단계, 프로그램 기획 모임 구성 및 아이디어 회의 개최 단계, 상황 분석 및 기본 방향 설정 단계, 잠재적 참여대상 선정 단계, 프로그램에 대한 요구 및 필요 분석 및 우선순위 목적 설정 단계이다(김진화 · 정지웅, 1997: 김진화, 2011; 이해주 외, 2003).

(1) 1단계: 프로그램 개발의 필요성 확인

이 단계에서는 개발하게 될 프로그램이 기관 차원이나 국가 · 사회적으로 필요한지 확인 검토하는 단계이다. 이때, 청소년이나 참가대상 및 학부모들에게서 요구가 있는지 확인 후 프로그램 개발에 착수하여야 한다.

(2) 2단계: 프로그램 기획 모임 구성 및 아이디어 회의 개최

이 단계에서의 기획 회의는 새로운 아이디어를 창출하는 것으로서 반짝이는 아이디어를 떠올려 창의적인 의견을 얻는 것이다.

이때 브레인스토밍(brain-storming)을 사용할 수 있다. 브레인스토밍은 정신적·육체적으로 편안하고 지치지 않은 상태에서, 산만하지 않고 집중력을 발휘할 수 있는 곳에서 타인의 반대 및 조롱이나 비판을 두려워하지 않고 자신의 생각과 의견을 적극적으로 표현하는 방법이다.

(3) 3단계: 상황분석 및 기본방향 설정

이 단계에서의 상황분석은 프로그램 개발과 관련하여 기본적인 요소를 파악하는 것을 뜻한다.

상황분석을 할 때에는 국가 및 지역사회 요구와의 일치 여부, 기관의 운영 방향과의 일치 여부, 청소년 기관의 인적·물리적 자원과 관련된 요소들을 치밀하게 분석하여야 한다. 또한 상황분석을 할 때에는 내부·외부의 기회 및 위기, 장단점을 꼼꼼이 체크하여야 한다.

상황분석 실시 후 청소년 프로그램 개발의 기본방향을 설정하여야 한다. 이때에는 최종적인 청소년 프로그램의 형태는 무엇인지 결정하고 또한 개발의 범위를 선정한다.

(4) 4단계: 잠재적 참여대상 선정

이 단계에서 프로그램에 참여할 잠재대상 선정 시에는 여러 요소를 고려하여야 한다. 예를 들어, 잠재대상의 연령, 거주 지역, 유사청소년 프로그램에 참여한 경험, 가정형편 등을 고려하여야 한다.

잠재적 참여대상 선정 시 매핑(mapping) 방법을 사용할 수 있다. 매핑의 수행은 다음과 같이 진행된다.

첫째, 잠재적 학습자의 집단을 분류하고 특성을 분석한다.

둘째, 프로그램의 취지와 성격, 목적에 맞는 수혜자집단을 결정한다.

셋째, 선정된 수혜자집단의 교육 요구를 구체적으로 파악하기 위해 표적대상 청소년의 리더를 확인하여 결정한다.

참가대상의 수를 추정할 때에는 일반집단, 위기집단, 표적집단, 클라이언트 집단으로 대상을 구분하여 추정할 수 있다.

(5) 5단계: 프로그램에 대한 요구 및 필요 분석 및 우선순위 목적 설정

잠재적 참여대상이 확인되면, 대상청소년에 대해 프로그램에 대한 요구와 필요를 분석하여야 한다. 잠재적 참여대상의 요구분석 방법으로는 설문지 조사를 하는 방법, 잠재 참여 대상 청소년을 선정하여 심층인터뷰를 진행하는 방법이 있다.

청소년 관련 기관에서는 제한적 인적 자원과 물적 자원을 가지고 있기 때문에 청소년의 모든 요구를 반영하기 어렵다. 따라서 이때에는 필요분석 결과를 토대로 우선순위를 결정하여야 한다.

우선순위 결정 시 고려하여야 할 요소로는 특정 요구와 관련하여 지식이나 기술을 제공할 인력이 있는지 여부, 특정 요구가 조직의 목표에 기여하는지 여부, 목표달성의 정도, 특정 요구를 즉각적으로 실행하여야 되는지 여부, 특정 요구가 다른 요구의 실현에도 영향을 미치는지 여부, 현 상태 및 바람직한 상태 간의 요구의 정도 차이, 자원제공 차원에서 물리적 편의시설이 제공될 수 있는지 여부가 있다.

최종적인 프로그램에 대한 우선순위가 결정되면 이를 토대로 목적 선정 후 설계단계로 넘어간다.

3. 청소년 프로그램 기획의 모델과 단계

1) 프로그램 기획의 모델

프로그램 기획 과정은 다양한 의사결정의 과정을 통해서 여러 가지 대안들 사이에서 선택하는 식으로 이루어진다. 프로그램 기획의 모델은 점증주의 모델(incrementalism), 제한된 합리주의 모델(limited rationality), 완전 합리주의 모델(comprehensive rationality)로 구분할 수 있다.

(1) 점증주의 모델

점증주의 모델은 참여자들 사이의 합의를 통해 이루어지는 것으로서, 합리성보다는 정치적 필요, 편의 등 프로그램의 점증적인 조정수단에 따라 이루어진다.

점증주의 모델에서는 사실의 발견에 의한 문제 확인을 통해 기존 목표와 목적이 적절하다고 가정하여 편의에 의해 기존 프로그램이 점증적으로 조정된다. 점증주의 모델에서는 평가 시 새로운 입증 사실이 없는 한 기존 프로그램이 효과적일 것이라고 믿고 가정한다.

(2) 제한된 합리주의 모델

제한된 합리주의 모델은 사전에 가정을 통하여 분야를 좁힌 후에 대안에 대한 합리적인 비교를 하는 모델이다. 제한된 합리주의 모델에서는 문제와 요구의 체계적인 확인 후 목적설정 시 목적과 목표를 개념적으로 활동 및 결과와 연계함으로써 위계적으로 설정한다. 제한된 합리주의 모델에서는 프로그램 과정 시의 제한 요인을 먼저 확인하고, 프로그램 개발의 기초가 수립되어 수용할 수 있는 대안만 체계적으로 분석한다. 그리고 제한된 합리주의 모델에서는 선정된 프로그램의 효율성과 효과성이 경험적으로 측정되어 평가가 이루어진다.

(3) 완전 합리주의 모델

완전 합리주의 모델에서는 프로그램의 의사결정이 합리성에 기초하여 이루어지고, 모든 대안에 대한 완전한 정보를 이용할 수 있고, 필요한 수단에 대해 참여자들의 동의가 많음을 가정하고, 문제 확인 시 제한요인에 대한 고려 없이 문제와 요구의 체계적인 확인을 바탕으로 모든 목표에 대해 경험적인 측정이 필요하다.

이런 점을 제외하고는, 완전 합리주의 모델은 제한적 합리주의 모델과 같은 목적 설정을 한다.

완전 합리주의 모델에서의 프로그램 과정은 효율성, 효과성 등을 기준으로 프로그램을 선택하며, 모든 대안들이 체계적으로 확인된다. 완전 합리주의 모델에서는 평가 시 모든 프로그램의 효율성과 효과성이 경험적으로 측정되어 평가된다.

2) 청소년 프로그램 기획의 단계

청소년 프로그램을 기획할 때는 여러 단계를 거치게 된다. 청소년 프로그램 기획의 일반적 단계를 제시하면 다음과 같다(마상욱, 2021; 홍선미, 2018).

첫째, 경계를 설정한다. 프로그램 기획자는 문제를 확인하고 프로그램 목표를 설정하기 전에, 프로그램의 범위와 한계를 확인하기 위해 경계를 설정하여야 한다. 폭넓은 경계는 기관의 사명, 국가의 법령 등에서 확인할 수 있다.

둘째, 전략을 수립한다. 문제의 분석으로 변화될 수 있는 사회적 조건을 확인한 후에 전략을 수립하여야 한다.

셋째, 요구를 사정한다. 문제가 집단에 확산된 정도를 측정하고 목표를 확인하는 요구사정을 하여야 한다. 요구사정을 할 때는 많은 지표가 사정되어야 한다.

넷째, 목적과 목표를 수립한다. 성취되어야 할 목적과 확인된 문제에 대해 영향을 줄 수 있는 목표를 수립하여야 한다.

다섯째, 우선 순위를 결정한다.

여섯째, 대안을 확인한다. 프로그램 결과의 효율성과 효과성을 극대화하기 위한 대안을 확인하여야 한다. 이때, 대안의 범위를 좁게 생각하거나 효율적·효과적인 대안을 무시하지 말아야 한다.

일곱째, 대안을 선정한다.

여덟째, 자원을 결정하고 산출 목표를 설정한다.

아홉째, 실행한다. 실행은 프로그램 목표를 실현하는 것을 보장하는 기능을 한다.

열째, 평가한다. 평가는 목표를 성취한 정도를 결정하고, 더불어 성공과 실패의 원인을 확인하는 기능을 한다.

3) 청소년 참여 프로그램의 기획 단계

지역사회에 거주하는 청소년이 참여하는 프로그램을 기획할 때는 여러 단계를 거치고 있다. 이런 단계를 구체적으로 제시하면 다음과 같다(마상욱, 2021: 홍선미, 2018).

(1) 지역사회 내에 청소년 참여 모색 단계

이 단계에서는 지역사회 내에 있는 청소년이 참여할 수 있는지를 모색한다. 이 단계에서는 지역사회에 있는 중요한 집단으로부터 지원을 받아야 한다. 이런 종류의 지원을 가장 잘하는 것은 성인과 청소년들이 연합하는 것이다. 이 단계에서는 프로그램을 위한 일반적 목적을 수립하고, 파트너십을 형성하여야 한다.

(2) 성인 지도자의 확인 단계

이 단계에서는 성인 지도자를 확인한다. 청소년 참여 프로그램을 성공적으로 수행하기 위해서는 청소년기관의 1~2명 성인이 장기적으로 프로그램에 참여하도록 동의를 받는 것이 중요하다. 이렇게 함으로써, 성인 지도자와의 연계를 확보하여 프로그램의 지속성을 유지하여야 한다.

일반적으로 청소년 프로그램에서 성인 지도자는 다음과 같은 역할을 한다.

첫째, 과제가 성공하는 데 필요한 자원을 확보할 수 있게 한다. 여기에는 지원도 포함된다.

둘째, 진행하는 과정에 대한 정보를 제공하면서, 후원기관 및 기타 관련자와 연락한다.

셋째, 일과 놀이의 균형 맞추기, 새로운 구성원의 모집, 오리엔테이션 등과 같은 집단구성원들의 요구에 주목한다.

넷째, 필요로 하는 활동이나 서비스의 기획과 전달을 더 잘하게 한다.

다섯째, 필요한 훈련을 제공하거나 준비한다.

여섯째, 집단이 성취한 것이 지역사회로부터 인정받고 축하받을 수 있게 한다.

(3) 다양한 청소년 집단의 모집 단계

이 단계에서는 다양한 청소년 집단을 모집한다. 지역사회의 다양성을 반영하는 청소년 집단을 모집하는 것은, 특정한 프로그램이나 서비스가 지역사회 내에 있는 다양한 하위집단에 도달하는 가장 좋은 방법이다. 사회적으로 이질적인 집단이 어울려 함께할 수 있는 프로그램은 청소년들이 문화적 수용성과 다양한 체험을 경험할 기회를 제공한다.

(4) 세부 목적과 목표의 규정 및 훈련 제공 단계

이 단계에서는 세부 목적과 목표를 규정하고 훈련을 제공한다. 이 단계에서는 프로그램의 목적을 설정한 후에 구체적인 실천계획과 훈련을 제공하여야 한다.

이 단계에서 훈련은 형식적으로 이루어질 수도 있고 비형식적으로 이루어질 수도 있다. 집단 구성원들 사이에 팀 의식을 형성하는 데 도움을 주기 위해서, 많은 프로그램에서는 도시를 벗어나는 식으로 진행한다. 이 단계에서 훈련은 지역사회 파트너들이 프로그램의 과정에 참여하는 방법의 하나이다.

(5) 활동 계획 및 수행 단계

이 단계에서는 활동을 계획하고 수행한다. 이 단계에서는 훈련을 통해 개발된 기능을 이용해서 집단에서는 지역사회에서 필요한 서비스를 개발하고 전달한다. 이 단계에서는 계획을 수행할 때 지역사회 파트너들이 참여하게 해서 그것이 폭넓은 영향을 미치게 하고 파트너십을 강화하여야 한다.

(6) 활동 평가 단계

이 단계에서는 활동을 평가한다. 이 단계에서 청소년이 참여하는 활동에 대한 평가는 철저하고 정확하여야 한다. 그리고 이 단계에서 이런 평가는 빠르고 유용하게 피드백하여야 한다.

또한 이 단계에서는 지역사회 프로그램의 효과에 대해 평가하는 것 이외에, 청소년이 참여한 효과를 모니터링하여야 한다.

다음과 같은 내용은 과제를 평가하는 데 도움을 줄 수 있다.

첫째, 제공된 정보는 어떤 정보인가?

둘째, 서비스를 얼마나 많은 사람이 받았는가?

셋째, 이런 서비스에 대한 고객의 인식은 무엇인가?

넷째, 프로그램의 목적을 얼마나 충족하였는가?

다섯째, 목표와 결과의 불일치가 있는가? 만약 불일치가 있다면, 그 이유는 무엇인가?

여섯째, 프로그램 후원자와 파트너들이 받은 혜택은 어느 정도인가?

일곱째, 프로그램 참여가 청소년과 성인들의 태도와 지식과 능력에 어떤 영향을 미쳤는가?

여덟째, 프로그램은 청소년에 대한 성인들의 인식에 어떤 영향을 미쳤는가?

아홉째, 프로그램은 청소년의 무단결석, 비행, 약물남용과 같은 측면에 어떤 영향을 미쳤는가?

(7) 인정 및 보상 단계

이 단계에서는 인정하고 보상한다. 청소년 프로그램이 목표를 성취한 것에 대한 대중적 인정은 많은 긍정적인 효과를 보일 수 있다. 예를 들어, 목표를 성취한 것에 대한 대중적 인정은 프로그램 참여자들이 흥미를 갖게 하고 새로운 청소년들이 프로그램에 참여하는 데 도움을 줄 수 있다.

그리고 인정과 축하는 프로그램 파트너와 후원자들에 대해 보상하는 것을 포함하여야 한다.

(8) 지역사회 지원 확대 단계

이 단계에서는 지역사회에 지원을 확대한다. 각각의 임무를 성취하게 되면, 일정한 추진력이 형성되고 청소년들은 지역사회에서 더 중요한 역할을 쉽게 수행할 수 있게 된다.

그리고 각각의 임무를 성취하게 되면, 청소년들은 책임 있는 기여자로 인정과 기대를 받게 된다. 이런 과정을 거치게 되면, 청소년들은 건전한 생활 양식을 가지고, 긍정적으로 발달하고, 지원하는 기관과 더 밀접한 관계를 맺게 된다.

(9) 정리

청소년 프로그램 기획에서는 위의 단계가 지속되고 있다. 따라서 청소년 프로그램 기획에서의 지속적인 특성을 강조하기 위하여, 청소년 프로그램 기획 단계는 원이나 바퀴 모양으로 제시되고 있다.

4. 청소년 프로그램 기획가의 필요 역량

청소년 프로그램 기획가는 우수한 프로그램을 기획하기 위해 역량을 갖추고 있어야 한다. 말할 것도 없이, 청소년 프로그램 기획가에게는 여러 가지 역량이 필요하다. 그러나 청소년 프로그램 기획가가 우수한 프로그램을 기획하기 위해서는 다음과 같은 역량을 고르게 갖추고 있어야 한다(김윤나 외, 2018).

첫째, 창의적인 사고능력과 관련 기관의 현황 분석 능력이 있어야 한다. 청소년 프로그램 기획가는 기존 프로그램과는 차별화되는 독특한 아이디어를 가질 수 있도록 창의적인 사고능력을 길러야 한다. 또한 청소년 프로그램 기획가는 실제로 프로그램을 운영할 기관의 현황을 정확히 파악하여 실제로 기관에서 적용가능한 프로그램을 기획할 수 있어야 된다.

둘째, 청소년 분야와 관련된 사회적 · 문화적 변화에 대한 전문지식 및 우선순위 결정능력이 있어야 한다. 청소년 프로그램은 시대적 흐름에 많은 영향을 받으므로, 청소년 프로그램 기획가는 국가정책과 관련 법과 사회 및 문화의 변화를 속히 파악하여 관련된 전문지식을 학습하고 적용하려 노력하여야 한다. 또한 청소년 프로그램 기획가는 기획 과정 시 우선순위를 정할 때 합리적인 판단기준을 가지고 선택할 수 있는 능력을 길러야 한다.

셋째, 청소년기관의 의사결정 과정에 대한 이해 능력 및 협동 능력이 있어야 한다. 청소년 프로그램 기획가는 의사결정 시 개인의 의견만 고집하지 않고 외부관계자 및 전문가들의 다양한 의견을 수렴하여 프로그램을 수행할 수 있어야 한다. 또한 정치적 영향력이나 이해관계에 따라 의사결정이 이루어지는 경향이 있으니, 청소년 프로그램 기획가는 의사결정 과정을 이해하고 이에 대처할 수 있는 능력을 길러야 한다.

넷째, 잠재적 참여대상의 요구에 관한 분석 능력이 있어야 한다. 청소년 프로그램 기획가는 프로그램 참여대상의 요구를 파악하여 프로그램에 반영하여야 한다. 또한 청소년 프로그램 기획가는 잠재고객인 청소년의 생각과 행동 변화에 민감하게 반응하여 다양한 요구조사기법을 적용할 수 있는 전문 지식을 갖추어야 한다.

Chapter 05

청소년 프로그램의 요구분석

학습목표

- 요구의 개념을 이해한다.
- 요구분석의 개념 및 목적을 이해한다.
- 청소년 프로그램 요구분석의 유형을 이해한다.

Chapter

05 청소년 프로그램의 요구분석

1. 요구의 개념

교육에는 요구(needs)라는 말이 빈번히 등장한다. 어떤 의미에서 요구는 문제와 같은 의미로 사용된다. 어느 학자에 따르면, '요구'라는 개념은 미국의 더글러스 웨플스(Douglas Waples)가 1930년대 저술한 『성인들은 무엇을 배우기를 원하는가?』라는 책이 출판되면서 활발히 논의되기 시작했다. 타일러(1971)는 '요구'란 개인의 현재 상태와 확인할 수 있는 학습자 집단과 사회적 규준(기준) 사이에 존재하는 '차이점'으로 규정하였다.

노울즈(Knowles)는 현재 상태(what is)와 앞으로 제시되어야 할 것 사이(what should be)에 존재하는 요구는 항상 차이를 의미한다고 하였다. 그 외에도, 현재 상태와 바람직하다고 여겨지는 간극의 차이에서 비롯되는 것으로 정의한다. 보편적으로, 요구란 프로그램을 개발하는 개발자에게 있어 밤길을 밝히는 등불과 같은 역할을 한다(김정률, 2017).

또한 요구는 어떠한 기대에 불충분한 상태로서 그것을 갈구하는 것을 의미한다(김영종, 2013). 한편, 심리학 분야에서 요구란 생물체인 유기체의 행동을 촉발하는 내부 원인으로 이해한다. 또 심리적 · 생리적 기관으로부터 유발되는 결손을 채울 수도 있다(권양이, 2023).

그리고 요구는 무엇이 부족하거나 넘치는 상태로 인해 불편한 상황을 뜻하기도 한다(주석진 · 김희영 · 최웅, 2019). 결과적으로, 요구란 개인이 느끼고 있는 어떠한 결핍상태를 충족시키기 위해 원하는 상태 및 상황을 뜻하며, 이에 지금의 상태와 기대되는 상태 사이에 존재하는 간극으로 정의할 수 있을 것이다.

1) 생물학적 · 심리학적 차원의 요구 개념

개인으로부터 발생하는 생물학적 · 심리학적 차원의 요구는, 개인 안에서의 부족 또는 과잉 현상의 원인으로부터 유발된다. 여기서 행동을 일으킬 수 있는 잠재력(potentiality)으로 작용할 가능성이 있다. 이때 직접적으로 행동을 유발하는 것을 충동 또는 동인(動人)이라 한다(김윤나 외, 2018).

생물학적 요구는 신체적, 유기체적, 일차적 요구로 표현할 수 있다. 여기에는 식욕, 배설욕, 수면욕, 성욕, 휴식욕 등이 포함된다. 그리고 심리적 요구는 이차적 요구로서 정서적, 사회적, 자아적 요구로 구분할 수 있다. 심리적 요구를 정리하면 〈표 5-1〉과 같다.

〈표 5-1〉 **심리적 요구**

심리적 요구	
정서적 요구	심리적인 안정감, 고통과 공포로부터의 회피, 스트레스 상황에 대한 긴장해소 등에 대한 요구
사회적 요구	애정 소속, 독립, 성취, 사회적 인정, 참여 등에 대한 요구
자아적 요구	자아실현, 성공, 개성유지 등에 대한 요구

출처: 김진화(2001).

매슬로우(Maslow, 1971)는 요구를 인간의 욕구를 만족시키는 생리적 욕구, 안전의 욕구, 소속의 욕구, 자존의 욕구, 자아실현의 욕구, 인지적 욕구, 심미적 욕구 등으로 분류하였다. 그는 이와 같은 욕구들 사이에 위계적 관계가 있다는 욕구위계설을 주장하였다.

그러나 학자들마다의 관점이 상이하고 이견이 제시되면서 매슬로우의 욕구단계이론은 비판에 부딪혔다. 개인의 욕구는 복합적 상황에서 나타나고 지속적으로 변화하며 종종 욕구 간에 상호작용하며 유발되기도 한다. 매슬로우의 욕구단계이론은 제각각 욕구의 역동성을 표현하지 못하고, 한꺼번에 유발될 가능성에 대한 설명이 미진하다는 한계점을 안고 있다(손영우 · 최옥채 · 송영미 · 김옥선 · 주옥인, 2017).

매슬로우의 욕구단계를 정리하면 〈표 5-2〉와 같다.

〈표 5-2〉 **매슬로우의 욕구단계**

매슬로우의 욕구단계		
기본욕구/ 결핍욕구	1단계: 생리적 요구	유기체의 갈증, 식욕, 수면욕, 성욕,
	2단계: 안전의 욕구	위기, 위협, 무질서로부터의 보호, 자유, 법
	3단계: 애정 및 소속의 욕구	타인과의 만족스러운 관계, 집단소속 욕구
	4단계: 자존의 욕구	자신감, 성취감, 인정받고 싶은 욕구
	5단계: 인지적 욕구	이해와 탐구의 욕구
	6단계: 심미적 욕구	질서, 조화, 미적감각 추구
성장욕구/ 존재욕구	7단계: 자아실현의 욕구	자기자신 발견, 잠재력 발휘, 자기표현
	8단계: 초월의 욕구	타인과 세상에 기여

출처: 김진화(2001).

2) 교육적 차원의 요구 개념

교육적 차원의 요구는 생물학적 · 심리학적 차원과는 구별된다. 본질적으로 요구의 개념 속에는 필수요소(requirement)라는 뜻이 있다. 교육적 차원의 요구는 명확히 요구되는 교육적 요소가 무엇인가에 중점을 두고 있다(Roth-well & Cookson, 1997).

교육적 의미를 함유하는 요구란, 현재 학습자의 상태와 미래 학습자가 원하는 적절한 상태와의 간극을 만족시킬 수 있는 교육적 요소를 말한다. 즉, 학습자가 보유하고 있는 현재의 능력과 바라는 능력 사이의 격차로 인해 발생한 것을 교육적 행위로 해결할 수 있는 상태를 의미한다.

교육적 요구는 누구에 의해 나타나는가에 따라 인식 요구와 귀속 요구로 구분할 수 있다. 인식 요구는 요구의 발현 주체가 학습자 자신이다. 학습자가 스스로 만족하고자 하는 것이 무엇인지 인식되는 경우에 발생된다.

인식 요구에는 결핍 요구와 성장 요구가 있다. 인식 요구를 정리하면 〈표 5-3〉과 같다.

〈표 5-3〉 인식 요구

인식 요구	
결핍 요구	학습자 자신이 채워지지 않은 결핍 요소를 인식하는 경우 발생하는 요구를 말한다.
성장 요구	학습자가 어느 수준의 발달단계에 있는 경우, 스스로에게 요구되는 발달과업을 인식함으로써 발생하는 요구를 말한다.

출처: 김진화(2001).

귀속 요구란 필요로 하는 주체가 학습자 외부의 전문체제인 것을 뜻한다. 주체가 충족시켜야 할 교육 요구를 학습자에 의해 표현되지 않고, 전문가나 외부의 권위적 집단이 규정하고 제시하여 표현되는 요구를 의미한다.

귀속 요구에는 규범적 요구와 처방적 요구가 있다. 귀속 요구를 정리하면 〈표 5-4〉와 같다.

〈표 5-4〉 귀속 요구

귀속 요구	
규범적 요구	학습자가 달성해야 할 수준이 외부전문가 또는 자격, 인증 기준에 따라 결정되는 것을 말한다. 즉, 현재 실질적인 존재 상황과 미래에 성취해야 할 기준에서 결핍, 차이가 어쩔 수 없이 존재하게 된다. 이와 같은 차이는 학습자가 학습을 통해 도달해야 할 규범적 상태를 말한다.
처방적 요구	외부전문가에 의해 현재 학습자가 처한 당면과제와 문제점을 진단한 후에 과제 및 문제점을 해소하기 위해 필수적인 처방적 요소를 말한다.

출처: 김진화(2001).

정리하면, 인식 요구와 귀속 요구는 학습자의 학습 행위를 거쳐 만족된다. 요구 주체가 학습자 당사자이건 외부전문가이건 무관하다. 즉, 현재의 상태와 미래의 바람직한 상태 사이에 존재하는 차이를 만족시키는 과정 중에, 일치와 불일치라는 균형상태와 불균형 상태를 지속적으로 경험하게 된다.

3) 프로그램 차원의 요구 개념

프로그램 개발 관련 요구의 경우, 교육적 요구는 프로그램에 내재된 모든 내용을 이끌어 낼 수 없다는 한계점을 포함한다. 이러한 한계를 극복하고자 교육 요구보다는 프로그램 요구(program needs)와 프로그램 아이디어(program idea)라는 개념을 활용하게 되었다(Caffarella, 1994; Sandrea, 1998).

청소년 프로그램 개발 과정에서, 청소년에게 가치 있고 유용한 내용으로서 요구분석이 유일한 건 아니다. 이처럼 요구분석을 통하지 않고도 프로그램 아이디어를 창출하는 것만으로도 프로그램 개발을 할 수 있다.

실제 청소년 프로그램 내용에는 청소년 당사자의 요구 관련 수집보다는, 제3자인 청소년 전문가, 부모, 교사 등에 의한 요구를 프로그램에 넣는 경우가 다수다. 이와 같이 제3자에 의해 표현된 요구를 프로그램 아이디어라고 할 수 있다.

프로그램의 주 대상자인 청소년에 대한 요구분석의 범위에 다다르지 못하는 경우, 교육 요구라는 개념을 보다 확장한다. 이를 프로그램 개발 상황에 마땅한 용어로 활용하게 된 것이 바로 프로그램 요구이다. 따라서 프로그램 요구는 교육 요구, 프로그램 아이디어, 직무과제를 프로그램 개발 과정 속에 투영하여 진행해 나가는 것을 뜻한다.

결과적으로 우리가 진행하는 모든 요구분석의 목적은 프로그램 요구를 알고자 하는 것이다.

2. 요구분석의 개념 및 목적

1) 요구분석의 개념

실질적으로, 청소년 교육은 여타영역에 비해 사회와 학습자, 기관 등의 욕구 파악에 중점을 두어야만 한다. 현재까지, 욕구는 다양한 연구자들을 거치며 규정되어 왔다. 네리트(Neritt)는 한정된 사회적 가치로 설명하고 있다. 이러한 욕구는 지금 여기에서의 상황이나, 열망하는 이상적 수준 간의 격차를 의미하는 것으로 추측할 수 있다(이성호, 2004; 정용권 · 김진모, 2009).

교육적 요구란 현재의 학습 역량 등, 수준이나 실제적 · 관념적 격차를 의미한다. 하지만 교육적 요구는 학습자를 학습하게 하는 과정에서 줄어들거나 삭제될 가능성도 지닌다. 결국, 요구분석이란 욕구를 명확히 규정하고 측정하는 과학적이고 체계적인 접근방법이다(서윤아 · 김형숙, 2023).

2) 요구분석의 목적

요구분석은 분석 대상(즉, 개인, 사회 및 조직)의 특징에 따라 목적이 달라질 수 있다. 청소년 활동에서 요구분석이 우선시 되는 것은, 프로그램의 계획을 형성하고 활용할 정보를 얻고자 하는 데서 기인한다. 요구분석의 목적은 학습자인 청소년의 욕구를 분석하고자 욕구의 영역을 탐색한 후, 그 영역 과정을 구체화하는 데 있다.

청소년들이 요구하는 프로그램의 목표, 내용 및 방법 등과 관련하여 체계적으로 조사·분석하는 것이 요구분석의 목적이라 할 수 있다. 또한 조직 내 상황이나 시스템이 가진 문제점이나 약한 고리를 발견하여 이를 처방, 개선하기 위함이 목적이다(정하성·안승열, 2003).

3) 요구분석 시 유의점

요구분석에서는 먼저 욕구조사와 자료수집을 실시한 것을 가지고, 적정 기준을 바탕으로 분석하고 현재 산출된 것과 이미 설정된 기대할 만한 목표와 비교하여야 한다. 한편으로, 요구분석이 평가와 유사한 측면도 일부 있다. 이것은 현재 산출된 수준과 이전에 설정해 놓은 목표 수준과의 정도 차이를 측정한다는 점에서 그렇다. 따라서 평가는 프로그램의 수행 측면을 강조하는 반면, 요구분석은 프로그램 내용 선택과 프로그램의 계획단계를 강조하고 우선시한다는 면에서 차이를 나타낸다.

이러한 목적을 달성하기 위해 수행되는 요구분석에서는 문화 체험 활동과 관련된 청소년들의 구체적인 목표를 확인하고 목표를 달성하기 위해 어떤 내용이 어떻게 제공되어야 하는지를 구체화하는 작업이 이루어져야 한다(권양이, 2023).

3. 청소년 프로그램 요구분석의 유형

1) 분류

요구분석은 프로그램이나 정책을 통해 무엇을 할 것인가를 조사하는 방법으로 단순히 체계적으로 정보를 수집하는 것 이상의 가치판단과 요구를 포함한다. 요구분석은 요구 판단의 근원과 주체에 따라 다르게 구분된다.

모커와 스피어(Mocker & Spear)는 요구 판단의 주체에 따라 기술적 요구와 규범적 요구를 나누고, 동시에 요구 판단의 자료나 성격에 따라 주관적 자료와 객관적 자료를 나누었다. 따라서 이들은 요구분석 유형을 4차원으로 구분해 놓았다. 4차원의 내용을 구체적으로 정리하면 〈표 5-5〉와 같다.

〈표 5-5〉 요구의 4차원

주관적 자료	개인 또는 집단의 주관적 진술을 기초로 한 요구를 말한다.
객관적 자료	개인 또는 집단에 대해 한층 체계적 · 과학적으로 수집된 자료를 바탕으로 한 요구이다.
기술적 요구	학습자 중심의 내부 지향적 의사결정이다. 개인이나 집단이 무엇을 원하는지와 같이, 자가 진단하는 것이다.
규범적 요구	외부 지향적 의사결정이다. 외부 전문가에 의해 요구가 결정된다.

출처: 홍선미(2018).

2) 각 유형

(1) 기술적-주관적 요구분석

자기주도학습이 대표적인 형태로서, 개개인의 학습자 자신이 주관적 판단 및 진술에 충실하게 스스로 요구를 분석하는 것을 의미한다. 자기주도학습은 학습자 자신이 스스로 학습 목표, 시간, 내용 등 학습과 관련된 형태의 여러 가지를 선택하고 탐색하는 것을 말한다. 학습 요구는 제각각 다른 청소년들 스스로의 느낌, 흥미, 직관에 기초를 두고 학습하고자 하는 내용을 담고 있다. 이와 같은 프로그램의 개발 및 운영은 학습자들의 요구에 기초하므로 청소년들의 참여와 동기를 촉발시키는 계기가 될 수 있다.

대표적인 예가, "청소년들이 …하고 싶다", "청소년들이 …에 참여하고 싶다"이다.

(2) 기술적-객관적 요구분석

주체가 학습자라는 측면에서 볼 때, 기술적-주관적 분석과 함께하는 면이 있다. 반면에, 분석자료가 학습자 자신의 직관, 주관이 아니라 객관적이고 체계적인 근거라는 면에서 차이가 있다. 청소년들이 지닌 학습 요구를 탐색하고 구체화하는 역할은 청소년 지도자에게 중요한 작업 중 일부분이다. 내재된 학습자의 일관되고 지속적 요구를 과학적으로 접근하고 도출하는 과정에 중점을 둔다. 위와 같이 학습자는 전문가의 조력이 요구된다.

(3) 규범적-주관적 요구분석

학습자의 요구가 스스로가 아닌 전문가를 거쳐 판단되면 전문가의 느낌과 같은, 주관이 요구된 판단의 토대가 된다. 대다수 정부의 각종 연수 프로그램 개발이나 기업교육에서 활용된다. 중심을 잃지 않는 균형감과 현장감을 내재한 전문가를 확보하는 것은 프로그램 개발 성공에 가장 큰 요인이다.

여러 형태의 참여집단이 지닌 특성을 반영하여 프로그램 개발자인 전문가가 주관적으로 어떤 학습이 필요한지 결정하는 분석 방법을 의미한다.

(4) 규범적-객관적 요구분석

전문가의 손을 거쳐 요구를 탐색하는 반면에, 학습자들의 객관적인 데이터에서 바탕자료가 산출된다. 보편적으로 대부분 공식적이고 체계적인 프로그램 개발 과정에서 실시하는 요구분석 방법이다. 실제, 자격증 및 수료증을 주는 프로그램을 활용하는 경우에 대다수가 선택하는 방법이다.

잠재적 학습자인 청소년들을 상대로, 청소년 지도자는 청소년의 진로 의식 정도(진로성숙도)를 우선시하여 표준화된 진단 도구를 활용하고 검사한다.

4. 요구분석의 기법

요구분석 정보의 유형과 수준 정도에 따라 다양한 자료수집방법이 있음을 알 수 있다. 어느 한 가지 방법이 그 외의 방법보다 뛰어나다고 할 수는 없을 것이다(홍선미, 2018). 요구분석 자료수집방법 중 대표적인 방법을 나열해 보면 다음과 같다.

1) 서베이

청소년 집단이 비교적 널리 분포되어 있을 때, 일반적으로 잠재적 프로그램 참여자들의 요구 및 정보를 수집하고자 활용되는 기법이다. 따라서 프로그램 참여 청소년에 관련된 체계적이고 통합적 방법으로 정보 도움을 받을 수 있다는 장점이 있다. 도움되는 관련 정보로는 청소년의 의견과 실행 능력 수준, 자원, 상황이 있고 그 밖에도 지식, 태도 및 신념 등이 있다(이건, 2012).

서베이를 실행하는 방법으로는 크게 질문지법과 면접법이 있다.

(1) 질문지법

질문지법은 응답자와 대면하는 직접적인 접촉 없이, 우편과 같은 형식을 통해 분배가 이루어진다는 장점이 있다. 반면에 상세하고 민감한 정보를 획득하는 데는 무리가 있다. 무엇보다도 분석하고자 하는 내용이 비교적 간결한 편이지만, 많은 응답자의 호응이 요구된다.

질문지법은 응답자가 교육받는 집단이거나 협조적일 때 훨씬 적합하다. 질문지법을 사용할 경우, 근래 「개인정보보호법」이 강화되어, 개인정보의 수집 여부 이용 제공 등을 체크하도록 하고 단계별 보호 규준을 준수하여야 한다.

(2) 면접법

면접법은 요구분석을 하고자 응답자와 직접적으로 대면하거나 전화 통화 등을 통해 인터뷰하는 형식으로 이루어진다. 비교적 상세한 정보를 수집할 수 있는 것이 장점이다. 그리고 그만큼 질문이 복잡하여 설명이 필요할 때 주로 활용된다. 이러한 장점이 있지만, 자료수집 기간이 상대적으로 길 수 있다. 개별 또는 집단 면접을 실행할 때나 응답하는 과정에서 면접 수행 실시자의 숙련된 기술과 풍부한 경험이 필요하다는 제한점을 지닌다. 결과적으로, 응답자가 설명만으로는 자신의 생각을 표현하기가 곤란하거나 높은 응답률이 요구될 경우에도 요긴하게 활용할 수 있는 방법이다(오서현, 2022).

2) 관찰법

관찰법은 정밀한 관찰이 필요한 경우에는 측정 도구를 추가로 활용하기도 한다. 그에 앞서 강조해야 할 점은 관찰하는 방법이 타당하고 신뢰할 수 있어야 한다는 것이다. 무엇보다 객관적으로 수행되고 명확하게 분석될 수 있는 자료수집이 되어야 한다.

관찰자가 직접 관찰을 통해 개인, 사회현상 및 공동체의 정보와 연구 대상의 기타 정보를 얻고자 할 때 사용하는 방법이다.

(1) 장점

융통성을 발휘할 수 있는 방식으로서 대상자를 직접 관찰을 통해 연구한다. 부가적인 관찰이나 기법의 사용을 유도하는 특성이 있고, 실제적인 상황을 이해하고 직접적으로 현장을 연구하는 데 도움이 된다.

(2) 단점

사전에 비교적 치밀한 준비가 요구된다. 관찰 대상자인 청소년이 관찰을 알게 된다면, 왜곡된 정보를 얻을 수 있기 때문이다. 또 하나의 왜곡된 정보수집의 경로는 관찰자가 편협하거나 치우친 시각을 가지는 경우이다. 따라서 관찰자의 중립을 유지할 수 있는 능력과 선택이 강조된다.

3) 델파이법

델파이법은 정보수집과 미래를 예측하고자 활용하는 방법이다. 즉, 1950년대 초 미국의 랜드연구소(Rand Corporation)에서 개발한 의견조사 방법이며, 전문가들의 직관과 판단을 알아보는 방법이다. 특정한 관심사에 대해 섬세한 구조로 몇 단계의 질문을 거침으로써, 올바른 판단을 체계적으로 하도록 하는 절차이다.

특히, 청소년 영역에서 청소년들의 요구 및 문제를 알아내는 방법으로 전문가들에게 이메일을 통해 활용되곤 한다. 정보제공자로는 전문적인 학자, 청소년 지도자, 지역별 전문가, 청소년 전문가 및 지역별 활동가, 해당 공무원 등이 있다.

통계적 분석을 통해 정보제공 집단의 반응을 수집하고, 특히 장기적이고 광범위한 정책을 세우는 데 유용하다. 체계적인 정보판단, 수집, 정리를 위해, 정보수집 과정에서 무기명 통제적 피드백을 여러 번에 걸쳐 반복적으로 제공한다.

(1) 델파이법 진행 순서

분석하고자 하는 해당 문제 분야의 전문가 또는 이해집단 구성원을 최대 30명에서 100명까지 선정하여 패널을 구성한다.

- **제1차 질문:** 먼저, 해결 또는 추정하고자 하는 문제영역의 전문가 구성원을 선정한다. 개방형 질문으로서 상호 간 접촉을 피하고 문제에 응답하도록 한 후 일련의 자료를 수집한다.
- **제2차 질문:** 제1차 개방형 설문 과정에서 회수된 비체계적인 질문들을 만든다. 리커트 척도를 활용하여 패널들로 하여금 반복적으로 질문 각 항목 내용의 중요성 또는 가능성 등과 관련하여 동의하는 강도를 평정한다.
- **제3차 질문:** 제2차 질문에서 수집하고 회수된 패널들의 반응을 토대로 집

중경향과 변산도(중앙값과 사분 변위/평균 표준편차)를 산출한다. 제3차 설문은 각 패널들에게 질문마다 집중경향과 변산도 측정값과 패널 본인의 제2차 설문 반응을 피드백하고, 질문에 대해 수정 및 재고할 수 있는 기회를 부여한다. 각 질문에 관련된 반응 여백에는 동의의 강도와 함께, 대다수 의견에서 벗어난 이유를 기록할 수 있는 공간을 준다.

- **제4차 질문:** 제3차 질문에서 회수한 패널들의 반응과 관련하여 집중경향과 변산도를 반복적으로 추출한다. 대다수 의견으로부터 달리하는 소수 의견을 취합한 보고서와 함께 질문을 반복한다. 어느 정도 패널들의 의견이 일치할 때까지 질문을 순차적으로 수차례 반복한다.

(2) 델파이법의 장점

비용 측면에서 효과적이다. 즉, 지역적으로 산재해 있는 다양한 사람들의 상호작용을 촉진할 수 있다. 무엇보다 참여 패널들의 시간을 단축하는 데 매우 효과적이다. 해당 관련분야의 수많은 전문가들 의견을 취합할 수 있다. 패널로 참여한 전문가들은 여타의 부정적 영향을 받지 않고, 자유롭고 편한 시간을 선택해 자율적 의사결정을 내릴 수 있다. 따라서 교육요구 분석에도 효과적으로 종종 사용되고 있다.

(3) 델파이법의 단점

요구 사정 질문지의 작성이 모호하거나 혹은 질문지 조사의 결함이 있을 때, 뜻이 곡해되어 명확하지 못한 결과를 낳을 우려가 있다. 패널참여자가 비전문가 혹은 협조적이지 않을 경우, 왜곡된 결과가 도출될 수 있다. 이것은 한 번에 지나치게 많은 항목으로 구성된 요구조사를 제시할 경우에도 마찬가지이다.

조사대상자의 선정이 조사하고자 하는 집단의 대표성을 확보하지 못할 수도 있다. 또 편파된 의견이 수립될 수도 있다. 이어서 반복적인 통계처리의 번거로운 과정을 거치며, 우편을 사용했을 때 송부와 회수 등 복잡한 절차와 시간이 요구된다.

4) 비형식적 분석기법

비형식적 분석기법이란 잠재적 학습 집단과 매일의 일상생활 중, 접촉하는 과정에서 지속적으로 그들의 요구를 확인하고 평가하는 것이다.

(1) 비형식적 대화

일상생활 중에 프로그램 개발자 및 청소년 지도자가 청소년과 그들의 부모, 교사들과의 반복되는 접촉 과정을 통해 청소년들의 요구와 관련된 정보를 수집하는 것을 말한다.

청소년 지도자는 지역사회, 조직체 내에서 청소년들의 근래 제기하는 관심 및 문제 사항을 들을 수 있는 적절한 위치에 있어야 한다. 따라서 신중하게 행동해야만 한다.

(2) 비형식적 측정

과거 행동을 조사하는 물리적 흔적이나 보관된 기록문서 등을 모아 측정하거나 관찰에 의해 정보를 수집하는 것을 말한다.

Chapter 06

청소년 프로그램 목적 및 목표 설정

학습목표

- 청소년 프로그램의 목적 및 목표를 이해한다.
- 청소년 프로그램의 목적 및 목표 설정과 진술 방법을 습득한다.
- 청소년 프로그램 목표의 위계화를 이해한다.
- 청소년 프로그램 목적 및 목표 평가 방법을 이해한다.

Chapter

06 청소년 프로그램 목적 및 목표 설정

1. 청소년 프로그램 목적 및 목표의 이해

청소년 프로그램의 목적과 목표는 프로그램의 방향을 결정하고, 기대되는 변화를 설정하는 중요한 과제이다. 이를 통해 청소년들이 인지적, 정의적, 심리운동적(기능적) 영역에서 긍정적인 변화를 경험할 수 있도록 한다. 청소년 프로그램의 목적과 목표는 크게 다음과 같은 구조를 가진다(이병기, 2010; Lerner & Steinberg, 2009; Eccles & Gootman, 2002; Gallahue & Ozmun, 2006).

첫째, 인지적 영역에서는 청소년들이 지식과 이해력을 향상하는 것을 목표로 한다. 이를 통해 학업 성취도 향상, 비판적 사고 능력 강화, 문제 해결 능력 향상 등을 기대할 수 있다.

둘째, 정의적 영역에서는 감정과 태도, 가치관 등을 긍정적으로 변화시키는 것을 목표로 한다. 이는 자아존중감 향상, 타인에 대한 이해와 공감 능력 강화, 긍정적인 대인관계 형성 등을 포함한다.

셋째, 심리운동적(기능적) 영역에서는 신체적 기술과 활동을 통해 건강과 운동능력을 증진하는 것을 목표로 한다. 이를 통해 신체적 건강 증진, 스트레스 해소, 협동심 강화 등의 변화를 기대할 수 있다.

1) 교육목적

교육목적은 청소년 프로그램의 방향을 결정하고 장기적인 목표를 설정하는 데 핵심적인 역할을 한다. 이러한 교육목적은 단기적인 성취보다는 장기적이고 지속가능한 변화를 지향하며, 청소년들의 전인적 성장을 목표로 한다.

(1) 장기적이고 지속 가능한 목표

교육목적은 즉시적이고 단기적으로 성취될 수 있는 목표가 아니라, 청소년들의 장기적인 성장과 발전을 지원하는 방향성을 지향한다. 이는 청소년 프로그램의 궁극적인 교육이념을 구체화하는 데 필수적이며, 본질적으로 상당히 추상적이고 일반적인 성격을 갖는다(김현정, 2020). 예를 들어, "청소년들이 자립적이고 책임감 있는 성인으로 성장하도록 돕는 것"은 장기적이고 지속 가능한 교육목적에 해당한다. 이는 청소년들이 사회에서 성공적으로 역할을 수행할 수 있는 기반을 마련하기 위한 다양한 교육 프로그램의 제공을 의미한다.

(2) 청소년 기관의 이념과 임무에 기반한 설정

교육목적은 청소년 기관이 지향하는 이념과 구체적인 임무 및 사명에 기반하여 설정되어야 한다. 이는 기관의 정체성을 명확히 하고, 기관이 외부에 효과적으로 전달할 수 있는 중요한 기능을 수행한다(이순호, 2019). 예를 들어, "우리 기관의 임무는 청소년들에게 지속 가능한 교육과 지원을 제공하여, 그들이 자신의 잠재력을 최대한 발휘할 수 있도록 하는 것"과 같은 목적은 기관의 이념과 사명을 반영한다. 이와 같이 모든 교육목적은 기관의 핵심 임무를 실현하는 데 중점을 두어야 하며, 이는 청소년의 성장과 발전을 촉진한다.

(3) 기관의 정체성을 드러내는 기능

교육목적은 청소년 기관의 설립 근거와 정체성을 외부에 명확히 전달하는 중요한 역할을 한다. 이를 통해 기관이 지역사회나 외부 이해관계자들에게 존재 이유와 목표를 명확히 알릴 수 있다(박영주, 2021a). 예를 들어, "우리 기관은 지역사회의 요구에 부응하여 설립되었으며, 청소년들의 역할을 강화하고 지역 발전에 기여하는 인재로 성장시키는 것을 목표로 한다."는 교육목적은 기관의 정체성을 잘 나타낸다. 이러한 교육목적은 지역사회 내에서 청소년들의 역할을 강화하고, 지역 발전에 기여할 수 있는 인재로 성장시키기 위한 기초가 된다.

(4) 구성원 간의 응집력 강화

교육목적은 청소년 기관에 소속된 모든 구성원들을 하나의 공통된 관심사로 통합하고, 이들이 적극적으로 역할을 수행할 수 있도록 방향성을 제공하는 역할을 한다. 이는 구성원들이 공동의 목표를 향해 협력하고, 팀워크와 소속감을 강화하는 데 기여한다(최민규, 2018a). 예를 들어, "청소년 프로그램의 교육목적은 구성원들이 공동의 목표를 향해 협력하고, 이를 통해 팀워크와 소속감을 강화하는 것"과 같은 목적은 구성원 간의 응집력을 강화하는 데 중요하다. 정기적인 워크숍과 팀 빌딩 활동은 구성원 간의 유대감을 증진하고, 기관의 목표 달성을 위한 협력을 촉진한다.

2) 청소년 프로그램의 목적

(1) 목적

청소년 프로그램의 목적은 프로그램의 포괄적인 사명과 이념적 틀을 제시하며, 관념적이고 철학적이며 이상적인 요소를 포함한다. 이는 교육목적보다 훨씬 구체적으로 프로그램이 의도하는 바를 체계적으로 명시하고 있다. 청소년 프로그램의 목적은 강한 의도성을 내포하고 있으며, 이는 개인, 조직, 지역사회 등 프로그램의 잠재적 대상에 따라 다양하게 정의될 수 있다. 프로그램의 목적을 명확히 하는 것은 참여자들에게 기대감을 심어 줄 뿐만 아니라, 프로그램 홍보에도 기여하는 중요한 역할을 한다. 또한, 프로그램 목적은 운영자에게 정체성을 부여하고, 프로그램 운영 과정에서 다양한 지원을 가능하게 하는 기초를 제공한다. 이를 통해 프로그램의 효과적인 실행과 지속적인 발전을 도모할 수 있다.

(가) 프로그램의 의도 명시

청소년 프로그램은 명확한 의도를 가지고 있으며, 이를 체계적으로 명시하고 있다. 이는 프로그램의 방향성을 명확히 하여 참여자들에게 프로그램의 목적을 명확하게 전달한다(이순호, 2020). 예를 들어, "이 프로그램의 목적은 청소년들에게 환경 보호의 중요성을 교육하고, 그들이 직접 환경 보호 활동에 참여하도록 하는 것이다."라는 목적 진술은 프로그램의 의도를 명확히 나타낸다.

(나) 교육목적보다 구체적

프로그램의 목적은 교육목적보다 구체적이다. 이는 청소년들이 프로그램을 통해 얻을 수 있는 구체적인 결과를 명확히 제시함으로써, 실질적인 행동 변화를 유도한다(김지연, 2019). 예를 들어, "프로그램의 목적은 청소년들이 재활용 방법을 배우고, 이를 통해 지역사회에서 환경 보호 캠페인을 주도할 수 있는 능력을 기르는 것이다."라는 목적 진술은 청소년들이 실질적인 기술과 능력을 습득하도록 돕는다.

(다) 강한 의도성

프로그램의 목적은 강한 의도성을 가지고 있다(최민규, 2018c). 이는 프로그램이 청소년들에게 미치는 영향이 명확히 설정되어 있으며, 이를 통해 청소년들의 가치관과 행동에 긍정적인 변화를 유도한다. 예를 들어, "이 프로그램은 청소년들이 환경 보호에 대한 책임감을 느끼고, 지속 가능한 생활 습관을 형성하도록 하는 데 중점을 둔다."라는 목적 진술은 청소년들이 환경 보호에 대한 책임감을 가질 수 있도록 돕는다.

(라) 기대감 형성

명확한 프로그램의 목적은 청소년들에게 성장과 발전에 대한 기대감을 심어 줄 수 있다(박영주, 2021b). 이는 청소년들이 프로그램 참여를 통해 얻을 수 있는 성과를 명확히 인식하게 하여, 동기 부여에 긍정적인 영향을 미친다. 예를 들어, "프로그램 참여를 통해 청소년들은 환경 보호에 대한 깊은 이해를 얻고, 실제로 지역 사회에서 변화를 이끌어 내는 리더로 성장할 수 있다."라는 목적 진술은 청소년들에게 자신감과 자부심을 느끼게 한다.

(2) 목표

목표는 프로그램의 목적을 보다 구체화한 것으로, 청소년에게 기대되는 바람직한 결과를 의미한다. 이 목표는 포괄적이면서도 구체적인 결과를 지향하여, 프로그램의 성공적인 수행을 위한 기초를 제공한다(이순호, 2020). 예를 들어, "청소년의 자아존중감 향상 및 리더십 개발"과 같은 목표는 프로그램의 방향성을 명확히 하고, 참여자들에게 실질적인 변화를 이끌어 내기 위한 기반이 된다. 목표 설정은 프로그램의 이념과 방향을 실질적인 성과로 연결 짓는 중요한 단계로, 프로그램의 효과성과 성과를 평가하는 기준이 된다.

(가) 포괄적 목표 설정

프로그램의 목표는 청소년의 전반적인 성장과 발전을 도모하는 포괄적인 성격을 가져야 한다. 예를 들어, "청소년의 자아존중감 향상 및 리더십 개발"이라는 목표는 청소년들이 자신의 가치를 인식하고, 리더십 능력을 키울 수 있도록 돕는다. 이는 프로그램의 방향성을 명확히 제시하고, 청소년들에게 실질적인 변화를 유도한다.

(나) 구체적 결과 지향

프로그램 목표는 구체적이고 명확한 결과를 지향해야 한다. 이는 프로그램의 성과를 명확하게 측정하고 평가할 수 있도록 한다. 예를 들어, "청소년의 학업 성취도 향상 및 문제 해결 능력 강화"라는 목표는 프로그램의 구체적인 방향성을 제시하며, 청소년들이 실질적인 성과를 이룰 수 있도록 돕는다.

(3) 세부목표

세부목표는 프로그램을 통해 달성하고자 하는 구체적이고 실현 가능한 목표를 설정하는 것이다. 이 세부목표는 행동 지향적이고, 측정 가능한 언어로 표현되어야 한다. 이를 통해 프로그램의 진행 상황을 효과적으로 평가할 수 있다(김지연, 2019). 예를 들어, "매월 1회 리더십 워크숍을 통해 참여 청소년의 자아존중감 점수를 20% 향상시키는 것을 목표로 한다." 이러한 구체적인 세부목표는 프로그램의 효과성을 극대화하고, 참여자들의 발전을 지속적으로 모니터링하는 데 중요한 역할을 한다.

(가) 구체적이고 실현 가능한 목표 설정

세부목표는 구체적이고 실현 가능한 내용을 포함해야 한다. 이는 프로그램의 성과를 명확히 측정하고, 평가할 수 있도록 한다. 예를 들어, "매월 1회 리더십 워크숍을 통해 참여 청소년의 자아 존중감 점수를 20% 향상시키는 것"이라는 세부목표는 구체적이며 실현 가능한 내용을 포함하고 있어, 프로그램의 효과성을 극대화할 수 있다.

(나) 행동 지향적 언어 사용

세부목표는 행동 지향적 언어로 표현되어야 한다. 이는 프로그램의 진행 상황을 명확히 평가하고, 구체적인 행동 변화를 유도할 수 있도록 한다. 예를 들어,

“참여 청소년들이 매주 1회 지역사회 봉사 활동에 참여하여, 협동심과 책임감을 강화하는 것”이라는 세부목표는 구체적이고 행동 지향적인 내용을 포함하고 있어, 프로그램의 진행 상황을 효과적으로 평가할 수 있다.

(다) 측정 가능한 목표 설정

세부목표는 측정 가능한 언어로 표현되어야 한다. 이는 프로그램의 성과를 명확히 측정하고, 평가할 수 있도록 한다. 예를 들어, “프로그램 종료 후, 참여 청소년의 리더십 기술 평가 점수를 30% 이상 향상시키는 것”이라는 세부목표는 측정 가능한 내용을 포함하고 있어, 프로그램의 효과성을 객관적으로 평가할 수 있다.

3) 프로그램 활동목표

프로그램 활동목표는 청소년들이 구체적으로 어떤 행동 변화를 일으키는지에 초점을 맞춘다. 이러한 목표 설정은 전문가와 교수자가 규정되는 의도된 활동 결과와 청소년이 인식하는 교육적 요구에 근거하여 이루어진다. 활동목표는 프로그램에 참여한 결과로써 청소년들이 얻는 변화된 지식, 흥미, 태도 등의 특성을 표현한다. 활동목표는 다음과 같은 네 가지 기능을 수행하며, 이를 “환경 보호 캠페인 프로젝트” 사례를 통해 설명한다.

(1) 활동목표에 포함되어야 할 사항

(가) 프로그램 속에서 청소년이 알아야 할 구체적인 내용

청소년들이 프로그램에 참여함으로써 배워야 하는 구체적인 지식과 정보를 명확히 정의하는 것이다(김지연, 2019). 예를 들어, "환경 보호 프로그램에서는 재활용의 중요성, 다양한 재활용 방법, 그리고 재활용이 환경에 미치는 긍정적 영향을 학습하며, 이를 통해 지속 가능한 생활 방식을 이해하는 데 있다." 이를 통해 청소년들은 환경 보호의 필요성과 그 방법에 대해 명확히 이해할 수 있다.

(나) 프로그램 속에서 청소년이 의미 있게 체험한 내용

프로그램의 활동을 통해 청소년들이 실제로 경험하게 되는 의미 있는 활동을 나타낸다(이순호, 2020). 예를 들어, "청소년들은 지역 공원에서 쓰레기를 줍는 활동에 참여함으로써 환경 보호의 필요성과 공동체 의식의 중요성을 직접 체험하게 된다." 이러한 체험 활동은 청소년들이 환경 보호의 중요성을 몸소 느끼고 실천할 수 있게 한다.

(다) 청소년이 프로그램에 참여하여 직접 경험하고 체험을 통해 터득한 것

프로그램을 통해 청소년들이 직접 수행한 활동으로 인해 얻게 되는 실질적인 학습 경험을 나타낸다(최민규, 2018b). 예를 들어, "청소년들은 재활용 공장에서의 일일 체험을 통해 재활용 과정의 실제 운영 방식과 그 사회적 및 경제적 영향을 직접 체험하고 이해하게 된다." 이러한 체험은 청소년들이 재활용의 실제 과정을 직접 경험하고, 그 중요성을 깊이 이해하는 데 도움을 준다.

(라) 청소년이 프로그램에 참여하는 동안 마땅히 수행해야 할 과제

청소년들이 프로그램 목표에 도달하기 위해 반드시 수행해야 하는 활동과 과제를 구체적으로 명시한다(박영주, 2021b). 예를 들어, "프로그램의 일환으로 청소년들은 매주 환경 보호 일지를 작성하고, 각자 가정에서 실천한 재활용 사례를 그룹과 공유함으로써 지속적인 자기반성과 학습을 유도해야 한다.” 이러한 과제는 청소년들이 지속적으로 환경 보호를 실천하고, 자신의 행동을 반성하며 학습할 수 있게 한다.

(2) 프로그램 활동 목적과 목표의 본질적 기능

(가) 목적 달성을 위한 학습경험의 범위 제시

본 프로그램은 기초 개념부터 고급 기술까지 포괄하는 다양한 학습 경험을 제공한다. 청소년들이 환경 보호와 지속 가능한 개발에 대한 깊은 이해를 형성할 수 있도록 지원하며, 환경 보호 캠페인 프로젝트를 통해 실제 적용 가능성을 높이는 데 중점을 둔다. 이러한 접근은 청소년들에게 필요한 기초 지식을 제공하고, 이를 실천으로 옮길 수 있는 역량을 개발하는 데 기여한다. 궁극적으로 청소년들이 사회적 책임감을 가지고 환경 문제에 효과적으로 대응할 수 있는 능력을 배양하도록 지원한다(Tyler, 1949).

(나) 교육의 내용, 방법 및 방향 규정

본 프로그램은 이론 강의, 실습 활동, 현장 견학 등을 포함한 다양한 교육 방법을 통해 청소년들이 종합적인 학습을 경험하도록 방향을 설계한다. 이론 강의는 기본 개념을 전달하고, 실습 활동은 실제 기술을 익히는 기회를 제공한다. 현장 견학은 이론을 실제로 적용할 수 있는 경험을 통해 학습의 깊이를 더하며, 통합적 접근은 다양한 학습 스타일을 고려하여 효과적인 교육을 실현할 수 있다. 또한 캠페인 기획과 실행 과정에서 청소년들은 문제 해결 능력을 향상할 수 있도록 체계적으로 지원받는다(Dewey, 1938).

(다) 학습경험의 적용 및 실천

챌린지 및 경진대회를 통해 청소년들은 자발적으로 참여하게 되며, 이를 통해 팀워크와 문제 해결 능력을 기른다. 이러한 활동은 청소년들이 실질적인 목표를 가지고 참여하도록 유도한다. 예를 들어, 팀 단위로 환경 보호 프로젝트를 수행하고 발표하는 경진대회를 통해 청소년들은 협력과 성취의 기쁨을 경험하게 된다. 이러한 경험은 청소년들이 환경 보호에 대한 책임을 느끼고, 성취감을 얻을 수 있는 기회를 제공한다. 결과적으로, 이러한 경험은 청소년 간의 사회적 연대감을 강화하는 데 기여하며, 공동의 목표를 향해 협력하게 된다(Tyler, 1949).

(라) 청소년의 수련활동 촉진 및 활성화

본 프로그램의 평가는 청소년들이 작성한 일지, 프로젝트의 실제 성과, 프로그램 참여도를 기준으로 진행된다. 명확하고 객관적인 평가 척도를 제시하여 청소년들의 성과를 공정하게 측정하고, 프로그램의 효과성을 분석하며 지속적인 개선 방향을 모색할 수 있다. 이러한 평가 시스템은 청소년들에게 피드백을 제공하여 더욱 향상된 학습 경험을 추구하게 한다(Kolb, 1984).

(3) 프로그램 활동 목적과 목표의 특성

(가) 합리성(논리적인 패턴)

활동목표는 프로그램의 학습 목표나 교육 목표와 논리적으로 연결되어야 한다. 목표는 청소년들의 학습 경험과 필요에 맞춰 설정되어야 하며, 이를 통해 어떤 구체적인 이점을 얻을 수 있는지 명확하게 설명해야 한다. 예를 들어, 환경 보호 캠페인 프로젝트의 목표는 청소년들이 환경 문제의 심각성을 이해하고 지속 가능한 생활 방식을 실천할 수 있는 능력을 기르는 것이다. 이 목표는 청소년들이 환경 보호의 중요성을 인식하고 적극적으로 참여하도록 동기를 부여한다(Tyler, 1949).

(나) 실천 가능성(현실성)

활동목표는 현실적으로 실현 가능해야 한다. 목표가 청소년의 능력과 현재의 자원에 맞게 설정되어야 하며, 목표를 달성하기 위한 구체적인 계획이 있어야 한다. 예를 들어, 청소년들이 지역 환경 보호 활동에 참여하여 구체적인 변화를 이끌어 내는 목표는 그들의 현재 능력과 자원을 고려하여 설정된다. 너무 어렵거나 비현실적인 목표는 프로그램의 동기를 저하할 수 있다(Dewey, 1938).

(다) 다원성(다양한 결과 반영)

활동목표는 여러 가지 학습 방법이나 접근 방식을 통해 달성될 수 있도록 유연하게 설정되어야 한다. 청소년들이 목표를 달성하기 위해 다양한 방법을 사용할 수 있어야 하며, 이를 통해 자신에게 맞는 학습 방법을 선택할 수 있다. 예를 들어, 환경 보호 캠페인 프로젝트에서는 청소년들이 토론, 연구, 실습 활동 등을 통해 목표를 달성할 수 있다. 이러한 접근은 청소년들이 자신의 강점과 선호도에 맞춰 학습할 수 있도록 돕는다(Kolb, 1984).

(라) 위계성(목표 간의 상호연관성)

활동목표는 학습 계층 구조에 맞추어 설정되어야 한다. 기본적인 목표는 더 높은 수준의 목표를 달성하기 위한 기초가 되어야 하며, 목표 간의 관계가 명확해야 한다. 예를 들어, 환경 보호 캠페인 프로젝트에서 기본적인 환경 지식을 학습한 후, 구체적인 보호 활동을 계획하고 실행하는 목표로 발전한다. 이는 청소년들이 목표 달성의 과정을 단계적으로 이해하고 진행할 수 있도록 한다(Bloom, 1956).

(마) 차별성(독립적이고 명확함)

활동목표는 다른 목표와 명확히 구별되어야 한다. 각 목표는 독립적이고 명확하게 정의되어야 하며, 청소년들이 어떤 구체적인 동작이나 결과를 달성해야 하는지를 명확히 인식할 수 있어야 한다. 예를 들어, 환경 보호 캠페인 프로젝트에서 쓰레기 분리배출 교육과 실제 분리배출 실습은 서로 다른 목표로 구분된다. 이는 목표의 성공 여부를 정확히 측정하고 평가하는 데 중요한 요소이다(Mager, 1962).

(바) 변화 가능성(유연성)

활동목표는 필요에 따라 수정할 수 있어야 한다. 학습 과정이 진행됨에 따라 목표의 수정이 필요할 수 있으며, 이는 청소년들의 발전과 변화에 맞춰 유연하게 대처할 수 있어야 한다. 예를 들어, 환경 보호 캠페인 프로젝트 중간에 새로운 환경문제가 부각되면 목표를 조정하여 이를 반영할 수 있다. 목표 변화 가능성은 프로그램이 계속해서 유효하게 유지될 수 있도록 하는 데 중요하다(Stufflebeam, 2003).

2. 청소년 프로그램 목적 및 목표 설정과 진술 방법

1) 청소년 프로그램의 목적

(1) 청소년 프로그램 목적 설정

청소년 프로그램의 목적은 프로그램이 달성하고자 하는 포괄적이고 추상적인 목표를 의미하며, 이는 전체 프로그램의 방향성을 제시하는 상위개념으로, 하위 목표들을 포함한다. 청소년 지도자가 프로그램 목적을 설정하려면 국가와 지방자치단체가 지향하는 사회적 이념 및 정부의 청소년 정책을 이해하고, 청소년 기관의 특성, 사회적 변화 및 변화하는 환경에 적응하여 사회에 긍정적인 변화를 일으킬 수 있도록 프로그램을 통해 적극적인 해결책을 제시해야 한다. 또한 청소년 지도자가 프로그램 목적을 설정할 때 청소년의 발달, 요구, 필요, 문제 해결 등을 반영해야 하며, 실제 현장에서는 청소년의 요구와 흥미를 고려하여 프로그램을 개발해야 한다. 이와 함께, 기관의 설립 취지와 이념을 연계하여 청소년과 사회에 효과적이고 적응력 있는 대안을 제공하는 프로그램을 설계해야 한다.

(가) 확인된 문제를 정의

프로그램 목적 설정의 첫 단계는 확인된 문제를 명확히 정의하는 것이다. 이는 청소년들이 직면하고 있는 구체적인 문제를 식별하고 이를 해결하기 위한 프로그램의 필요성을 강조하는 과정이다. 예를 들어, 청소년들이 직면한 정신건강 문제나 학업 스트레스와 같은 구체적인 문제를 정의함으로써 프로그램의 목적이 명확해진다. 문제 정의는 프로그램의 방향성을 결정하는 데 중요한 역할을 한다.

(나) 인과관계 분석

확인된 문제를 정의한 후에는 문제의 원인과 결과를 분석하여 인과관계를 명확히 설명해야 한다. 이는 문제를 해결하기 위한 적절한 개입 전략을 개발하는 데 필수적이다. 예를 들어, 청소년의 정신건강 문제는 사회적 고립이나 학업 부담 등 다양한 요인에 의해 발생할 수 있다. 이러한 인과관계를 이해함으로써 프로그램은 문제의 근본적인 원인을 해결하는 데 중점을 둘 수 있다.

(다) 프로그램 수준 설정

프로그램의 목적은 전체 프로그램의 수준에서 설정되어야 한다. 이는 프로그램이 청소년의 개인적인 성장뿐만 아니라 집단 및 지역사회 수준에서의 변화를 목표로 해야 한다는 것을 의미한다. 프로그램 수준은 청소년의 개별적 요구와 집단적 요구를 모두 충족시킬 수 있는 방향으로 설정되어야 하며, 이는 프로그램의 포괄성과 효과성을 높이는 데 기여한다.

(라) 참가 집단의 성격과 규모 고려

프로그램 목적을 설정할 때는 참가 집단의 성격과 규모를 고려해야 한다. 이는 프로그램이 대상 청소년들의 특성과 필요에 맞추어 설계되어야 함을 의미한다. 예를 들어, 소규모 그룹 활동과 대규모 커뮤니티 이벤트는 각각 다른 목적과 방법이 필요하다. 참가 집단의 연령, 성별, 사회경제적 배경 등을 고려하여 맞춤형 목표를 설정해야 한다.

(마) 기관의 정책과 일치

청소년 프로그램 목적은 기관의 정책과 일치해야 한다. 이는 기관의 미션과 비전, 가치와 목표를 반영하는 방향으로 설정되어야 한다. 기관의 정책은 프로그램 개발과 실행의 가이드라인을 제공하며, 프로그램이 기관의 장기적인 목표와 전략에 기여할 수 있도록 한다. 따라서 프로그램 목적은 기관의 정책적 방향과 연계되어야 한다.

(바) 사용 가능한 자원 고려

프로그램 목적을 설정할 때는 사용 가능한 자원을 고려해야 한다. 이는 인적 자원, 재정적 자원, 물리적 자원 등을 포함하며, 프로그램이 현실적으로 실행 가능하도록 하기 위해 중요한 요소이다. 자원의 적절한 배분과 활용은 프로그램의 성공적인 실행과 지속 가능성에 직접적인 영향을 미친다. 따라서 프로그램 목적은 자원의 범위 내에서 설정되어야 한다.

(2) 청소년 프로그램 목적의 진술 방법

청소년 프로그램 목적은 교육목적보다 훨씬 더 구체적으로 프로그램이 직접적으로 의도하는 바를 체계적으로 명시한 것이다. 프로그램 목적의 진술은 상황, 대상, 내용, 의도 등의 네 가지 요소를 고려하여 작성해야 한다. 이러한 요소들은 프로그램의 목적을 명확하고 구체적으로 설정하는 데 중요한 역할을 한다.

(가) 상황: 청소년이 처한 상황이나 현재 상태

프로그램 목적의 첫 번째 요소는 청소년이 처한 상황이나 현재 상태를 기술하는 것이다. 이는 프로그램의 필요성을 설명하고, 청소년들이 직면하고 있는 문제나 도전에 대해 구체적으로 명시해야 한다.

(나) 대상: 프로그램 참여자

두 번째 요소는 프로그램 참여자를 구체적으로 기술하는 것이다. 이는 프로그램이 대상으로 삼는 청소년들의 연령, 성별, 사회적 배경 등을 명확히 하여 프로그램이 누구를 위해 설계되었는지를 분명히 한다.

(다) 내용: 청소년이 경험하게 될 프로그램의 포괄적인 내용

세 번째 요소는 프로그램의 포괄적인 내용을 설명하는 것이다. 이는 청소년 프로그램을 통해 어떤 활동이나 학습을 경험하게 될지를 구체적으로 명시해야 한다. 여기에는 교육적, 심리적, 사회적 활동 등이 포함될 수 있다.

(라) 의도: 프로그램에 참여한 청소년이 프로그램 종료 후 변화될 궁극적 기대 효과

네 번째 요소는 프로그램에 참여한 청소년들이 프로그램 종료 후에 경험하게 될 궁극적인 기대 효과를 명시하는 것이다. 이는 프로그램이 목표로 하는 청소년들의 변화를 구체적으로 기술해야 한다.

사례: 청소년 스트레스 관리 및 정서 안정 프로그램

- **상황:** 지역사회의 청소년들이 학업, 가정문제, 사회적 압박 등으로 인해 높은 스트레스와 불안감을 경험하고 있다. 이러한 상태는 청소년들의 전반적인 정신건강에 부정적인 영향을 미치며, 방치할 경우 장기적으로 심각한 정서적 문제로 발전할 수 있다.
- **대상:** 본 프로그램의 대상은 12세에서 18세 사이의 청소년들이다. 특히, 높은 스트레스와 불안감을 보고한 청소년들을 주 대상으로 하며, 이들은 학교 상담사나 지역 커뮤니티센터를 통해 프로그램에 참여하도록 유도된다.
- **내용:** 프로그램은 다음과 같은 포괄적인 내용을 포함한다.
  ① 스트레스 관리 기술 교육: 청소년들이 스트레스를 효과적으로 관리할 수 있는 다양한 기술을 교육한다. 여기에는 심호흡, 명상, 타임 매니지먼트, 긍정적 사고방식 등이 포함된다.
  ② 심리 상담 세션: 전문 상담사와의 1:1 세션을 통해 청소년들이 개인적인 문제와 감정을 탐색하고 해결할 수 있도록 지원한다.
  ③ 그룹 치료 활동: 청소년들이 그룹으로 모여 서로의 경험을 공유하고, 집단 치료를 통해 정서적 지지를 받으며 사회적 유대감을 형성한다.
- **의도:** 프로그램에 참여한 청소년들은 프로그램 종료 후 다음과 같은 변화를 경험하게 될 것이다.
  ① 정서적 안정: 청소년들이 스트레스와 불안감을 효과적으로 관리할 수 있게 되어 전반적인 정서적 안정감을 느끼게 된다.
  ② 자기 효능감 증진: 스트레스 관리 기술과 심리적 지원을 통해 청소년들이 자신의 문제를 스스로 해결할 수 있는 자신감을 얻게 된다.
  ③ 사회적 유대감 강화: 그룹 활동을 통해 또래와의 긍정적인 상호작용을 경험하여 사회적 유대감을 강화하고, 외로움이나 소외감을 줄인다.

이와 같은 포괄적인 접근을 통해 프로그램은 청소년들의 전반적인 정신건강과 정서적인 안정을 지원하며, 그들이 건강한 사회 구성원으로 성장할 수 있도록 돕는 것을 목표로 한다.

2) 청소년 프로그램의 목표

(1) 청소년 프로그램의 활동목표 설정

청소년 프로그램의 활동목표를 설정하는 과정은 프로그램의 궁극적인 목적을 실현하기 위해 매우 중요하며, 구체적이고 측정 가능한 단계로 구성되어야 한다. 목표 설정 시 다음과 같은 기준을 충족해야 한다.

첫째, 산출 지향적 표현을 한다. 목표는 과정보다는 결과에 초점을 맞추어야 하며, '어떻게'보다는 '얼마나'를 명확히 해야 한다. 즉, 목표는 프로그램이 완료된 후 어떤 결과를 달성할 것인지 명확히 설정되어야 한다. 이렇게 함으로써 목표가 구체적이고 측정 가능하게 설정된다. 예를 들어, "참여자의 사회적 기술 향상"보다는 "프로그램 참여 후 80%의 청소년이 사회적 기술 평가에서 20점 이상 향상된다."라는 목표가 더 바람직하다.

둘째, 변화의 방향과 수준을 표현한다. 목표는 프로그램이 유도하고자 하는 변화의 방향과 그 수준을 구체적으로 나타내야 한다. 이는 목표 달성의 정도를 산술적으로 측정할 수 있도록 한다. 예를 들어, "청소년의 자아존중감 증진"보다는 "프로그램 종료 후 90%의 청소년이 자아존중감 설문에서 평균 15점 이상 증가"와 같은 방식으로 설정한다.

셋째, 현실적이고 구체적인 구성을 한다. 목표는 달성 가능한 현실적인 수준으로 설정되어야 하며, 구체적이고 명확한 내용으로 구성되어야 한다. 목표가 현실적이지 않거나 너무 모호하면 프로그램 실행이 어려워지고, 목표 달성 여부를 객관적으로 평가하기 힘들어진다. 이는 프로그램의 실행 가능성을 높이고, 목표 달성 여부를 객관적으로 평가할 수 있게 한다. 예를 들어, "모든 참여자가 100% 개선된다."는 비현실적일 수 있으며, "참여자의 70%가 10점 이상 향상된다."는 더 구체적이고 현실적이다.

넷째, 목적을 위계화하고 조직의 활동범위와 일치시킨다. 프로그램의 목표는 상위적 목적의 위계화 구조와 조직의 활동범위에 부합해야 한다. 이를 통해 목표가 조직의 전반적인 방향과 일치하며, 통합된 목표 체계 내에서 유기적으로 작동할 수 있도록 한다. 예를 들어, 청소년 프로그램의 상위 목표가 "사회적 통합 증진"이라면, 하위 목표로 "청소년의 사회적 기술 향상"과 같은 구체적 목표가 상위 목표를 지원하는 방향으로 설정되어야 한다.

(2) 청소년 프로그램의 활동목표 설정방법

청소년 프로그램의 목표를 설정하는 방법에는 다양한 접근 방식이 있으며, 각 방법은 특정한 상황과 필요에 따라 적합하게 선택될 수 있다. 주요 방법은 다음과 같다(김진화, 2001; Dean, 1994).

첫째, 산출DLO 방식(Desired Learning Outcomes)은 바라는 프로그램 결과를 중심으로 목표를 설정한다. 즉, 프로그램이 종료된 후 청소년들이 얻어야 할 구체적인 프로그램 결과를 명확히 정의하는 방식이다. 주로 교육 프로그램에서 사용된다. 예를 들어, "청소년들이 프로그램 종료 후 기본적인 금융 관리 기술을 습득하도록 한다."는 목표를 설정할 때 적합하다.

둘째, C/L 방식(Certification/Licensure)은 면허 및 인증 기준을 바탕으로 목표를 설정한다. 이 방법은 특정 자격증이나 인증을 목표로 하는 프로그램에 적합하다. 예를 들어, "청소년들이 CPR 자격증을 취득하도록 한다."는 목표를 설정할 때 유용하다. 이 경우 목표는 인증 기준을 충족하는 것을 중심으로 설정된다.

셋째, DMLC 방식(Decision Makers Learning Criteria)은 의사결정권자의 기준에 따라 목표를 설정한다. 이는 프로그램 목표가 조직의 전략적 목표에 일치하도록 하는 방식이다. 예를 들어, 조직의 장기적 비전과 목표에 부합하는 청소년 프로그램을 개발할 때, "조직의 사회적 책임 목표에 부합하도록 청소년의 봉사 활동 참여를 유도한다."는 목표를 설정할 때 유용하다.

넷째, ISN 방식(Instructor's Strengths and Needs)은 교수자의 강점과 필요를 기반으로 목표를 설정한다. 교수자가 프로그램 개발 과정에서 주도적인 역할을 할 때 유용한 방법이다. 예를 들어, 교수자가 특정 분야의 전문성을 갖춘 경우, "교수자의 전문성을 활용하여 청소년들에게 해당 분야의 심화 지식을 전달한다."는 목표를 설정할 수 있다.

다섯째, LON 방식(Learner Observed Needs)은 청소년의 관찰된 요구를 기반으로 목표를 설정한다. 청소년들이 실제로 필요로 하는 것에 맞추어 목표를 설정하는 방식이다. 예를 들어, 청소년들이 자주 겪는 문제나 부족한 부분을 관찰한 후, "청소년들이 스트레스 관리 기법을 배우도록 한다."는 목표를 설정할 수 있다.

여섯째, LEN 방식(Learner Expressed Needs)은 청소년들이 직접적으로 표현한 요구를 기반으로 목표를 설정한다. 청소년들이 자신들의 필요를 명확히 표현했을 때, 그 요구를 반영하는 목표를 설정하는 방식이다. 예를 들어, 청소년들이 특정한 취미나 관심사에 대한 프로그램을 요청했을 때, "청소년들이 요청한 특정 주제의 워크숍을 진행한다."는 목표를 설정할 수 있다.

3) 청소년 프로그램의 활동목표

(1) 활동목표의 영역

청소년 프로그램의 활동목표는 청소년이 프로그램을 통해 청소년이 경험하고 변화되는 행동 영역을 기반으로 설정된다. 이러한 목표는 크게 인지적, 정의적, 신체 운동적 영역으로 나뉜다. 각 영역의 활동목표는 다음과 같다(김진화, 2001).

(가) 인지적 행동 특성

인지적 영역은 지식의 습득과 이해를 목표로 하며, 인간의 의식적 지식 구성 과정을 의미한다. 인지적 행동 특성은 〈표 6-1〉과 같다.

〈표 6-1〉 인지적 행동 특성

인간행동 영역	활동목표 영역	내용	행위동사
인지적 행동 특성	지식	이미 배운 내용을 기억하고 재생하는 능력	정의하다, 구별하다, 확인하다, 일치하다, 열거하다, 설명하다, 묘사하다, 명칭을 붙이다, 이름을 대다, 진술한다, 목록을 만들다.
	이해	내용의 의미를 파악, 추론, 해석하는 능력	계산하다, 토의하다, 식별하다, 그리다, 스스로 설명하다, 예를 들다, 풀다, 변환하다, 예시하다, 읽다, 표현하다, 재진술하다, 구별하다, 변혁하다, 해석하다, 재배열하다, 예언하다, 추정하다, 추리하다, 확대하다.
	적용	학습 내용을 새로운 상황에 활용하는 능력	추론하다, 결정하다, 사용하다, 응용하다, 일반화하다, 관련시키다, 선택하다, 발전시키다, 조직하다, 이용하다, 변화시키다, 재구성하다, 분류하다.
	분석	내용의 구조를 이해하기 위해 세분화하는 능력	구별하다, 탐색하다, 확인하다, 분류하다, 인지하다, 유목화하다, 환원하다, 대비하다, 비교하다, 식별하다, 관계시키다.

인간행동 영역	활동목표 영역	내용	행위동사
	종합	새로운 형태나 구조를 구성하기 위해 자료의 내용, 요소를 정리, 조직하는 능력	쓸 수 있다, 말하다, 설명할 수 있다, 생산하다, 구상하다, 창안하다, 수정하다, 종합하다, 제안하다, 계획하다, 구체화하다, 개발하다, 조작하다, 형성하다, 기획할 수 있다.
	평가	어떤 목적과의 의도를 위해서 주어진 내용의 가치를 판단하는 능력	평가하다, 판단하다.

출처: 김진화(2001).

(나) 정의적 행동 특성

정의적 영역은 감정과 태도의 변화를 목표로 하며, 사회 정서적 측면을 포괄한다. 정의적 행동 특성은 〈표 6-2〉와 같다.

〈표 6-2〉 정의적 행동 특성

인간행동 영역	활동목표 영역	내용	행위동사
정의적 행동 특성	수 용	특별한 자극이나 현상에 대한 학습자의 수행 의지	경청하다, 대조할 수 있다, 참가하다, 반응하다, 완성하다, 선택할 수 있다.
	반 응	어떤 자극이나 활동에 대한 능동적 참여 행동	거부하다, 반항하다, 투쟁하다, 논쟁하다.
	가치화	특정 대상, 활동현상, 행동에 대해서 주관적 가치 부여	깨닫다, 의미를 부여하다.
	조직화	서로 다른 가치를 비교, 관련짓기, 종합화하는 것, 즉 가치의 개념화	논의하다, 이론화하다, 비교하다, 구성하다, 정의하다.
	인격화	개인의 가치 체제를 내면화하여 행동으로 나타내는 과정	개선하다, 변화시키다, 활성화시키다, 요구하다, 타인으로부터 인정받다.

출처: 김진화(2001).

(다) 신체 운동적 행동 특성

신체 운동적 영역은 신체적 기술과 동작의 숙련도를 목표로 하며, 반사운동, 기초운동, 지각능력, 신체적 능력, 숙련된 운동기능, 동작적 의사소통을 포함한다. 신체 운동적 행동 특성은 〈표 6-3〉과 같다.

〈표 6-3〉 신체 운동적 행동 특성

인간행동 영역	활동목표 영역	내용	행위동사
신체 운동적 행동 특성	반사운동	개인의 의지와 관계없이 수행되는 기본 운동	반응하다.
	초보적 기초운동	반사적 운동과 반사적 운동의 통합(잡기, 서기, 걷기와 같은 조작, 위상, 이동 동작)	달리다.
	지각능력	감각기관을 통해 환경에 대처 적응하는 기능	보다, 느끼다, 듣다.
	신체능력	지속적인 운동에 필요한 기초기능(장기리 경주, 역기, 레슬링)	깨끗이 하다, 구멍을 파다, 묶다, 고정시키다, 따르다, 갈다, 칠하다, 깎다, 꿰매다, 젓다.
	숙련된 운동기능	동작에 능률성, 숙달성, 통합성이 포함된 기능	조립하다, 짓다, 측정하다, 연결한다, 조립한다, 설계한다, 분해한다, 조작한다, 고치다, 스케치하다, 타이핑하다.
	동작적 의사소통	신체적 동작을 통해 감정, 흥미, 의사, 욕구를 표현(창작운동기능, 표현, 해석동작 등)	창작하다, 표현하다.

출처: 김진화(2001).

(2) 활동목표의 유형

활동목표는 다양한 방식으로 분류될 수 있으며, 각 유형은 특정한 목적과 기능을 가지고 있다. 활동목표의 유형은 일반적 목표와 명세적 목표, 주목표와 하위목표, 궁극적 목표와 직접적 목표, 중도적 목표와 도달점 목표, 행동적 목표와 비행동적 목표, 인지적·정의적·신체적 목표, 행동·내용·문제중심 목표로 나눌 수 있다.

(가) 일반적 목표와 명세적 목표

① **일반적 목표:** 청소년 프로그램의 활동목표를 포괄적이고 추상적인 수준에서 진술하는 것을 의미한다. 이러한 목표는 프로그램의 전반적인 방향성과 목적을 설정하며, 청소년들에게 프로그램을 통해 얻을 수 있는 폭넓은 학습 성과를 제시한다. 이는 프로그램의 큰 틀을 이해하고 방향을 설정하는 데 유용하다.

일반적 목표의 특징

- **포괄성:** 다양한 학습 목표와 활동을 포함하여 프로그램의 전반적인 목표를 나타낸다.
- **추상성:** 내현적 동사를 사용하여 비교적 넓고 광범위하게 진술된다.
- **지향점 제시:** 프로그램의 주요 방향성과 목적을 설정한다.

② **명세적 목표:** 활동목표를 구체적이고 명시적으로 표현하는 것을 의미한다. 이러한 목표는 구체적이고 측정 가능한 행위 동사를 사용하여 세부적으로

명시되며, 일반적 목표에 비해 구체성과 명확성이 높다. 명세적 목표는 청소년들이 특정 활동을 통해 달성해야 하는 성과를 명확히 제시한다.

명세적 목표의 특징

- **구체성:** 관찰과 측정이 가능한 행위 동사를 사용하여 구체적으로 진술된다.
- **명확성:** 프로그램 활동의 평가와 측정을 용이하게 한다.
- **실행 가능성:** 청소년들이 목표를 이해하고 실행할 수 있도록 돕는다.

(나) 주목표와 하위목표

① **주목표:** 교육이나 학습 과정에서 중요하고 핵심적인 목표를 설정하는 데 사용된다. 이는 프로그램의 전반적인 방향성과 목적을 나타내며, 학생들이 달성해야 할 주요한 학습 성과를 명시한다. 주목표는 보다 포괄적이고 전략적인 시각에서 프로그램을 계획하고 실행하는 데 중점을 둔다.

주목표의 특징

- **포괄성:** 다양한 학습 목표와 활동을 포함하고, 교육 프로그램 전체의 방향성을 제공한다.
- **중요성:** 교육 과정에서 핵심이 되는 목표로, 전체 교육의 성공 여부를 결정짓는 주요 요소이다.
- **명확성:** 목표가 명확할수록 교육 방향성과 학생들의 동기 부여에 효과적이다.

② **하위목표:** 주목표를 지원하고, 보다 구체적으로 세분화된 목표이다. 하위목표는 주목표를 달성하기 위한 중간 단계나 구체적인 학습 목표들을 포함하며, 청소년들의 학습 진행을 관리하는 데 사용된다. 하위목표는 주목표를 실현하기 위한 단계적인 계획을 세우고, 성과를 측정하는 데 도움을 준다.

하위목표의 특징

- **구체성:** 명확하고 구체적인 내용을 포함하여 실천 가능성을 높인다.
- **지원성:** 주목표를 달성하는 데 필요한 중간 단계로, 주목표를 직접적으로 지원한다.
- **측정 가능성:** 성과를 측정할 수 있는 구체적인 기준을 제공하여 진행 상황을 평가한다.

(다) 궁극적 목표와 직접적 목표

① **궁극적 목표:** 교육이나 프로그램을 통해 장기적으로 달성하고자 하는 최종 목표를 의미한다. 이 목표는 보다 포괄적이고 전략적인 시각에서 설정되며, 청소년들이 지속적으로 발전하고 성장할 수 있는 방향을 제시한다. 예를 들면, "청소년들이 과학적 사고를 발전시키고, 현실 세계 문제에 대한 깊은 이해를 갖추어 지속 가능한 해결책을 모색할 수 있는 시민으로 성장하는 것"을 목표로 할 수 있다.

궁극적 목표의 특징

- **장기적 목표(지속적인 개발과 성장):** 궁극적 목표는 단기간 내에 달성할 수 있는 것이 아니라, 긴 시간 동안 청소년들이 계속해서 발전할 수 있도록 돕는 것을 목표로 한다. 이는 학습과 성장이 일시적인 것이 아닌, 지속적으로 이어질 수 있도록 방향을 설정한다.
- **포괄성(다양한 학습 영역 포함):** 궁극적 목표는 특정 분야에 국한되지 않고, 다양한 학습 영역을 포함하여 전반적인 개인 발전을 추구한다. 이는 지식뿐만 아니라, 사고력, 문제 해결 능력, 사회적 기술 등 다양한 측면에서의 성장을 의미한다. 이를 통해 청소년들은 다방면에서 균형 잡힌 발전을 이루게 된다.
- **사회적 책임(현실 세계 문제 해결):** 궁극적 목표는 개인의 발전을 넘어서, 청소년들이 사회적 책임을 다할 수 있는 성숙한 시민으로 성장하는 것을 목표로 한다. 이는 교육이 단순히 개인적인 성공을 위한 것이 아니라, 사회 전체에 긍정적인 영향을 미칠 수 있는 능력을 기르는 것을 강조한다.

② **직접적 목표:** 궁극적 목표를 달성하기 위해 단기적으로 설정되는 목표로, 보다 구체적이고 측정 가능한 목표이다. 이 목표들은 구체적인 활동이나 성과를 달성하도록 체계적으로 계획되며, 중간 과정에서의 성취를 도모한다. 예를 들면, "1년 동안 청소년들이 과학적 탐구 능력을 개발하기 위해 다양한 실험을 설계하고 실행하는 능력을 향상하도록 하는 것"과 같은 목표를 설정할 수 있다.

직접적 목표의 특징

- **구체성:** 명확하게 정의된 행위 동사와 목표를 포함한다. 이는 청소년들이 수행해야 할 구체적인 활동을 명확히 제시하여 목표 달성을 위한 구체적인 방향을 제공한다.
- **단기적 목표:** 짧은 시간 내에 달성할 수 있는 목표이다. 이는 궁극적 목표를 달성하기 위한 단계적인 목표로 기능하며, 청소년들이 점진적으로 성취를 이룰 수 있도록 돕는다.
- **성과 지향:** 성과를 측정하고 관리하는 데 중점을 둔다. 이는 목표 달성의 진행 상황을 평가하고, 필요한 경우 수정할 수 있도록 돕기 위해 설정된 명확한 평가 기준과 방법을 포함한다.

(라) 출발점 목표와 도달점 목표

① **출발점 목표:** 프로그램 시작 전에 청소년들이 갖추어야 할 기초적인 지식이나 기술을 의미한다. 이는 청소년들이 프로그램의 내용을 효과적으로 다루기 위해 필수적인 준비 상태를 설정한다.

출발점 목표의 특징

- **기초적 준비 상태:** 청소년들이 프로그램을 효과적으로 참여할 수 있도록 필요한 기초 지식이나 기술을 정의한다.
- **필수 지식과 기술:** 프로그램 성공에 필수적인 기초 능력을 포함한다.
- **청소년들의 준비 상태 평가:** 프로그램 시작 전에 청소년들의 현재 상태를 평가하여 필요한 준비를 돕는다.

② **도달점 목표:** 프로그램 활동을 통해 청소년들이 획득하거나 변화해야 하는 구체적인 행동이나 성과를 정의한다. 이는 프로그램 종료 후 청소년들이 달성해야 할 최종 결과를 나타낸다.

도달점 목표의 특징

- **구체적인 성과 정의:** 청소년들이 프로그램을 통해 달성해야 할 구체적인 결과를 명확히 정의한다.
- **최종 결과 평가:** 프로그램 종료 후 청소년들이 목표를 달성했는지 평가할 수 있는 기준을 제공한다.
- **행동 변화:** 학습자의 행동이나 성과에서의 변화를 측정한다.

(마) 행동적 목표와 비행동적 목표

① **행동적 목표:** 프로그램을 통해 청소년들이 외현적으로 보여야 할 행동 변화를 동작 동사를 사용하여 구체적으로 진술한 것이다. 행동적 목표는 구체적이고 관찰 가능한 행동을 목표로 하여, 성과를 명확하게 평가할 수 있게 한다. 예를 들어, "청소년들이 주어진 문제를 분석하고 해결책을 제시할 수 있다."로 설정할 수 있다. 이 목표는 주로 동작 동사를 사용하여 설명되며, 실제로 문제를 분석하고 해결 방법을 찾아내는 외현적인 행동을 목표로 한다.

행동적 목표의 특징

- **구체성:** 행동 동사를 사용하여 구체적인 행동을 정의한다. 이는 목표 달성을 위한 구체적인 행동을 명확히 제시한다.
- **관찰 가능성:** 목표 달성 여부를 직접적으로 관찰하고 평가할 수 있다. 이는 목표가 명확히 정의된 행동이기 때문에 성과를 쉽게 측정할 수 있다.
- **실행 가능성:** 청소년들이 실제로 수행할 수 있는 구체적인 행동을 포함하여, 실질적인 성과를 달성하도록 설계된다.

② **비행동적 목표:** 프로그램을 통해 청소년들이 내면적으로 이해하거나 기억, 감정 등을 목표로 하며, 직접적으로 관찰할 수 없는 내면적 변화를 나타낸다. 비행동적 목표는 청소년들의 인지적, 정의적 변화에 중점을 두며, 간접적으로 평가된다. 예를 들어, "청소년들이 과학적 이론을 이해하고 실험 결과를 분석할 수 있다."로 설정할 수 있다. 비행동적 목표는 문학 작품의 주제를 내면적으로 이해하고 분석할 수 있도록 목표를 설정한다.

비행동적 목표의 특징

- **내면성:** 청소년들의 내면적 이해나 감정의 변화를 목표로 하며, 외적으로 관찰하기 어려운 깊이 있는 변화이다.
- **간접 평가:** 목표 달성 여부를 직접적으로 관찰하기 어렵고, 주로 간접적인 방법으로 평가한다. 평가 방법으로는 시험, 토론, 자가 보고 등이 사용될 수 있다.
- **심층적 학습:** 이해, 감정, 태도 등의 깊이 있는 학습을 추구하며, 청소년들의 내면적 변화를 중시한다.

(바) 인지적 목표, 정의적 목표, 신체적 목표

① **인지적 목표:** 지적 능력과 사고 과정을 개발하는 데 중점을 둔다. 이러한 목표는 문제 해결, 비판적 사고, 창의적 사고 등 지적 활동을 포함하며, 학습자가 지식을 이해하고 분석할 수 있는 능력을 기르는 것을 목표로 한다. 예를 들어, "청소년들이 과학적 이론을 이해하고 실험 결과를 분석할 수 있다."로 설정할 수 있다. 이 목표는 청소년들이 과학적 이론을 이해하고 지적으로 분석하는 능력을 개발하는 것을 목표로 한다.

인지적 목표의 특징

- **지적 능력 개발:** 지식의 습득, 이해, 분석 및 평가 능력을 중시한다.
- **문제 해결 및 비판적 사고:** 문제를 해결하고 비판적으로 사고하는 능력을 포함한다.
- **창의적 사고:** 창의적인 접근 방법과 아이디어 개발을 장려한다.

② **정의적 목표:** 흥미, 태도, 가치관, 신념 등과 관련된 내용을 다룬다. 이 목표는 자신의 가치관을 형성하고 사회적인 태도를 개발하는 데 중점을 두며, 내면적인 태도와 감정의 변화를 목표로 한다. 예를 들어, "학생들이 문화적 다양성을 존중하고, 그 중요성을 이해할 수 있는 태도를 형성한다."로 설정할 수 있다. 이 목표는 청소년들이 문화적 다양성을 존중하고 이해하는 태도를 개발하는 것을 목표로 한다.

정의적 목표의 특징

- **가치관 형성:** 자신의 가치관을 이해하고 발전시키는 것을 목표로 한다.
- **사회적 태도 개발:** 사회적 상호작용에서 긍정적인 태도를 갖추는 것을 중요시한다.
- **정서적 변화:** 감정과 태도에 대한 변화를 중시한다.

③ **신체적 목표:** 근육을 움직이는 동작 또는 행동의 변화와 관계되는 내용을 다루며, 주로 신체적 기술, 운동능력, 건강관리와 관련된 내용을 다룬다. 예를 들어, "청소년들이 정확한 배드민턴 스매싱 기술을 배우고, 경기에서 적용할 수 있도록 신체적 기술을 개발한다."로 설정할 수 있다. 이 목표는 청소년들이 배드민턴 스매싱 기술을 학습하고 실제 경기에서 적용할 수 있는 신체적 기술을 개발하는 것을 목표로 한다.

신체적 목표의 특징

- **신체적 기술 개발:** 특정 운동 기술이나 신체 동작의 향상을 목표로 한다.
- **운동 능력 향상:** 운동 능력과 신체 기능의 개선을 중시한다.
- **건강 관리:** 신체적 건강을 유지하고 증진하는 것을 중시한다.

(사) 행동 목표, 내용 목표, 문제 중심 목표

① **행동 목표:** 마땅히 변화할 인간행동에 기초한 것이다. 특정 시간 내에 청소년들이 수행해야 하는 구체적인 행동이나 기술을 강조하는 목표이다. 이 목표는 어떤 행동을 변화시키거나 특정 기술을 습득하도록 하는 데 중점을 둔다. 행동 목표는 명확한 동작 동사를 사용하여 구체적인 행동을 정의하며, 실질적인 수행을 통해 성과를 평가할 수 있도록 설계된다. 예를 들어, "청소년들이 주어진 수학 문제를 해결하는 과정에서 문제를 분석하고, 올바른 해결 방법을 적용할 수 있다."로 설정할 수 있다. 이 목표는 청소년들이 수학 문제를 해결하는 과정에서 필요한 구체적인 행동을 개발하는 것을 목표로 하며, 문제를 분석하고 해결 방법을 적용하는 능력을 강화한다.

행동 목표의 특징

- **구체성:** 명확하게 정의된 동작이나 기술을 포함한다.
- **관찰 가능성:** 행동을 직접적으로 관찰하고 평가할 수 있다.
- **실행 가능성:** 청소년들이 실제로 수행할 수 있는 행동을 목표로 한다.

② **내용 목표:** 구체적인 인간행동보다는 청소년이 경험하게 될 교육내용을 이해하고 습득하도록 하는 목표이다. 이 목표는 교육 내용의 양과 범위를 중시하며, 청소년들이 어떤 내용을 이해하고 설명할 수 있는지를 명확히 한다. 예를 들어, "청소년들이 제1차 세계 대전의 원인과 결과를 이해하고 설명할 수 있다."로 설정할 수 있다. 이 목표는 청소년들이 제1차 세계 대전의 주요 원인과 결과를 이해하고 설명하는 지식을 갖추도록 하는 것을 목표로 한다.

내용 목표의 특징

- **내용 중심:** 교육 내용의 양과 범위를 중심으로 설정된다.
- **이해와 습득:** 청소년들이 특정 지식이나 정보를 이해하고 습득하는 것을 목표로 한다.
- **설명 가능성:** 청소년들이 배운 내용을 설명할 수 있도록 한다.

③ **문제 중심 목표:** 청소년이 반드시 해결해야 할 현실적이고 응용 가능한 문제를 해결하도록 목표를 설정하는 방식이다. 이 목표는 청소년들이 실제 상황에서 문제 해결 능력을 개발하고, 배운 지식을 현실적인 문제에 적용할 수 있도록 하는 것을 목표로 한다. 예를 들어, "청소년들이 환경 오염 문제를 해결하기 위해 다양한 해결책을 탐구하고, 최선의 방법을 제안할 수 있다."로 설정할 수 있다. 이 목표는 청소년들이 환경 오염 문제를 해결하기 위해 다양한 접근 방식을 탐구하고, 가장 효과적인 해결책을 제안하는 능력을 개발하도록 한다.

문제 중심 목표의 특징

- **문제 해결:** 현실적인 문제를 해결하는 능력을 개발한다.
- **응용:** 지식을 실제 상황에 적용하는 것을 강조한다.
- **탐구 및 제안:** 문제에 대한 다양한 해결책을 탐구하고 최선의 방법을 제안하는 것을 목표로 한다.

(3) 활동목표의 진술방법

활동목표를 설정하는 과정은 프로그램의 방향성과 효과성을 보장하는 중요한 단계이다. 청소년 프로그램의 목표를 명확히 진술하고 설정하는 것은 프로그램이 지향하는 바를 정확히 이해하고 이를 기반으로 목표를 설정하는 데 중요한 지침이 된다.

(가) 활동목표의 진술원칙

① **사회적 이념 파악:** 기초적인 자원으로 국가와 지방자치단체, 청소년기관이 지향하는 사회적 이념을 파악하는 것이 중요하다. 이는 청소년 프로그램이 국가 및 지역사회의 큰 틀 안에서 그 역할과 목적을 설정해야 하며, 이는 프로그램의 정당성과 방향성을 확보하는 데 도움을 준다.

② **재정 지원 기관의 방향성:** 청소년기관에 재정적인 지원을 제공하는 정부나 민간단체, 여타 기관들에 의해 프로그램의 방향이 결정된다. 이는 재정 지원 기관의 목표와 방향을 이해하고 반영함으로써 프로그램의 지속 가능성과 실행 가능성을 높일 수 있다.

③ **사회적 변화 및 동향 반영:** 청소년기관을 둘러싸고 있는 제반 속성과 사회적 변화 및 동향에 의해 프로그램이 설정된다. 이는 사회적 변화와 동향을 반영하여 프로그램이 시대에 맞는 적절한 내용과 방법을 포함하도록 한다.

④ **기관의 설립취지와 이념:** 청소년기관의 설립취지와 이념을 근거로 하여 청소년의 요구와 기관이 지향하는 가치를 연계시켜 프로그램을 개발해야 한다. 이는 기관의 설립 목적과 가치관을 프로그램에 반영하여 일관성과 정체성을 유지해야 한다.

⑤ **청소년의 성장 및 요구 반영:** 청소년의 성장, 발달, 요구, 필요, 문제해결 등

을 기본으로 청소년의 성장과 발달, 요구와 필요, 그리고 청소년들이 직면하고 있는 문제해결과 직접적으로 관련하여 프로그램의 목적 및 목표를 설정한다. 이는 청소년의 실제적인 요구와 반영한 목표 설정을 통해 프로그램의 실효성을 높이고, 청소년의 성장과 발달에 기여한다.

(나) 활동목표의 진술방법

활동목표의 진술은 실천 가능성과 함께 미래에 성취될 수 있는 현실성이 반영되어야 하며 위계성과 논리적인 패턴을 요구한다. 유진이와 윤혜순(2020)에 따르면, 활동목표는 환경, 청소년, 내용, 설계, 열망, 동기 등 여섯 가지 요인들의 상호작용에 의해 규정된다.

① **환경:** 활동목표는 청소년 프로그램이 진행되는 사회적 및 심리적 환경을 고려하여 설정되어야 한다. 이는 목표가 실제 환경에서 실현 가능하도록 보장한다.

② **청소년의 발달심리학적 특성:** 청소년의 발달심리학적 특성이 활동목표를 설정하는 데 중요하게 고려되어야 할 요소이다.

③ **활동내용이나 교재:** 목표 달성을 위한 활동내용과 교재의 적절성을 고려해야 한다. 이는 목표가 실제 교육적 내용과 방법에 잘 맞도록 한다.

④ **활동내용의 구성:** 활동목표는 활동내용을 선정하고 조직하는 데 중요한 준거가 된다. 따라서 목표 달성을 위한 활동내용의 선정과 조직이 필수적이다.

⑤ 청소년과 청소년 지도자의 열망을 반영하여 목표를 설정하는 것이 중요하다. 이는 목표가 실질적으로 동기를 부여하고 실현 가능하도록 한다.

⑥ **동기:** 청소년이 목표를 추구하도록 동기를 부여하는 것이 중요하다. 동기는 목표 설정과 추구하는 행동에 큰 영향을 미친다.

(다) 활동목표 진술의 기본요건 및 절차

활동목표를 진술할 때에는 기본적인 네 가지 요건을 갖추어야 하며, 이를 활동목표 진술의 기본요건으로 ABCD(Seevers, 1997)라고 한다.

활동목표 진술의 기본요건으로 ABCD

- A(Audicnce: **청중**): 목표 대상인 청소년을 명시한다.
- B(Behavior: **행동**): 활동을 통해 변화 또는 획득되기를 바라는 청소년의 행동을 구체적으로 서술한다.
- C(Condition: **조건**): 청소년의 행동이 일어나는 상황이나 조건을 기술한다.
- D(Degree: **정도**): 활동 결과로 변화된 행동의 양적 또는 질적 수준을 판단하는 기준이나 표준을 명시한다.

① **활동목표 진술의 기본요건:** 활동목표는 반드시 관찰 가능한 행동 동사를 사용하여 청소년의 입장에서 진술해야 한다. 이는 활동목표의 주체는 청소년이기 때문에, 청소년 지도자가 아닌 청소년이 무엇을 해야 하는지를 중심으로 설정되어야 한다. 활동목표는 다른 목표와 조화를 유지하되, 논리적이고 위계적으로 진술되어야 한다. 또한 활동목표는 활동 내용이나 학습 과정이 아니라 프로그램이 끝났을 때 기대되는 행동으로 진술해야 한다.

활동목표 진술의 기본 요건

- 목표 진술 방식을 선정한다.
- 활동주제를 명시한다.
- 활동내용을 선정한다.
- 도착점 행동동사를 선정한다.
- 도착점 행동이 나타나는 조건을 기술한다.
- 성취 수용수준을 결정한다.

② **활동목표의 진술 절차:** 활동목표의 진술은 대체로 두 가지 수준에서 이루어진다. 도착점 목표는 과정 종료 후 청소년이 달성하기를 기대하는 최종 목표이다. 중간 목표는 도착점 목표를 달성하기 위한 수단적인 하위 목표이다.

활동목표의 진술 절차

- **도착점 목표를 진술:** 프로그램 종료 시 기대되는 최종 목표를 설정한다.
- **중간 목표를 설정:** 도착점 목표를 달성하기 위한 단계적인 하위 목표를 순서대로 진술한다.
- **순번을 매겨 나감:** 도착점 목표와 중간 목표를 달성해야 할 순서에 따라 순번을 매겨 나간다.

3. 청소년 프로그램 목표 위계화

1) 청소년 프로그램의 목표설정 시 제기되는 문제

(1) 목표 갈등

목표 갈등은 프로그램 개발 및 실행 과정에서 서로 상이한 목표나 목적이 충돌하거나 상반된 의견이 제시될 때 발생하는 현상을 의미한다. 이는 다양한 이해관계자들 간의 목표 우선순위나 목표 달성을 위한 방법론에 대한 차이에서 비롯되며, 목표와 수단의 구분 부족, 자원 배분의 한계, 그리고 개인적 목표와 조직적 목표의 불일치가 주된 원인으로 작용한다. 이러한 갈등으로 프로그램의 효과성이 저하될 수 있으며, 명확한 목표 설정과 조정이 필요하다(Lerner & Lerner, 2004).

(2) 목표 전치

목표 전치는 프로그램 운영과정에서 외부 환경 변화나 조직 내부의 세력 변화로 인해 원래 설정된 목표가 변경되거나 우선순위가 바뀌는 현상이다. 이는 예산 삭감, 정책 변화, 자원 배분의 재조정 등으로 인해 프로그램 목표가 현실적 자원과 조직의 전략적 요구에 맞추어 조정될 때 발생한다. 목표 전치는 프로그램의 원래 취지와 목표의 일관성을 유지하기 위해 주의 깊은 관리와 조정이 필요하다(Lerner & Lerner, 2004).

2) 목표설정의 위계화

여러 가지 다른 목표들을 하나의 목표로 통합하는 한 방법이 바로 목표를 위계화하는 것이다. 위계화는 프로그램이 지향하는 방향과 과정을 뚜렷하게 하기 위한 방법론이며, 달성하고자 하는 궁극적 목표와 그 목표달성을 위한 수단목표를 구별하게 할 수 있어 목표 갈등의 소지를 없애 준다. 목표는 가능한 한 측정 가능한 여러 단계의 하위목표들로 나누는 것이 좋으며, 이것을 목표의 위계화라고 한다. 위계화되는 목표는 상황에 따라 다르나 보통 네 가지가 있다.

(1) 영향목표

프로그램의 최종 결과를 규명하며, 특정 기간 내에 프로그램이 참여자에게 미칠 장기적이고 구체적인 효과를 명시하는 목표이다. 이 목표는 프로그램이 달성하려는 궁극적인 상태나 변화를 설명하며, 프로그램의 성공 여부를 평가하는 기준으로 사용된다. 예를 들어, 청소년들이 정서적 안정성을 향상하는 구체적인 상태로 도달하도록 하는 목표가 이에 해당한다(Seevers, 1997).

(2) 성취목표

성취목표는 프로그램의 실행을 통해 달성해야 할 구체적인 결과를 명시하며, 참여자에게 제공될 교육적 또는 개발적 성과를 설명하는 목표이다. 이 목표는 프로그램의 효과를 측정하기 위한 기준으로, 일정 기간 내에 달성해야 할 목표 수치나 변화를 포함한다. 예를 들어, 특정 수의 청소년이 정서적 안정성 증진을 위한 활동에 참여하도록 하는 목표가 이에 해당한다(Robinson & Judge, 2010).

(3) 활동목표

활동목표는 프로그램의 과정에서 수행되어야 할 구체적인 활동이나 행동을 명시하는 목표이다. 이는 프로그램이 달성할 수 있는 결과를 위해 필요한 투입량과 노력을 계량적으로 정의하며, 프로그램 실행의 양적, 질적 측면을 포함한다. 활동목표는 프로그램의 실질적 진행 상황을 측정하고 조정하는 기준이 된다. 예를 들어, 주간 그룹 상담 세션의 횟수와 참여자의 만족도 측정 등이 이에 해당한다.

(4) 이용자 목표

이용자 목표는 프로그램에 참여할 대상자의 수나 프로그램 이용의 범위를 설정하는 목표이다. 이는 프로그램의 접근성 및 참여율을 높이기 위한 목표로, 일정 수의 청소년이 프로그램에 등록하고 정기적으로 참여하도록 하는 목표를 포함한다. 이용자 목표는 프로그램의 참여성과 관련된 측정 기준을 제공하며, 프로그램의 성공적인 운영을 위한 핵심 요소로 작용한다.

4. 청소년 프로그램 목적과 목표의 평가

청소년 프로그램의 목적과 목표를 평가하는 것은 프로그램의 효과성과 효율성을 보장하기 위해 필수적이다. 이러한 평가는 다음과 같은 기준에 입각하여 이루어질 수 있다.

1) 문제 분석과 프로그램의 목적과 목표의 합치성

문제 분석과 프로그램의 목적 및 목표의 합치성은 프로그램이 해결하고자 하는 문제와 그에 따른 목적 및 목표 간의 일치성을 평가하는 기준이다. 이 기준은 두 가지 측면에서 평가할 수 있다.

(1) 문제와 목표의 일치성

문제 분석에서 도출된 문제와 설정된 목적 및 목표가 일치하는지를 평가한다. 만약 문제 진술과 목표가 일치하지 않는다면, 프로그램이 실제 문제를 해결하는 데 효과적이지 않을 수 있다. 이는 막대한 자원 낭비와 프로그램의 실패를 초래할 수 있다(Chambers, 2000).

(2) 성과 목표와 인과관계

프로그램 목표가 문제의 독립변수와 직접적으로 연결되어 있는지를 평가한다. 예를 들어, 학교 폭력을 줄이는 프로그램의 경우, 성과 목표는 폭력 사건의 감소와 같은 직접적인 결과를 포함해야 한다. 성과 목표와 문제 분석 간의 인과관계가 명확해야 효과적인 프로그램 설계가 이루어질 수 있다(Chambers, 2000).

2) 적절성과 평등성

(1) 적절성

설정된 목적과 목표가 프로그램의 자원과 요구를 충분히 반영하며, 문제를 해결하기 위한 효율성과 효과성을 고려한 기준이다. 적절성 평가는 주로 다음과 같은 두 가지 측면에서 이루어진다.

첫째는 경제적 적절성이다. 경제학적 관점에서 목적과 목표가 자원 배분과 비용 효율성을 기준으로 평가된다. 즉, 프로그램이 필요한 자원을 적절히 활용하고 있으며, 자원의 낭비가 없는지 평가한다. 이를 통해 목적과 목표가 실현 가능한지 여부를 판단한다.

둘째는 포괄적 적절성이다. 청소년 프로그램의 경우, 적절성은 청소년의 욕구와 요구를 충족시키는 데 중점을 둔다. 이는 프로그램이 청소년의 사회적, 심리적 요구를 충족시키는지 여부를 평가하며, 절대적 적절성과 상대적 적절성을 모두 고려해야 한다. 절대적 적절성은 객관적인 기준에 의한 평가를, 상대적 적절성은 개인적 만족도와 사회적 통합을 고려한다.

(2) 평등성

프로그램의 목적과 목표가 모든 청소년에게 공평하게 적용되는지를 평가하는 기준이다. 이는 프로그램이 사회적 지위나 계급과 관계없이 차별 없이 모든 참여자에게 동등한 기회를 제공하는지를 검토해야 한다. 사회적 평등성은 프로그램의 서비스나 혜택이 모든 청소년에게 균등하게 제공되는지, 특정 집단이 차별받지 않는지를 평가한다. 이 기준은 프로그램이 모든 청소년에게 공정하게 이루어지는지 확인한다(Robinson & Judge, 2010).

3) 명확성과 측정수단

(1) 명확성

프로그램의 목적과 목표는 알기 쉽게 명확한 용어들로 잘 정의되어 있어야 한다는 기준이다. 명확한 정의는 목표의 실현 가능성을 높이며, 목표가 실질적으로 성취될 수 있도록 한다. 모호하거나 비현실적인 목표는 프로그램의 성공을 어렵게 만들며, 명확한 정의는 현실적이고 실행 가능한 목표를 보장한다(Chambers, 2000).

(2) 측정수단

목표 달성을 평가하기 위해 사용하는 도구와 방법을 의미한다. 목표는 명확히 측정 가능해야 하며, 프로그램의 성공적인 실행과 평가를 위해서는 적절한 측정수단이 필수적이다. 목표가 측정 가능해야 한다는 것은 프로그램의 효과를 객관적으로 평가하고, 필요한 조정을 가능하게 한다.

Chapter 07

청소년 프로그램 설계

학습목표

- 청소년 프로그램 설계의 정의, 의의, 기본 원리를 이해한다.
- 청소년 프로그램 설계의 과정을 이해한다.

Chapter

07 청소년 프로그램 설계

1. 청소년 프로그램 설계의 정의와 의의

1) 청소년 프로그램 설계의 정의

일반적으로 설계는 계획을 세우는 것을 말한다(표준국어대사전, 2024). 따라서 프로그램 설계(program design)는 프로그램에 대해 전반적으로 계획을 수립하는 것이다. 구체적으로 프로그램 설계는 이전 단계에서 확인된 요구와 필요를 근거로 해서 프로그램의 목표를 설정하고, 이런 목표를 달성하기 위한 내용과 지도방법을 선정하고, 평가계획을 수립하는 과정을 말한다(마상욱, 2021; 김윤나 · 오승근 · 정건희 · 손진희 · 양은일, 2018; 진은설 · 이혜정 · 김도영, 2022).

이렇게 정의할 경우, 청소년 프로그램 설계는 청소년의 요구와 필요를 근거로 해서 프로그램의 목표를 설정하고, 이런 목표를 달성하기 위한 내용과 지도방법을 선정하고, 평가계획을 수립하는 과정을 의미한다. 구체적으로 청소년 프로그램 설계는 청소년과 청소년기관의 요구와 필요에 근거해서 청소년 프로그램의 목표를 정하고, 이를 달성하기 위한 내용과 방법을 선정 및 조직하고, 목표의 달성 정도를 평가하는 과정을 말한다(유진이 · 윤혜순, 2020).

2) 청소년 프로그램 설계의 의의

청소년 프로그램 설계는 프로그램을 실행하기 위한 초기 과정이다. 따라서 프로그램 설계가 제대로 되지 않으면 적절한 프로그램이라고 볼 수 없다. 그러므로 청소년 프로그램 설계는 실제로 청소년 프로그램을 실행하기 위한 토대라고 할 수 있다(김윤나 외, 2018; 진은설 외, 2022). 이런 점은 건물을 짓는 데 있어 설계하는 과정이 얼마나 중요한지를 떠올리면 쉽게 이해될 수 있다.

청소년 프로그램 설계는 여러 측면에서 중요하다. 청소년 프로그램 설계가 중요한 이유를 구체적으로 제시하면 다음과 같다(김윤나 외, 2018).

첫째, 청소년 프로그램의 목표를 최대로 달성할 수 있기 때문이다. 프로그램 설계에서 설정한 목적과 일치하는지를 점검하면, 프로그램의 목표를 잘 달성할 수 있다.

둘째, 청소년 프로그램 실행에 영향을 미치는 요인을 미리 점검할 수 있기 때문이다. 프로그램 설계는 잘못된 상황이 발생하지 않도록 막는 기회를 제공한다.

셋째, 청소년 프로그램의 질적 수준을 높일 수 있기 때문이다. 프로그램 설계에서 목표와 실행을 제대로 점검하는 것은 질적 수준이 높은 프로그램의 개발에 기여한다.

따라서, 앞에서 알 수 있듯이, 청소년 프로그램 설계는 여러 가지 의의를 지니고 있다.

한편, 청소년을 위한 프로그램 설계는 청소년의 요구를 충족해 주고 기대하는 목표 성과를 달성하는 수단이라는 측면에서 의의가 있다(김윤나 외, 2018).

2. 청소년 프로그램 설계의 기본 원리

청소년 프로그램 설계는 몇 가지 기본 원리를 따라야 한다. 기본 원리에 근거하지 않고 청소년 프로그램 개발자가 임의로 청소년 프로그램을 설계하거나 적절하지 않은 상황에 따라 청소년 프로그램을 설계한다면, 그 청소년 프로그램은 청소년 프로그램으로서의 독특성을 갖지 못하게 된다. 그리고 결과적으로 그 청소년 프로그램은 프로그램으로서의 존재 가치를 상실하게 된다.

청소년 프로그램 설계에서 따라야 하는 기본 원리를 제시하면 다음과 같다(김윤나 외, 2018).

첫째, 청소년 프로그램 설계는 프로그램에 참가할 청소년의 요구를 반영한다.

둘째, 청소년 프로그램 설계는 청소년기관이 청소년에 대해 추구하는 주요한 행동 변화를 제시한다.

셋째, 청소년 프로그램 설계는 청소년기관이 가진 자원을 배분하고 이용하는 것에 대한 합리적 근거를 제공한다.

넷째, 청소년 프로그램 설계는 청소년 지도자가 학습자의 교육적 요구를 충족하기 위한 전략의 방향을 결정하는 데 도움을 준다.

다섯째, 청소년 프로그램 설계는 청소년의 요구 충족에 도움이 되는 홍보매체를 결정하는 데 큰 도움을 준다.

여섯째, 청소년 프로그램 설계는 청소년 프로그램에서 제시한 목표를 단시일에 달성할 수 있는 체계적인 행동전략의 지침을 제공한다.

일곱째, 청소년 프로그램 설계는 참가 청소년이 직접적으로 실천할 수 있는 방법을 제공한다.

여덟째, 청소년 프로그램 설계는 활동을 실행하는 것을 도와줄 인적자원을 확인하고 선발하고 배치하는 데 필요한 자료를 제공한다.

3. 청소년 프로그램 설계 시 유의점

1) 일반적 유의점

청소년 프로그램은 여러 측면을 유의하며 설계하여야 한다. 청소년 프로그램을 설계할 때 유의하여야 할 점은 상황에 따라 다를 수 있다. 그러나 청소년 프로그램을 설계할 때에는 다음과 같은 점에 특히 유의하여야 한다(유진이 · 윤혜순, 2020).

첫째, 프로그램은 참가 청소년의 욕구를 충족할 수 있는 주요한 수단이라는 점을 항상 고려하여야 한다. 또한 프로그램을 매개로 해서 지도자와 참가 청소년이 서로 교류한다는 점을 고려하여야 한다.

둘째, 프로그램을 실시하는 방법이 다양할수록, 상황 변화에 유동적으로 대처하는 방안을 미리 마련하여야 한다. 예를 들어, 야외 프로그램에서는 날씨 변화와 교통 문제가 발생할 수 있으므로 대안을 마련하여야 한다.[1)]

셋째, 참가 청소년의 자주성을 존중하며 진행하기 위해, 참가 청소년의 의견을 개진할 수 있는 시간을 주어야 한다.

넷째, 어느 정도의 긴장감을 주는 것은 필요하지만, 지나치게 긴장감을 주지 말아야 하고 시간을 여유 없게 편성하지 말아야 한다.

다섯째, 무엇 때문에 프로그램 활동을 실시하는지 등과 같은 측면에 의문을 갖고 출발하여야 한다.

---

1) 이에 대해서는 뒤에서 다시 설명한다.

그리고 청소년 프로그램 설계 시에는 다음과 같은 점에 유의하여야 한다(진은설 외, 2022).

첫째, 많은 지식을 전달하기보다는, 참가 청소년이 프로그램 상황에 쉽게 적응하는 것에 관심을 가져야 한다.

둘째, 단기적 측면과 장기적 측면을 고려하여야 한다. 단기적 측면은 프로그램을 개발하기 몇 시간 전에 프로그램을 설계하는 경우와 관련되고, 장기적 측면은 오랜 기간에 걸쳐 다양한 상황과 특성을 반영해 프로그램을 설계하는 경우와 관련된다.

셋째, 참가 청소년의 성장과 발달에 중요한 영향을 미칠 수 있어야 한다. 즉, 참가한 청소년의 성장과 발달을 고려하면서 프로그램을 설계하여야 한다.

넷째, 프로그램을 구성하고 있는 여러 요소들이 한 체계를 이룰 수 있어야 한다.

다섯째, 참가 청소년이 프로그램의 목표를 잘 달성할 수 있도록 하여야 한다.

또한 프로그램을 설계할 때 다음과 같은 상황을 고려하여야 한다(김윤나 외, 2018).

첫째, 프로그램 기획에 근거한 설계 원칙을 유지하여야 한다. 프로그램 설계에서는 처음부터 끝까지 기획 단계에서 수립한 원칙에 맞도록 노력하여야 한다.

둘째, 자연재해와 비상시의 대체 프로그램을 준비하여야 한다. 프로그램 설계와 실행이 완전히 맞아떨어질 수 없으므로, 프로그램 운영 시 발생할 수 있는 문제 상황들을 설계에서 모두 포함시켜야 한다.

셋째, 비상 연락망을 구축하고 안전사고 대책을 준비하여야 한다. 프로그램을 운영할 때는 안전사고와 기타 문제가 발생할 수 있으므로, 이에 대한 대책을 준비하여야 한다. 특히, 야외활동 프로그램에서는 비상 연락망을 마련하고, 비상시를 위한 구급 대책 등을 철저히 준비하여야 한다.

넷째, 내부의 인사나 외부의 인사에게 설계안에 대한 검토를 의뢰하여야 한다. 프로그램 설계자가 프로그램 설계를 아무리 잘하였다고 하더라도, 프로그램 설계안에 대한 검토가 필요하다.

2) 참가자 관련 유의점

청소년 프로그램 설계에서는 참가 청소년과 관련해 특히 유의하여야 한다. 이 중에서, 프로그램에 참가한 청소년의 다양한 측면을 파악하는 것은 프로그램 설계에서 매우 중요하다. 특히 프로그램에 참가한 청소년의 특성을 파악하는 것은 청소년 프로그램의 효과를 높이기 위해서 매우 중요하다.

따라서 청소년 프로그램을 설계할 경우, 프로그램이 청소년의 특성에 알맞은 프로그램이 되도록 설계하여야 한다. 즉, 청소년 프로그램의 설계에서는 대상인 청소년의 특성과 요구를 반영하여야 한다(마상욱, 2021; 진은설 외, 2022).

구체적으로, 청소년 프로그램 설계에서는 다음과 같은 특성을 파악하여야 한다(진은설 외, 2022; 유진이 · 윤혜순, 2020).

첫째, 참가 청소년의 생물학적 특성을 파악하여야 한다. 즉, 청소년 프로그램 설계에서는 청소년의 나이나 성별과 같은 기본적인 생물학적 특성을 파악하여야 한다. 이 중에서 나이는 참가자의 외모나 경험을 나타내는 지표이다. 그리고 성별은 참가자의 특성을 이해하는 데 중요한 지표이다. 성별은 무엇보다도 중요하다. 왜냐하면 성별에 따라 정서나 경험 등이 다르게 되고, 이에 따라 프로그램 내용이나 방법이 달라질 수 있기 때문이다.

둘째, 참가 청소년의 교육적 배경을 파악하여야 한다. 교육적 배경은 청소년의 교육 수준, 선행 지식, 선행 경험 등을 말한다. 청소년 프로그램 지도자는 교육적 배경을 통해 청소년의 지식 수준, 기술 수준, 읽기 수준, 학습과 관련해 불안해하는 정도 등을 파악할 수 있게 된다. 청소년의 교육적 배경은 청소년 프로그램의 주제, 수준, 방법, 자료 선정의 근거자료가 될 수 있다.

셋째, 참가 청소년의 정의적(affective) 특성을 파악하여야 한다. 정의적 특성은 가치, 신념, 흥미, 관심, 동기 등과 관련된 특성을 말한다. 특히 동기가 높은 청소년과 동기가 낮은 청소년은 수행 능력에서 차이가 있기 때문에, 이런 부분을 잘 고려하여야 한다. 실제로 정의적 특성은 지적 특성보다 학습에 더 큰 영향을 주는 것으로 보고되고 있다.

넷째, 참가 청소년의 지각 능력과 운동력 특성을 파악하여야 한다. 지각 능력 수준과 신체적 조건 등은 프로그램 참여를 결정할 때 중요하다. 지각 능력과 운동적 특성은 체육 분야에만 해당하는 것으로 볼 수도 있으나, 모든 프로그램은 시각 및 청각 등과 같은 지각 능력에 의존한다. 또한 프로그램 방법이나 자료를 선정할 때에는 장애가 있는 청소년에 대해서는 특별히 배려하여야 한다.

4. 청소년 프로그램 설계 과정

1) 전반적 단계

청소년 프로그램 설계에서는 여러 단계를 거치고 있다. 그러나 일반적으로 볼 때, 청소년 프로그램 설계에서는 다음과 같은 단계를 거친다(유진이 · 윤혜순, 2020; 김윤나 외, 2018; 홍성미, 2018).

첫째는 목표 설정 단계이다. 이 단계에서는 청소년기관이 추구하는 이념을 고려하면서 구체적인 프로그램의 목표를 설정한다. 따라서 이 단계에서는 "해당 청소년기관이 추구하는 프로그램 목표는 무엇인가?"를 질문한다.

둘째는 내용 선정 및 조직 단계이다. 이 단계에서는 앞에서 설정한 목표를 실행하기 위해 프로그램에 넣을 내용을 선정한다. 따라서 이 단계에서는 "프로그램 목표를 달성하기 위해 제공할 수 있는 교육적 경험은 무엇인가?"를 질문한다. 그리고 이 단계에서는 프로그램에 넣을 내용을 조직화한다.

셋째는 운영 방법 선정 단계이다. 이 단계에서는 선정한 프로그램 내용을 잘 전달할 방법을 선택한다. 따라서 이 단계에서는 "교육적 경험은 어떻게 효과적으로 조직할 수 있는가?"를 질문한다.

넷째는 평가계획 수립 단계이다. 이 단계에서는 선정한 프로그램 목표를 달성하였는지를 측정하기 위한 평가방법을 결정한다. 따라서 이 단계에서는 "프로그램 목표 달성 여부는 어떻게 평가할 수 있는가?"를 질문한다.

결국, 청소년 프로그램 설계는 목표, 내용, 방법, 평가라는 네 가지 요소로 구성되어 있다고 볼 수 있다. 이에 따라서 청소년 프로그램 설계에서는 청소년 프로그램의 목표, 내용, 방법, 평가라는 네 가지 요소를 적절하게 고려하여야 한다. 그리고 이 네 가지 요소는 서로 역동적으로 연결되어 있다(마상욱, 2021; 유진이 · 윤혜순, 2020; 홍성미, 2018; 진은설 외, 2022; 김윤나 외, 2018).

2) 구체적 단계

(1) 목표 설정 단계

프로그램 설계 단계에서 처음으로 하는 것은 프로그램의 목표를 구체적으로 설정하는 것이다. 따라서 청소년 프로그램 설계에서 첫 단계는 목표 설정 단계이다. 목표 설정 단계에서는 프로그램의 목표를 설정하고 기술한다.

말할 것도 없이, 청소년 프로그램에서 추구하는 목표는 중요하다. 프로그램 목표를 제대로 설정하지 않으면, 프로그램의 시작부터 혼란스러울 수 있다(김윤나 외, 2018; 진은설 외, 2022).

(가) 목표의 정의와 의의

프로그램 목표는 프로그램의 전체 과정을 통해 이루고자 하는 행동 변화를 말한다. 청소년 프로그램에서 프로그램 목표는 이후의 모든 단계의 기준이 된다(마상욱, 2021; 유진이 · 윤혜순, 2020). 따라서 이런 점에서 청소년 프로그램에서 프로그램 목표를 잘 설정하는 것은 매우 중요하다.

이 외에, 청소년 프로그램에서 프로그램 목표는 여러 가지 의의를 지니고 있다.

청소년 프로그램에서 프로그램 목표가 지니는 의의를 구체적으로 제시하면 다음과 같다(진은설 외, 2022).

첫째, 프로그램에서 목표 다음에 나오는 여러 요소들이 나아갈 방향을 제시한다.

둘째, 프로그램을 제대로 운영할 수 있게 한다.

셋째, 프로그램의 결과에 대해 의견을 잘 나눌 수 있게 한다.

넷째, 의도한 결과를 성취하였는지를 결정하게 한다. 따라서 프로그램 목표는 프로그램의 효과를 평가하는 기준이 된다.

다섯째, 프로그램이 일관성을 갖게 한다.

(나) 목표 설정 관련 기본 원리

청소년 프로그램의 목표를 설정할 때에는 여러 기본 원리를 따라야 한다. 청소년 프로그램의 목표 설정과 관련해, 기본이 되는 원리를 몇 가지 제시하면 다음과 같다(유진이 · 윤혜순, 2020).

첫째, 목표는 청소년 요구뿐만 아니라, 청소년의 바람직한 성장과 관련된 측면과 교육적 의미를 담아야 한다.

둘째, 현재의 사회적 요구와 미래의 사회적 요구에 대해 진단한 결과를 토대로, 목표에 청소년에 대한 사회적 기대를 포함하여야 한다.

셋째, 목표에서는 프로그램의 내용과 방법을 선정 및 조직하고 평가방법을 선정하는 데 있어 명확하고 구체적인 기준을 제시하여야 한다.

넷째, 목표 설정에는 청소년과 청소년기관의 요구를 제대로 고려하면서, 프로그램과 관련되는 청소년, 청소년기관, 기타 구성원 모두가 직접적이나 간접적으로 참여하는 것이 바람직하다.

(다) 목표 설정 관련 유의점

청소년 프로그램의 목표를 설정할 때에는 여러 가지 측면을 고려하여야 한다. 우선, 청소년 프로그램의 목표를 설정할 때에는 개인적 요구, 프로그램 실시기관의 요구, 사회적 요구를 고려하여야 한다. 이를 구체적으로 제시하면 다음과 같다(마상욱, 2021).

첫째, 청소년의 개인적 요구나 필요를 충족할 수 있어야 한다. 즉, 청소년 프로그램을 설계할 때에는 개인이 가진 요구 등을 프로그램 목표에 반영하여야 한다. 예를 들어, 청소년 프로그램의 목표에서는 재능 활동, 진로 활동, 컴퓨터 학습 등과 같은 개인적 요구가 반영되어야 한다.

둘째, 실시기관의 요구를 고려하여야 한다. 즉, 청소년 프로그램을 설계할 때에는 기관의 목적과 같은 것을 프로그램 목표에 반영하여야 한다.

셋째, 사회적 요구를 적절하게 반영하여야 한다. 즉, 청소년 프로그램을 설계할 때에는 사회가 가진 요구를 프로그램 목표에 반영하여야 한다.

그리고 좋은 프로그램 목표를 설정하기 위해서는 다음과 같은 요소에 유의하여야 한다(김윤나 외, 2018; 진은설 외, 2022).

첫째, 프로그램 목표는 구체적이고 명확해야 한다. 즉, 프로그램 목표는 누구든지 명확히 알 수 있어야 한다.

둘째, 프로그램 목표는 측정이 가능하여야 한다. 프로그램 목표는 평가의 기준이 되기 때문에, 가능하면 수량화할 수 있도록 제시하는 것이 중요하다.

셋째, 프로그램 목표는 달성이 가능하여야 한다. 즉, 프로그램 목표는 도달할 수 있는 수준으로 제시되어야 한다.

넷째, 프로그램 목표는 타당해야 한다. 즉, 프로그램 목표는 프로그램 운영 방향과 기관의 상황에 근거해 설정하여야 한다.

다섯째, 프로그램 목표는 시간제한이 있다. 즉, 프로그램 목표는 일정 기간이라는 시간제한이 있다.

여섯째, 프로그램 목표가 여러 개일 때에는 여러 프로그램 목표들 사이에 조화를 유지하여야 한다.

한편, 프로그램 목표를 설정할 때는 다음과 같은 측면도 고려하여야 한다(진은설 외, 2022).

첫째, 목표에는 참가 청소년에 대한 요구분석의 결과를 제대로 반영한다.

둘째, 참가 청소년이 관심을 가지는 것을 파악한다.

셋째, 참가 청소년이 주요하게 관심을 가지는 것을 프로그램 목표에 적극 반영한다.

넷째, 프로그램 목표는 프로그램을 실행하는 기간에 따라 다르게 설정한다.

다섯째, 다른 프로그램과의 관계를 고려한다.

(2) 내용 선정 및 조직 단계

(가) 프로그램 내용의 선정

프로그램의 목표를 설정하였으면, 이런 목표를 달성하기 위해 이에 맞는 프로그램 내용을 선정하고 조직하여야 한다. 따라서 청소년 프로그램 설계에서 목표 설정 단계 다음에 오는 단계는 내용 선정 및 조직 단계이다.

프로그램 내용의 선정은 프로그램 목표를 구체화하는 작업이므로, 내용 선정 및 조직 단계는 중요한 단계이다. 프로그램의 내용은 참가 청소년, 프로그램 실시기관, 사회적 요구분석의 결과를 기초로 선정된다(김윤나 외, 2018; 진은설 외, 2022;

마상욱, 2021; 유진이 · 윤혜순, 2020; 홍성미, 2018).

프로그램 내용을 선정할 때에는 기준을 따라야 한다. 프로그램 내용을 선정할 때 고려하여야 하는 기준을 제시하면 다음과 같다(유진이 · 윤혜순, 2020).

첫째, 청소년 및 청소년기관의 요구를 포함하여야 한다.

둘째, 프로그램 목표에 근거해 기대되는 성과를 고려하여야 한다.

셋째, 주어진 조건에서 최소 비용으로 최대 효과를 내도록 하여야 한다.

넷째, 청소년의 경험이나 능력에 적절하여야 한다.

다섯째, 사회적 상황이나 요구에 맞아야 한다.

여섯째, 청소년의 성장과 발달에 도움이 되어야 한다.

그리고 프로그램의 내용을 선정할 때에는 원리를 따라야 한다. 프로그램 내용을 선정할 때 고려하여야 하는 원리를 몇 가지 제시하면 다음과 같다(김윤나 외, 2018; 진은설 외, 2022).

첫째, 목표와 일관성이 있는 내용을 선정하여야 한다. 즉, 프로그램의 내용은 해당 프로그램의 목표에 일관되게 선정되어야 한다. 청소년에게 유익한 내용이라 할지라도, 프로그램의 목표를 달성하는 데 관련되지 않은 내용은 포함하지 않아야 한다.

둘째, 청소년의 능력 수준과 흥미에 적절해야 한다. 무엇보다도 내용이 참가 청소년에게 흥미를 유발할 수 있어야 한다. 청소년은 학교 수업 보충을 위해서 프로그램에 참여하는 것이 아니라 자신의 여가 활용을 위해서 프로그램에 참여하는 경우가 많다. 이에 따라서 프로그램 내용 선정은 청소년의 주의를 끌 수 있는 매력적인 제목 선정으로부터 출발할 필요가 있다.

셋째, 자기 주도적으로 할 수 있어야 한다.[2)]

넷째, 가능하다면, 새로운 경험을 할 수 있는 내용이어야 한다.

다섯째, 참가 청소년이 해당 프로그램에 참여한 후 자신의 변화가능성을 확인할 수 있어야 한다.

(나) 프로그램 내용의 조직

프로그램의 내용을 선정한 후에는 이런 내용을 체계적으로 조직하여야 한다. 프로그램 내용을 조직하는 과정은 선정된 내용을 분류하고 체계화하는 과정을 말한다. 예를 들어, 프로그램의 내용들 중에서 서로 비슷하고 연관된 내용들은 한 갈래로 분류할 수 있다. 이때, 이들을 하나의 계열로 묶어서 순서를 정하여야 한다. 그리고 어떤 내용을 한 번만 제시할 것인지 또는 여러 번 제시할 것인지를 정하여야 한다. 또한 다양한 내용을 하나로 통합할 것인지 또는 따로따로 구분할 것인지를 정하여야 한다(김윤나 외, 2018; 유진이 · 윤혜순, 2020).

프로그램의 내용을 조직할 때에는 몇 가지 원리를 따라야 한다. 프로그램의 내용을 조직하기 위한 원리를 제시하면 다음과 같다(진은설 외, 2022; 유진이 · 윤혜순, 2020; 김윤나 외, 2018).

첫째, 계열성의 원리이다. 이것은 선정된 프로그램의 내용들 사이에 존재하는 위계성과 상황 관련성에 따라 조직하는 것을 말한다. 예를 들어, 구체적인 내용에서 추상적인 내용으로 조직해서 내용의 깊이와 넓이를 더해 갈 수도 있고, 쉬운 내용에서 어려운 내용으로 조직해서 내용의 깊이와 넓이를 더해 갈 수도 있다.

둘째, 통합성의 원리이다. 이것은 프로그램의 내용이 참가 청소년의 경험 속에 의미 있게 통합되도록 조직하는 것을 말한다. 구체적으로 이것은 서로 관

---

2) 자기 주도적 측면은 운영 방법 선정 단계에서도 다룬다.

련된 지식들이 연결되어 작용할 수 있도록 하는 것을 말한다.

셋째, 계속성의 원리이다. 이것은 동일하거나 유사한 내용을 반복적으로 수행하는 것을 말한다. 프로그램의 내용을 연속적이며 반복적으로 조직하면, 청소년이 프로그램에 참여하면서 학습 효과가 높아지게 될 수 있다. 청소년이 어떤 태도를 가지게 하고자 할 때 반복적으로 연습하는 것은 계속성의 원리를 적용한 것이다.

넷째, 적정화의 원리이다. 이것은 학습자의 선행 경험과 교육 수준을 고려하는 것을 말한다.

다섯째, 범위의 원리이다. 이것은 학습을 전달할 가치가 높은 내용에 우선을 두어 프로그램 내용을 선정하는 것을 말한다.

이 밖에 학자들은 여러 원리를 제시하고 있다. 예를 들어, 일부 학자는 프로그램의 내용을 조직하기 위한 원리로 오락성의 원리, 효율성의 원리, 실용성의 원리 등을 제시한다(마상욱, 2021).

한편, 청소년 프로그램의 내용을 조직할 때에는 대체 프로그램에 유의하여야 한다. 왜냐하면 청소년활동의 특성상 많은 변화가 생길 수 있기 때문이다. 예를 들어, 야외에서 진행하는 청소년 프로그램에는 날씨가 영향을 미친다. 따라서 비상 상황을 대비해서, 기존 프로그램의 목표와 관련해 대체할 수 있는 청소년 프로그램을 미리 준비해 두어야 한다. 이때 미리 준비하지 않으면, 비상 상황이 발생해 대체 프로그램을 운영할 때 청소년 지도사의 능력에 따라 임의로 진행하거나 프로그램의 목표와는 다르게 운영하는 일이 발생할 수 있다(김윤나 외, 2018).

(3) 운영 방법 선정 단계

프로그램의 내용을 선정하고 조직한 후에는, 그 내용을 효과적으로 전달할 방법을 찾아야 한다. 따라서 청소년 프로그램 설계에서 내용 선정 및 조직 단계 다음에 오는 단계는 운영 방법 선정 단계이다. 운영 방법 선정 단계에서는 프로그램 운영 방법을 구체적으로 선정한다.

(가) 운영 방법 선정 시 고려 원리

프로그램 운영 방법을 선정할 때에는 여러 원리를 따라야 한다. 프로그램 운영 방법을 선정할 때 고려하여야 하는 원리를 제시하면 다음과 같다(진은설 외, 2022; 김윤나 외, 2018; 유진이 · 윤혜순, 2020; 홍성미, 2018).

첫째, 자기주도성의 원리이다. 이것은 참가 청소년들 스스로가 자신의 요구를 진단하고 학습하는 것을 말한다. 청소년 지도자가 주도하는 방식은 참가자들의 동기를 약화시키고, 프로그램의 지속성에 부정적 영향을 미치기도 한다.

둘째, 상호성의 원리이다. 이것은 동아리 형태로 구성해 상호작용이 충분히 일어날 수 있는 구조를 만드는 것을 말한다.

셋째, 다양성의 원리이다. 이것은 참가 청소년의 다양성을 인정하고, 그에 따라 다양한 방법으로 운영하는 것을 말한다. 청소년 프로그램에 참여하는 청소년은 나이, 지역, 경험 정도, 학습 수준, 장래 희망 등에서 다양한 특성을 지니고 있다. 따라서 다양한 특성을 지닌 청소년들이 프로그램에 참여할 경우, 다양한 운영 방법을 적용하여야 한다.

넷째, 참여의 원리이다. 이것은 청소년 지도자, 청소년, 기타 관련자 모두가 청소년 프로그램의 전 과정에 참여하는 것을 말한다. 사실, 모든 프로그램의 기본은 참여하는 것이다. 그리고 참여는 청소년이 민주주의를 배우고 실천하는 기회가 된다.

(나) 프로그램 운영을 위한 방법

청소년 프로그램을 운영하기 위해 사용할 수 있는 방법에는 여러 가지가 있다. 청소년 프로그램의 운영을 위해 청소년 프로그램 현장에서 자주 사용하는 방법을 몇 가지 살펴보면 다음과 같다(진은설 외, 2022; 김윤나 외, 2018).

첫째, 강의법이다. 강의법은 특정 영역의 전문가가 참가 청소년에게 내용을 체계적으로 설명하거나 주입시키는 방법이다. 강의법은 주위에서 자주 사용하는 방법이다. 강의법은 단시간 내에 정보를 제공받을 수 있는 장점이 있다. 그러나 강의법은 교육의 효과가 상대적으로 낮고, 강사의 질이 교육의 질에 큰 영향을 미친다.

둘째, 토의법이다. 토의법은 참가 청소년들이 역동적인 상호작용을 통해 결론을 이끄는 방법이다. 토의법은 참가 청소년들이 의식을 공유할 수 있다는 장점이 있다. 그러나 토의법이 가능하기 위해서는 소규모로 인원을 구성하여야 하고, 토의하기에 적합한 공간이 따로 필요하다.

셋째, 역할연기법이다. 역할연기법은 특정 문제에 대해 입장을 바꿔 역할을 연기해 봄으로써 상대방의 입장을 헤아리게 하는 방법이다. 청소년 프로그램에서의 역할연기는 서로 입장을 바꿔서 하는 식으로 진행되는 경우가 많다. 그러나 특정 상황을 설정한 후 즉흥적으로 연기해 보도록 하거나 짧은 광고를 만들도록 하는 식으로 진행하기도 한다.

넷째, 게임법이다. 게임법은 게임을 통해 지도하는 방법이다. 참가자에게 흥미 있는 환경을 제공하고 정해진 규칙에 따라 활동하게 하면, 경쟁적이고 도전적으로 프로그램이 운영될 수 있다.

이 외에 체험학습이나 협동학습을 하는 방법도 있다. 이 방법은 문제해결 능력을 향상하고 행동 변화를 추구하고자 하는 경우에 좋은 방법이다. 특히 체험학습은 역할, 연기, 실습, 연습 등이 실제와 가까운 방법이기 때문에 효과가 매우 크다. 그러나 체험학습이나 협동학습을 하기 위해 준비할 때에는 시간적 측면이나 경제적 측면에 대한 고려가 필요하다. 또한 이 방법은 참가자에게 적절한 동기를 부여하지 않으면 운영 자체가 어려울 수 있다(김윤나 외, 2018).

(4) 평가계획 수립 단계

청소년 프로그램을 운영하는 방법을 선정한 다음에는 프로그램의 성과를 확인하여야 한다. 따라서 청소년 프로그램 설계에서 운영 방법 선정 단계 다음에 오는 단계는 평가계획 수립 단계이다.

평가계획 수립 단계에서는 프로그램의 목표를 잘 달성하였는지를 확인한다. 구체적으로 평가계획 수립 단계에서는 청소년 프로그램의 목표를 달성하였는지에 주목하면서 목표를 성취한 정도, 평가 범위, 자료수집 방법, 분석방법, 평가의 제한점 등을 살펴본다(마상욱, 2021; 유진이 · 윤혜순, 2020; 김윤나 외, 2018).

(가) 프로그램 평가의 기본 원리

프로그램을 평가하기 위해서는 기본 원리를 따라야 한다. 프로그램 평가를 위한 기본 원리를 제시하면 다음과 같다(유진이 · 윤혜순, 2020; 김윤나 외, 2018; 진은설 외, 2022; 마상욱, 2021; 홍성미, 2018).

첫째, 프로그램 평가는 활동하는 과정에서의 다양한 사상, 조건, 상태들에 대한 바람직성을 평가하는 것이다. 따라서 평가는 사상, 조건, 상태에 대한 정보를 수집하고 정리하고 해석하면서 이루어진다. 그러므로 바람직성에 대한 평가는 가치체계를 포함한다고 볼 수 있다.

둘째, 프로그램 평가는 현장이나 현실 세계에서 지금 이루어지는 실제 상황 속의 활동이다. 따라서 프로그램 평가는 한 걸음 더 나아가서 활동을 더 높은 수준으로 발전시킬 수 있는 해결책을 찾고자 하는 것이다.

셋째, 프로그램 평가는 의사결정이나 정책 수립을 더 잘하기 위해 반드시 필요한 활동이다. 즉, 프로그램 평가는 향후의 의사결정과 정책 수립을 위한 출발점이 된다.

넷째, 프로그램 평가의 목적은 지속적이고 종합적으로 실시하여야만 이룰 수 있다. 즉, 프로그램 평가는 순환적이고 계속적인 과정이다. 따라서 프로그램 평가에서는 프로그램의 목표에 따라 실행해 왔던 모든 활동들이 통합되고 조정된다.

(나) 평가 관련 유의점

평가계획을 수립할 때에는 여러 가지 측면에 대해 유의하여야 한다. 그러나 무엇보다도, 평가계획을 수립할 때에는 평가 시기, 평가 대상, 평가 방법 등을 명확히 제시하여야 한다(김윤나 외, 2018).

Chapter

08

청소년 프로그램 마케팅과 홍보

학습목표

- 마케팅과 홍보의 개념을 이해한다.
- 프로그램 마케팅의 구성요소를 이해한다.
- 청소년 프로그램 마케팅과 홍보의 필요성을 이해한다.
- 프로그램 마케팅과 홍보 전략을 이해한다.
- 청소년 프로그램 마케팅의 계획수립 및 실행을 이해한다.

Chapter

08 청소년 프로그램 마케팅과 홍보

1. 마케팅 및 홍보의 개념과 특징

1) 마케팅과 홍보의 개념

일반적으로 마케팅과 홍보는 혼용하여 사용된다. 하지만 마케팅과 홍보는 다른 개념이다. 사전에 따르면, 마케팅은 "제품을 생산자로부터 소비자에게 원활하게 이전하기 위한 기획 활동으로 시장 조사, 상품화 계획, 선전, 판매 촉진 따위"를 말하고, 홍보는 "널리 알림. 또는 그 소식이나 보도"를 말한다(표준국어대사전, 2024).

2) 마케팅과 홍보의 특징

마케팅과 홍보에서는 소비자의 행동을 이해하고, 적절한 전략을 통해 제품이나 서비스를 효과적으로 전달하는 것이 중요하다. 마케팅과 홍보는 서로 관련이 있지만, 그 목적과 접근 방식에서 차이가 있다. 마케팅은 소비자의 요구를 충족시키고, 제품이나 서비스를 판매하여 수익을 창출하는 것을 목표로 하지만, 홍보는 브랜드이미지와 신뢰를 구축하여 대중과의 관계를 형성하는 것을 목표로 한다.

마케팅 전략은 제품, 가격, 유통, 촉진(4P)을[1] 포함한 다양한 전략을 사용하여 소비자에게 직접적으로 접근하지만, 홍보는 언론 보도, 이벤트, 사회적 책임 활동 등을 통해 브랜드의 긍정적인 이미지를 전달하고, 소비자와의 신뢰를 쌓는 것에 주목한다.

마케팅 커뮤니케이션 활동은 촉진의 하위활동(sub-activities)인 광고, 판매촉진, 홍보, 인적판매 등을 통해 수행된다(두산백과, 2024).

1) 여기에 대해서는 뒤에서 자세히 설명한다.

2. 프로그램 마케팅의 구성요소

마케팅 구성요소는 마케팅 믹스(4P)로 표현한다. 마케팅 믹스는 매카시(McCarthy, 1960)에 의하여 제품(product), 가격(price), 유통(place), 촉진(promotion)의 4P로써 최초로 구성되어졌다. 이는 기업이 고객의 만족이나 의사소통을 위해 관리하는 구성요소로써 널리 통용되고 있다(최용석, 2006). 마케팅 믹스를 청소년 프로그램과 비교한 것은 〈표 8-1〉에 제시되어 있다.

1) 마케팅 구성 4요소(4P)

마케팅 구성요소는 마케팅 믹스(4P)로 알려진 핵심 구성 요소로 제품(Product)과 가격(Price), 그리고 유통(Place), 촉진(Promotion)을 말한다.

(1) 제품(Product)

소비자의 욕구와 필요를 충족시키기 위해 제공되는 서비스나 물품을 말한다. 제품의 디자인, 기능, 품질, 브랜드, 포장 등이 포함된다. 제품 개발 시 소비자의 피드백과 시장 조사를 통해 적절한 제품을 설계하는 것이 중요하다.

(2) 가격(Price)

제품(서비스)에 대해 소비자가 지불해야 하는 금액을 말한다. 가격에 대한 전략은 시장의 경쟁 상황과 소비자의 지불 의사, 원가 등을 고려하여 설정되며, 소비자의 구매 결정에 큰 영향을 미치는 가격은 신중하게 결정해야 한다.

(3) 유통(Place)

제품이 여러 경로와 방법으로 소비자에게 전달되는 과정을 의미한다. 유통 경로는 도·소매상, 온라인 플랫폼 등 다양하며, 소비자가 쉽게 할 수 있도록 하는 것이 중요하다. 유통의 전략은 제품 특성과 목표 시장에 따라 많이 달라질 수 있다.

(4) 촉진(Promotion)

제품(서비스)를 소비자에게 홍보하고 구매를 촉진하기 위한 모든 활동이 포함된다. 광고, 판매 촉진, PR(홍보), 개인 판매 등이 이에 해당하며, 효과적인 촉진 전략은 소비자의 관심을 유도하고 브랜드 인지도를 높이는 데 아주 중요한 역할을 한다.

최근에는 사람(People), 과정(Process), 물리적 증거(Physical Evidence) 등을 추가하여 마케팅 믹스 7P(Booms & Bitner, 1981)로 확장하여 활용하기도 한다. 프로그램 마케팅에서는 이러한 요소들이 더욱 중요하게 다뤄진다. 각각의 요소는 서로 연결되어 있으며, 효과적인 마케팅 전략을 수립하기 위해서는 이들 요소를 종합적으로 고려하여야 한다(네이버 지식백과, 2024).

〈표 8-1〉 마케팅과 청소년 활동 프로그램의 비교

구분	마케팅 구성요소(4P)	청소년 프로그램에의 적용	
제품 (Product)	소비자의 욕구를 충족시키는 효용을 가지고 있는 상업적인 재화를 총칭하는 말	프로그램	청소년들에게 제공될 프로그램 목표, 내용, 방법 등을 종합적으로 제공해 내려는 프로그램 명칭 등이 이에 해당됨
가격 (Price)	기업의 이윤과 직결되는 요소	참여경비	프로그램에 참여하게 될 청소년들이 부담해야 될 경비를 의미함
유통 (Place)	제품이나 서비스를 생산자로부터 최종 소비자에게 이동시키는 과정에 참여하는 기업과 개인들의 집합	맞춤형 홍보 전략	프로그램 개발 시 다양한 요구분석 및 참여자에 대한 염두로 출발하게 됨. 프로그램의 성격에 맞는 참여자에게 전달되는 홍보 전략 등
촉진 (Promotion)	표적 소비자로부터 기업이나 제품에 대하여 호의적인 반응을 얻기 위해 행해지는 커뮤니케이션 활동	프로그램의 매력성	프로그램명, 경비 등의 다양한 요인들로 하여금 참여자들의 호기심을 이끌어 내고 참여하겠다는 결심을 얻기 위한 프로그램의 매력성이 이에 해당함

출처: 홍선미(2018).

3. 청소년 프로그램 마케팅과 홍보의 필요성

청소년 프로그램 마케팅은 청소년을 대상으로 하는 다양한 프로그램이나 서비스를 잠재 참여자에게 소개하여 효과적으로 홍보하고 판매하기 위한 전략과 활동을 의미한다. 청소년 프로그램은 주로 청소년(대개 13세에서 19세 사이)을 대상으로 하며, 청소년의 성장과 발달에 맞춘 주제로 진로 탐색, 사회적 기술, 정서적 지원, 건강한 생활 습관 등의 내용으로 되어 있다.

청소년 프로그램 홍보방법으로는 소셜 미디어, 유튜브, 인플루언서 마케팅 등 청소년이 자주 사용하는 플랫폼 등을 이용하며, 더 친근하고 비공식적인 언어와 비주얼을 사용하기도 한다. 또한 청소년 프로그램 홍보는 청소년을 대상으로 하는 교육, 문화, 예술, 스포츠 등 다양한 프로그램이나 활동을 알리고 참여를 유도하는 과정을 통해 프로그램의 목적, 내용, 일정 및 혜택 등을 효과적으로 전달하여 청소년들의 참여를 촉진하여 청소년들이 더 나은 경험을 할 수 있도록 지원함으로써, 사회적 가치를 창출하는 데 기여한다. 청소년 프로그램의 성공적인 운영을 위해서는 지속적인 마케팅과 홍보 전략이 필요하다.

4. 프로그램 마케팅과 홍보 전략

1) 마케팅과 홍보 전략

마케팅과 홍보 전략에서는 최신 트렌드와 전략을 통해 프로그램 인지도를 높이고 참여를 유도하여야 한다. 프로그램 마케팅 및 홍보 전략은 효과적인 커뮤니케이션과 고객 참여를 통해 프로그램의 가치를 극대화하는 데 중점을 두어야 한다. 최근 프로그램 마케팅과 홍보 전략은 최신 트렌드와 효과적인 방법을 통해 고객의 참여를 유도하고, 프로그램의 가치를 극대화하는 데 중점을 둔다. 이러한 전략을 통해 프로그램의 성공적인 운영을 기대할 수 있다.

프로그램 마케팅 전략의 예는 〈표 8-2〉에 제시되어 있다.

〈표 8-2〉 프로그램 마케팅 전략의 예

구분	내용
마케팅의 최신 트렌드	• 인터랙티브 콘텐츠: 이용자와의 상호작용을 통해 콘텐츠 내용을 효과적으로 전달할 수 있으며, 이용자의 선택에 따라 콘텐츠를 다르게 보고, 듣고, 즐길 수 있게 해 준다. (예: 퀴즈, 설문조사, 게임 등) • AI 마케팅: 고객의 행동을 예측하고, 맞춤형 콘텐츠를 제공하는 데 도움을 준다.
소셜미디어 활용	• 소셜 미디어: 다양한 플랫폼(예: 인스타그램, 페이스북, 유튜브)을 통해 프로그램을 홍보한다. • 이메일 마케팅: 타깃 고객에게 맞춤형 이메일을 보내 프로그램에 대한 정보를 제공한다. 이는 고객의 관심을 끌고, 참여를 유도하는 데 유용하다.
교육 및 세미나	• 온라인 교육 프로그램: 온라인 홍보 마케팅 전략 교육을 실시한다. 이는 최신 마케팅 기법을 배우고 적용할 수 있는 기회를 제공한다.
고객 참여 증대	• 커뮤니티 구축: 프로그램과 관련된 커뮤니티를 만들어 고객과의 소통을 강화한다. 이는 고객의 피드백을 받고, 충성도를 높이는 데 기여한다. • 이벤트 및 프로모션: 특별 이벤트나 프로모션을 통해 고객의 참여를 유도한다. 예를 들어, 할인 쿠폰이나 경품 이벤트를 활용할 수 있다.
디지털 마케팅	• 콘텐츠 마케팅: 유용하고 가치 있는 콘텐츠를 제공하여 고객의 관심을 끌고, 브랜드 인지도를 높인다. 디지털 마케팅은 프로그램 마케팅과 밀접하게 연결되어 있으며, 효과적인 홍보 전략을 수립하는 데 필수적이다.

2) 청소년 프로그램 마케팅 및 홍보 전략

청소년을 대상으로 한 프로그램에서 가장 중요한 요소는 참여와 소통이다. 청소년들이 적극적으로 참여하고 의견을 나눌 수 있는 환경을 조성하는 것이 중요하므로, 프로그램이 재미있고 흥미로운 내용으로 구성되어야 청소년들의 관심을 끌 수 있다.

그리고 청소년들이 편안하게 활동할 수 있는 신체적 · 정서적으로 안전한 환경을 제공하여야 한다. 자기 계발과 사회적 기술을 향상할 수 있는 기회를 제공하여 청소년의 성장에 기여할 수 있어야 한다. 그러기 위해서는 프로그램을 운영하는 인력이 청소년과의 상호작용에서 전문성을 갖추고 있어야 신뢰를 얻을 수 있다.

그 밖에도 청소년들의 다양한 요구와 변화에 맞춰 프로그램을 조정할 수 있는 유연성이 필요하다. 이러한 요소들이 조화롭게 결합될 때, 청소년 프로그램의 효과와 성공 가능성이 높아질 수 있다.

청소년 프로그램의 마케팅과 홍보는 여러 가지 측면에서 매우 중요하다. 이때, 다음과 같은 측면에 대한 이해가 필요하다.

첫째, 대상에 대한 이해이다. 청소년의 관심사와 행동 패턴을 이해하고, 그에 맞춘 마케팅 전략을 수립하기 위한 대상의 이해가 필요하며, 이를 통해 효과적으로 프로그램을 홍보할 수 있다.

둘째, 프로그램에 대한 경쟁력 확보에 대한 이해이다. 다양한 청소년 프로그램과 활동이 존재하는 시장에서 차별화된 마케팅을 통해 프로그램의 독창성과 가치를 강조할 수 있도록 경쟁력을 확보하여야 한다.

셋째, 참여 유도에 대한 이해이다. 적절한 마케팅 전략을 통해 청소년들이 프로그램에 흥미를 느끼고 참여하도록 유도할 수 있고, 자기결정권을 강화할 수 있고, 그들의 적극적인 참여를 이끌어 낼 수 있다.

넷째, 사회적 가치 창출에 대한 이해이다. 청소년 프로그램은 개인의 성장뿐만 아니라 사회의 발전에도 기여할 수 있으며, 이를 통해 긍정적인 사회적 가치를 창출하는 데 기여한다.

다섯째, 커뮤니티 구축에 대한 이해이다. 프로그램에 대한 인식을 높이고, 청소년들 간의 네트워킹을 촉진하여 지속적인 참여와 커뮤니티 형성을 도울 수 있다.

여섯째, 피드백 수집에 대한 이해이다. 마케팅 활동을 통해 청소년들의 피드백을 수집하고, 이를 바탕으로 프로그램 질을 개선할 수 있다.

청소년 프로그램 마케팅은 사회적 마케팅(social marketing)이다. 따라서 주로 제품이나 서비스의 판매를 증가시키고 기업의 수익을 높이는 것을 목표로 하는 일반 마케팅과는 달리, 사회적 문제를 해결하거나 사회적 이익을 증진하기 위해 마케팅 기법을 활용하는 접근 방식을 취한다. 일반적으로 기업이나 비영리단체가 특정 사회적 메시지를 전달하고, 소비자 행동을 변화시키기 위해 캠페인을 진행하는 방식이다. 이 방식은 프로그램의 성공과 지속 가능성을 위해 필수적이며 효과적인 프로그램 운영과 청소년의 성장을 위한 중요한 요소로 작용한다.

5. 청소년 프로그램 마케팅 계획수립 및 실행

청소년 프로그램의 마케팅과 홍보 계획수립에서는 효과적인 참여를 유도하고 프로그램의 가치를 전달하기 위해 체계적인 접근이 필요하며, 각 단계에서의 세심한 분석과 전략이 중요하다. 계획수립 과정은 시장 분석, 목표 설정, 세분화 및 포지셔닝, 마케팅 전략 수립 등 여러 단계를 포함한다.

1) 청소년 프로그램 마케팅 계획수립 절차

(1) 시장 분석

청소년 프로그램의 목표 시장을 이해하기 위해 시장 환경을 분석한다. 이를 통해 경쟁자와 소비자의 요구를 파악한다. 이때 중요한 내용은 다음과 같다.

- 환경 분석: 청소년 프로그램이 운영될 시장의 환경을 분석한다. 예를 들어, 경쟁기관, 트렌드, 청소년의 관심사 등을 조사한다.
- 대상 분석: 프로그램의 주요 대상인 청소년의 특성과 요구를 파악한다. 예를 들어, 연령대, 성별, 지역적 특성 등을 파악한다.

(2) 목표 설정

프로그램의 목표를 명확히 설정하여 마케팅 전략을 수립하는 데 방향성을 제공한다. 이때 중요한 내용은 다음과 같다.

- SMART 목표 설정: 구체적이고 측정 가능하며 달성 가능하고 관련성이 있으며 시간 제한이 있는 목표를 설정한다.

(3) 세분화 및 표적 설정

청소년 집단을 세분화하고, 표적 집단을 설정하여 맞춤형 마케팅을 진행한다. 이때 중요한 내용은 다음과 같다.

- 세분화: 청소년을 다양한 기준(예: 나이, 관심사, 지역 등)으로 세분화한다.
- 표적 시장 선정: 가장 적합한 집단을 선택하여 집중적으로 마케팅한다. 예를 들어, 특정 취미나 관심사를 가진 청소년 그룹을 표적으로 할 수 있다.

(4) 마케팅 전략 수립

마케팅에 사용할 전략을 수립한다. 이때 중요한 내용은 다음과 같다.

- 포지셔닝 전략: 프로그램이 시장에서 어떤 위치를 차지할지를 결정한다. 이는 청소년들이 프로그램을 어떻게 인식할지를 좌우하기도 한다.
- 차별화된 가치 제안: 프로그램이 제공하는 독특한 가치를 정의하고, 이를 통해 경쟁 프로그램과의 차별성을 강조한다.
- 브랜딩: 청소년들이 쉽게 기억하고 공감할 수 있는 브랜드 이미지를 구축한다.

(5) 마케팅 믹스(4P)

제품, 가격, 장소, 프로모션의 요소를 조합하여 효과적인 마케팅 전략을 수립한다. 이때 중요한 내용은 다음과 같다.

- 제품: 프로그램의 내용과 형식을 결정한다. 예를 들어, 형식을 워크숍, 캠프, 온라인 강의 등으로 결정한다.
- 가격: 프로그램의 가격 책정을 통해 접근성을 고려한다.
- 장소: 프로그램이 진행될 장소를 선정하고, 온라인과 오프라인의 접근성을 고려한다.
- 촉진: 소셜 미디어, 학교, 커뮤니티 센터 등을 통해 프로그램을 홍보한다.

(6) 실행 계획 및 피드백

실행을 계획하고 피드백을 받는다. 이때 중요한 내용은 다음과 같다.

- 실행 계획 수립: 각 단계별로 구체적인 실행 계획을 세우고, 필요한 자원과 인력을 배치한다.
- 피드백 및 조정: 프로그램 진행 후 피드백을 수집하고, 필요에 따라 전략을 조정한다.

(7) 홍보 방법

홍보 방법을 결정한다. 이때 중요한 내용은 다음과 같다.

- SNS 활용: 카카오톡, 인스타그램, 유튜브 등 다양한 플랫폼을 통해 청소년과의 소통을 강화한다.
- 콘텐츠 마케팅: 유익하고 흥미로운 콘텐츠를 제작하여 청소년의 관심을

끌고 참여를 유도한다.

- 오프라인 홍보: 지역사회 행사나 학교와의 협력을 통해 직접적인 홍보를 진행한다.

(8) 청소년 프로그램의 성공적인 사례

성공적인 청소년 프로그램의 사례를 분석하여 어떤 전략이 효과적이었는지를 연구한다. 예를 들어, 특정 프로그램이 SNS를 통해 얼마나 많은 참여를 유도했는지를 분석할 수 있다.

(9) 청소년 프로그램의 평가 및 피드백

청소년 프로그램을 평가하고 피드백을 받는다. 이때 중요한 내용은 다음과 같다.

- 프로그램 평가: 프로그램 종료 후 참여자들의 피드백을 수집하여 프로그램의 효과성을 평가하고 향후 프로그램 개선에 중요한 자료로 활용할 수 있다.
- 지속적인 개선: 피드백을 바탕으로 프로그램을 지속적으로 개선하여 청소년의 요구에 부합하도록 한다.

결론적으로, 청소년 프로그램의 마케팅과 홍보 계획은 체계적인 접근이 필요하다. 또한 시장 분석, 목표 설정, 세분화, 포지셔닝, 마케팅 믹스, 홍보 방법 등을 종합적으로 고려하여 효과적인 전략이 수립되어야 한다. 이러한 과정을 통해 프로그램의 성공적인 운영과 청소년의 참여를 극대화할 수 있고, 청소년들에게 매력적인 프로그램을 제공할 수 있고, 성공적인 마케팅을 이끌어 낼 수 있다.

6. 청소년 프로그램 마케팅과 홍보의 유의점

청소년은 성인과는 다른 특성과 요구를 가지고 있기 때문에, 효과적인 홍보를 위해서는 이러한 점들을 고려해야 한다.

1) 청소년의 관심사 이해

트렌드를 파악하고 청소년들이 선호하는 콘텐츠와 트렌드를 이해하고 이를 반영해야 한다. 예를 들어, 인기 있는 소셜 미디어 플랫폼이나 유행하는 챌린지 등을 활용한다.

참여 유도를 위해 청소년들이 흥미를 느낄 수 있는 참여형 콘텐츠를 제작하여 관심을 끈다.

2) 적절한 언어 사용

청소년들이 이해할 수 있는 친근한 언어를 사용해야 하며, 지나치게 전문적이거나 복잡한 용어는 피하는 것이 좋다. 이때, 청소년들이 쉽게 공감할 수 있는 비유나 예시를 통해 메시지를 전달한다.

3) 안전과 신뢰성

안전한 환경을 제공하고 프로그램이 안전하다는 점을 강조해야 하며, 청소년과 그 부모가 안심할 수 있도록 프로그램의 안전성을 명확히 전달한다.

프로그램의 신뢰성을 높이기 위해, 이전 참가자들의 후기나 성공 사례를 공유하는 것이 효과적이다.

4) 소셜 미디어 활용

청소년들이 주로 사용하는 소셜 미디어 플랫폼(예: 인스타그램, 틱톡 등)을 통해 홍보한다. 이들 플랫폼에서의 활동은 청소년들에게 더 큰 영향을 미칠 수 있으며, 비주얼 콘텐츠(이미지, 동영상 등)의 시각적인 요소를 활용하여 주목도를 높인다.

5) 부모와의 소통

청소년 프로그램에 참여하는 데 있어 부모의 영향력이 크기 때문에, 부모를 대상으로 한 정보 제공도 중요하다. 이때는 부모가 프로그램의 필요성과 이점을 이해할 수 있도록 설명한다.

또한 부모가 프로그램에 참여하거나 지원할 수 있는 방법을 제시하여, 청소년의 참여를 유도한다.

6) 피드백 수집 및 반영

프로그램 진행 후 청소년들의 피드백을 수집하고, 이를 바탕으로 개선점을 찾도록 노력하여야 한다. 이때 청소년들이 직접 의견을 제시할 수 있는 기회를 제공하는 것이 중요하다.

피드백을 통해 프로그램을 지속적으로 개선하여, 더 나은 경험을 제공할 수 있도록 하여야 한다. 그리고 청소년 프로그램 홍보 시에는 청소년의 특성과 요구를 이해하고, 그에 맞는 접근 방식을 취하는 것이 중요하다. 이러한 주의사항을 고려하여 효과적인 홍보 전략을 수립하여야 한다.

Chapter

09

청소년 프로그램 실행 및 운영

학습목표

- 청소년 프로그램 실행에 대해 이해한다.
- 청소년 프로그램 운영과정에 대해 이해한다.
- 청소년 프로그램의 실행과정에 따른 지도전략 및 안전한 관리에 대해 이해한다.

Chapter

09 청소년 프로그램 실행 및 운영

1. 청소년 프로그램 실행

1) 청소년 프로그램 실행의 개념과 의의

프로그램 실행이란 기획되고, 설계된 프로그램을 체계적으로 실시하여 의도한 목적과 목표를 달성해 나가는 과정이다. 프로그램 실행단계는 기획과 설계과정 등을 실천으로 옮기며 목적을 달성해 나가는 과정으로, 해당 과정에 대해 평가할 수 있는 주요한 핵심과정이다(유진이 · 유혜순, 2020). 또한, 청소년 프로그램의 실행은 프로그램 개발과정에서 프로그램을 매개로 하여 청소년 지도자와 청소년이 만나는 연결점이며 프로그램의 효과성, 효율성을 확보하는 데 있어서 매우 중요한 단계라 할 수 있다(권두승, 2012).

청소년 프로그램 실행은 청소년 지도자, 청소년, 주어진 환경이 항상 변화하기 때문에 하나의 규격화된 방법으로 제시하기에는 어려움이 있다(마상욱, 2021). 그럼에도 청소년 프로그램 실행을 정의해 보면, '프로그램이 어떻게 실행되고 운영되어야 할 것인가?'라는 질문을 토대로 '청소년 프로그램 활동을 촉진하고, 조장하고, 지원하는 일련의 필연적 활동 또는 행위'라고 정의할 수 있다. 즉, 청소년 프로그램 실행이란 "청소년 프로그램 활동을 지원 · 촉진 · 안내하고, 나아가 그와 관련된 환경을 조성해 주는 전략"으로 정의할 수 있다(권두승, 2012: 180).

청소년 프로그램 실행은 청소년 활동을 지원하고, 촉진하고, 바람직한 환경을 조성함으로써 청소년의 균형 있는 성장과 발달을 돕는 데 그 의의가 있다. 이를 수행하는 청소년 지도자는 프로그램 실행에 대한 보다 본질적인 의미를 파악할 수 있어야 하며, 이러한 맥락에서 청소년 프로그램 실행이 가지고 있는 본질적인 의미를 살펴보면 다음과 같다.

첫째, 청소년 프로그램 실행은 청소년 지도자가 청소년 프로그램 실행의 장에서 청소년 참여 수준을 높일 수 있도록 안내하고, 동기를 부여하고, 촉진하고, 권한을 부여해 청소년이 건강한 성인으로 성장할 수 있도록 돕는다는 데 의미가 있다(김윤나 외, 2020). 청소년의 참여 수준을 높이는 것은 사회적 공간, 정책적 공간 등 그들의 삶 모든 영역에서 주체적으로 권한을 가질 수 있도록 돕는 것이다. 이를 위해 청소년과 관련된 정책 수립 절차에 청소년의 참여를 보장할 수 있도록 하는 법적 근거[1] 또한 마련되어 있

1) 「청소년기본법」 제5조의2(청소년의 자치권확대)
① 청소년은 사회의 정당한 구성원으로서 본인과 관련된 의사결정에 참여할 권리를 가진다.
② 국가 및 지방자치단체는 청소년이 원활하게 관련 정보에 접근하고 그 의사를 밝힐 수 있도록 청소년 관련 정책의 자문 · 심의 등의 절차에 청소년을 참여시키거나 그 의견을 수렴하여야 한다.

다(서울시, 서울시여성가족재단, 2015).

이러한 청소년 참여는 청소년이 속한 모든 영역에서 그들의 권한과 책임을 갖는 것을 말하며, 현재의 사회적 환경에서는 청소년 지도자가 청소년 참여를 지원하고 있다. 청소년 참여는 청소년에게 권한을 부여하는 과정이자 목적이고 결과라 할 수 있다. 이러한 권한에는 반드시 책임이 뒤따르게 되어 있다. 권한과 책임의 과정을 반복하면서 건강한 성인으로 성장하는 것은 당연한 결과라 할 수 있다(김윤나 외, 2020).

둘째, 청소년 프로그램 실행과정은 청소년 지도자와 청소년이 프로그램 활동을 통해 순환하고, 상호작용하는 관계가 형성됨으로써 배움 공동체로서의 의미를 갖는다. 기존의 학교 수업에서처럼 가르치는 사람과 교육에 참여하는 청소년 간의 양극화 현상을 넘어서야 한다는 것이다. 전통적인 교육현장과 같이 가르치는 사람과 배우는 사람 간의 주종관계, 일방적 주입식 교육, 합리성과 객관성만을 중시하는 관습 등 이러한 학습활동에 관한 변화를 추구한다. 따라서 청소년 활동은 상호작용을 통해 청소년 지도자와 청소년, 그리고 청소년과 청소년 간에 하나의 긴밀한 공동체를 형성하는 데 의의가 있다(권두승, 2012).

오늘날 입시위주의 경쟁적인 학교 교육에서 벗어나 청소년 프로그램이 실행되는 장을 하나의 '공동체'로 형성할 수 있어야 한다. 청소년 프로그램 실행의 가장 큰 의미는 청소년 지도자는 비전을 제시하고, 활동을 조정하며, 지지와 격려를 통해 서로 돕는 공동체를 만들어 가는 데 있다.

셋째, 청소년 프로그램 실행은 단순히 지식 획득에 그치는 것이 아닌 전인적인

③ 국가 및 지방자치단체는 청소년과 관련된 정책 수립 절차에 청소년의 참여 또는 의견수렴을 보장하는 조치를 시행하여야 한다.

교육의 형태로서 의미를 갖는다. 전형적인 학교 교육에서는 인지 교육을 중심으로 분석적 지능의 향상을 위해 청소년을 가르치는 활동이 일반적이다. 하지만 이러한 활동에서 분석지능이 다소 낮거나 발달이 더딘 학생들은 학업에서 많은 어려움을 겪게 된다. 그러나 인간은 학교 교육과 같은 분석적 지능만으로 살아갈 수 없으며, 실제 삶 속에서 필요한 실존의 영역 또한 반드시 필요한 부분이다.

청소년 프로그램 실행과 관련해서는 청소년 프로그램이 지적인 영역과 관련된 지식 획득의 변화만을 의미하는 것이 아닌 실제 삶 속에서 필요한 실존의 영역에 대한 활동도 그 지도대상이 된다는 것을 유념해야 한다. 따라서 청소년 프로그램의 실행을 통해 청소년의 균형 있는 발달을 도모한다(마상욱, 2021).

넷째, 청소년 지도자는 프로그램 실행과정을 통해 다양한 활동의 장을 마련하는 데 의미를 둔다. 청소년 프로그램 실행은 참여 동기의 다양성, 참여 대상의 광범위성, 참여자의 능력 및 경험수준의 이질성 등으로 인하여 지도 시 단일 방법만으로는 목적을 달성할 수 없다. 따라서 청소년 프로그램은 다양한 방법을 활용하여 실행되었을 때 더 큰 효과를 거둘 수 있다.

청소년의 자기주도적 참여방식은 프로그램의 효과를 높이는 데 중요한 요인으로 작용한다. 또한, 청소년 스스로 프로그램에 참여하고, 주도적으로 프로그램을 이끌어 갈 때 일반적인 프로그램과 달리 더 많은 의미를 부여하며 활동에 참여한다. 그리고 프로그램 실행과정에 자신의 재능을 하나의 자원으로 사용할 수 있어야 한다. 청소년 프로그램의 실행은 각기 다른 청소년이 자신이 가진 다양한 재능을 사용할 수 있도록 하는 데 의의가 있다.

다섯째, 청소년 프로그램 실행과정은 그 자체로 삶의 성찰을 돕는 과정의 의미가 있다. 프로그램 실행 이후의 결과에 집중하기보다는, 실행과정 자체가 청소년의 삶에 의미를 찾는 활동일 수 있다. 청소년 프로그램의 계획과 실행과정 전반에 청소년이 주도적으로 참여하기도 하고, 청소년 지도자가 중심이 되어 제작한 계획에 따라 활동이 실행된다. 그러나 많은 활동의 장에서 계획부터 실행과정에 집중하기보다는 실행 이후의 형식적인 결과에 몰입하는 경우가 많다. 따라서 몇 명이 참여했는지, 행사 진행 과정이 부드럽게 이어졌는지, 그리고 참여 청소년이나 대상자들의 만족도에만 집중하기보다는, 실행과정 자체에서 오는 배움과 성찰을 통한 복합적인 내용을 이해할 필요가 있다.

청소년 지도자와 청소년 간의 상호작용으로 이루어지는 청소년 프로그램 실행은 근본적으로 전문가의 관여나 청소년이 무엇을 배우는 일로 분리될 수 없다. 그 자체로 복합적인 활동이고 서로 배우고 성찰해 나가는 과정이다.

이처럼 청소년 프로그램 실행은 청소년의 건강한 성장과 균형적인 발달을 돕는 필수적인 과정이다. 청소년 프로그램 실행은 기존 교육의 한계를 극복하고 다양한 활동을 통해 의미 있는 경험을 제공한다. 또한, 청소년이 주도적으로 참여하는 과정을 중요시하며, 궁극적으로 상호작용과 성찰을 통한 배움을 촉진한다.

2. 청소년 프로그램 운영

청소년 프로그램의 운영은 프로그램을 실행하는 과정을 포함하여, 프로그램이 원활하게 진행되도록 관리하는 모든 과정을 의미한다. 앞 절에서 제시한 바와 같이 청소년 프로그램 실행은 '청소년 프로그램 활동을 지원 · 촉진 · 안내하고, 나아가 그와 관련된 환경을 조성해 주는 전략'이다. 즉, 특정한 목표를 달성하기 위해 계획된 프로그램을 실제로 수행해 나가는 과정이라 할 수 있다. 이러한 프로그램의 실행과정을 포함한 프로그램 운영은, 그 프로그램이 성공적으로 진행되도록 지원하고 관리하는 전체 과정을 의미한다(김진화 외, 2012). 따라서 청소년 프로그램 운영은, 청소년들의 성장과 발달을 돕기 위해 목표를 설정하고 계획을 수립하여 실행 및 평가, 관리하는 체계적인 과정이다.

1) 프로그램 운영계획 수립

프로그램 운영에 관한 계획 수립 시 프로그램을 어떻게 운영할 것인지에 대해 구체적으로 검토하고 확인하는 과정이 필요하다. 참여 청소년의 특성에 따른 청소년 활동에 대한 계획을 수립하고, 사전 안전점검은 물론 본 단계에서부터 안전 전반에 대한 사항을 고려하여 계획을 세울 수 있어야 한다. 운영계획 시 확인해야 할 항목을 세부적으로 살펴보면 다음 〈표 9-1〉과 같다.

〈표 9-1〉 **청소년 프로그램 운영계획 수립 시 체크리스트**

구분	확인항목
프로그램	• 운영하고자 하는 활동의 목적이 명확한가? • 참여 청소년 특성과 목적을 고려하여 일정, 시간, 내용을 구성하였는가? • 프로그램 일정상에 충분한 안전교육과 휴식시간을 고려하였는가? – 참가자, 프로그램 특징, 비상대피로 등 활동 및 활동 장소의 특성에 따라 발생 가능한 안전사고에 대한 대처방안을 인지할 수 있도록 교육 계획 • 유사시를 대비한 상황별 대응방안이나 대체프로그램을 계획하였는가? • 편성한 프로그램의 위험요소는 무엇인지 확인하였는가? • 활동의 주최자와 주관자, 위탁자의 책임 범위는 명확한가? • 지도자의 인원수나 전문성은 활동의 내용에 적합한가?
지도자 /기자재	• 긴급 상황 시 응급처치가 가능한 지도자의 배치 계획을 수립하였는가? • 지도자가 활동 및 긴급 상황에서 해야 할 역할을 계획하였는가? – 사고 당사자 응급처치 및 참여 청소년 관리, 비상연락 체계 가동 및 사고대응, 유사시 역할 등의 철저한 사전 교육 계획 • 사업의 목적 달성과 안전을 고려하여 활동 장소를 선정하였는가? – 활동에 필요한 공간과 설비 확보 여부, 수용 규모, 활동 장소의 시설안전 및 위험요소, 허가·등록 여부, 유사시 역할·협조 사항, 안전보험 적용 여부 등
활동환경	• 현장답사 계획은 치밀하게 수립하였는가? – 활동 시의 상황을 정확하게 파악할 수 있는 시기나 시간대 편성 – 활동 전문가 또는 해당 장소에 대해 잘 알고 있는 지도자와 협력 • 보험 가입계획을 수립하였는가? (별도보험 가입 시 예산확보 여부 등) – 활동 전 안전교육 등을 통해 위험요소를 인지하고 대처할 수 있도록 계획

출처: 한국청소년활동진흥원(2023).

2) 준비단계에서의 운영

프로그램이 원활하게 실행되고 운영되기 위해 기획된 내용은 철저히 점검되고 확인되어야 한다. 준비단계에서는 프로그램 실행에 필요한 준비물을 점검표로 만들어 확인하고, 사전에 준비하여 진행 과정에 어려움이 없도록 대비해야 한다. 이러한 세밀한 준비가 실행의 정확성을 보장하고, 예측 가능한 결과를 도출하는 데 중요한 과정이 된다. 준비단계의 점검내용은 〈표 9-2〉와 같다.

〈표 9-2〉 **준비단계의 점검내용**

구성	점검 사항
장소의 적절성	• 정해진 날, 장소 사용 여부 • 장소의 크기, 밝기, 온도 등의 적절성 • 장소의 안내 및 표시 방법
기자재	• 책상, 의자 등 인원에 맞는 수량 • 컴퓨터, 마이크, 빔프로젝터, 앰프, 와이파이 연결 등
배치	• 책상, 의자, 칠판, 스크린, 컴퓨터, 마이크 등의 위치 • 참가자, 청소년 지도자, 강사 등의 배치
활동 자료	• 참가자 인원수에 맞는 활동 자료 • 참가자들을 위한 필기구, 간식 등
기록	• 기록 방법에 따른 기록 매체(컴퓨터, 핸드폰, 카메라, 활동지 등)
참석자 사전 안내	• 목적, 일시, 장소 안내 • 준비물 및 사전과제 등의 공지 • 강사, 지도자, 자원봉사자 등의 참석 여부
평가	• 평가에 대한 사전 안내 • 목적 달성을 위한 평가지표 등
기타	• 활동 중 특별한 도움이 필요한 참석자 여부 • 계획의 변경에 따른 대안 마련

출처: 권두승(2012).

3) 실시단계에서의 운영[2)]

실시단계는 프로그램을 현장에서 실행하는 단계로 앞서 제시한 바와 같이 프로그램 활동에서 가장 핵심적인 과정이다. 이 단계는 계획되고, 설계된 프로그램을 프로그램 계획서에 따라 실제 행동에 옮기는 단계이다. 프로그램의 목적을 달성하기 위한 실시단계의 주요 과업은 다음과 같다.

첫째, 프로그램 계획서를 반영한 체계적인 진행이다. 청소년 프로그램의 진행은 청소년 지도자, 프로그램 전문강사 등 해당 프로그램 지도전문가에 의해 계획된 프로그램 계획서를 바탕으로 실행되며, 구체적이고 계획적인 활동이다. 실제 프로그램의 실행은 도입, 전개, 종결의 단계로 체계적으로 진행되며 각 단계에서 의도한 목표가 달성될 수 있도록 필요한 조치를 마련해야 한다.

둘째, 명확한 역할분담에 따른 내용의 확인이다. 프로그램 실행의 장에서 주로 운영조직과 관련되는 역할분담은 청소년 지도자와 강사, 자원봉사자 등 각자의 역할에 대한 사전 확인 및 프로그램 기자재, 활동 자료 등 프로그램 시행 당일 확인해야 할 가장 중요한 일이다.

셋째, 응급 및 변화 상황에 대한 빠른 대응이다. 프로그램 실행과정에는 다양한 변수를 배제할 수 없다. 프로그램 실행과정에서는 예상치 못한 참여 청소년의 응급상황이나, 상황의 변화, 강사의 사정, 기상조건의 변화, 장소 변경 등과 같은 상황에 직면하기도 한다. 이러한 상황에 효과적으로 대처할 방안 등을 사전에 대비하여 프로그램을 원활하게 시행해야 한다는 것을 의미한다.

2) 청소년 프로그램의 운영 중 실시단계는 곧 실행과정이며, 이는 도입단계, 전개단계, 종결단계로 나누어 다음 절에서 자세히 설명하도록 한다.

4) 정리단계에서의 운영

정리단계는 프로그램 실행과정이 마무리된 후 활동과정 및 결과에 대해 정리하고, 보고하는 단계이다. 결과를 정리하고 평가하는 이 과정을 통해 차기 프로그램에 대한 환류가 이루어진다. 프로그램 실행이 끝나면 종료되었다고 생각하기 쉽지만, 프로그램 실행과정의 성과를 정리하는 것은, 차기 프로그램에 반영하기 위한 것이며, 프로그램을 평가하기 위한 기초자료가 된다. 정리단계에서 수행해야 할 과업을 살펴보면 다음과 같다(유진이 외, 2020).

첫째, 프로그램 실행과정의 내용을 되도록 상세히 기록하여 정리한다. 기록 내용은 프로그램 활동내용, 활동 중 청소년의 변화, 수행결과, 프로그램 평가 내용, 회의록, 척도지, 소감문 등이다. 이러한 기록은 참가자의 목표달성 정도를 평가하는 데에도 중요한 자료로 활용된다. 기록 방법으로는 글, 그림, 사진, 녹음, 동영상 등 다양한 방법이 활용된다.

둘째, 프로그램 진행 중 사용되었던 장소, 기자재 등을 정리하고, 강사비 지급 등 사업비 정산을 한다.

셋째, 프로그램의 목표를 기준으로 성과를 평가한다. 프로그램에 참여하였던 청소년 지도자, 강사, 운영 요원, 자원봉사자들도 자신의 역할에 대한 자체 평가와 더불어 프로그램 목표를 기준으로 자신의 위치에서 평가를 시행한다. 청소년 지도자는 평가결과를 바탕으로 프로그램 전체에 관한 결과를 분석한다. 이를 토대로 프로그램의 발전방안이 마련되고, 마지막으로 정산 및 프로그램 결과에 대해 보고한다. 정리단계에서의 주요 과업을 정리하면 〈표 9-3〉과 같다.

〈표 9-3〉 정리단계에서의 주요 과업

구분	중점 처리 사항
기록	• 기록 내용: 활동내용 정리, 참가자의 실태 파악, 보고서, 회의록, 소감문 • 기록의 방법: 문서, 슬라이드, 동영상, 사진 등
정리	• 활동 장소, 프로그램 실 기자재, 게시물 점검 · 정리 • 예산의 정산
평가	• 프로그램 성과 파악 • 평가 실시 및 분석 • 정산보고 및 사업결과 보고

5) 청소년 프로그램 운영 시 유의사항

청소년 프로그램의 목표를 달성하는 과정에서 특히 유의해야 할 것은 원래의 목적이 변질되지 않도록 하는 것이다. 프로그램의 목표달성에 앞서 그 과정 자체가 청소년에게는 목적이 될 수 있기 때문이다. 또한, 프로그램은 효율적이고 효과적인 서비스를 제공하기 위한 도구이지, 그 자체가 목적은 아니기 때문이다(박경일 외, 2019).

청소년의 건전한 육성을 목적으로 하는 청소년 프로그램이 그 목적을 다할 수 있도록 실행되기 위해서는 철저한 준비가 필요하다. 프로그램 운영 시 유의사항을 살펴보면 다음과 같다.

첫째, 참여 청소년의 인권이 존중되어야 한다. 프로그램이 청소년들에게 미치는 영향을 고려하고 윤리적 기준을 지켜야 한다. 어떠한 상황에서도 차별, 학대, 괴롭힘 등이 발생하지 않도록 주의하여야 한다. 또한, 참가자의 개인정보를 안전하게 보호하여야 하며, 청소년의 의견을 존중하고 반영할 수 있도록 노력하여야 한다.

둘째, 「청소년 보호법」 등 관련 법규 등을 철저히 준수하여야 한다. 청소년의 권리와 안전확보를 위한 법적 근거 등을 토대로 청소년이 유해 환경에 노출되지 않고 안전하고 효과적으로 프로그램이 운영될 수 있도록 관련 법규와 규정을 준수하여야 한다.

셋째, 위급 또는 돌발상황에 대한 대비책을 마련하여야 한다. 프로그램 운영 중 청소년들의 참가 상황이나 상태, 강사, 날씨, 기자재의 고장, 돌발사고 등 예기치 못한 상황에 의해 계획대로 실행되지 않을 수 있다. 상황에 따른 빠른 판단과 그에 따른 실행능력이 필요하다.

넷째, 참여 구성원의 업무분담 및 효율적인 협력체계를 마련하여야 한다. 공통의 목표를 달성하기 위해 청소년 지도자뿐만이 아닌, 참여 청소년 등 모든 구성원이 역할을 분담하고 협력을 효과적으로 할 수 있는 체계가 필요하다. 또한, 사전 준비를 철저히 하고, 최종적으로 점검하여 실행에 차질이 없도록 해야 한다.

다섯째, 프로그램 운영 전반에 관한 사항에 대해 모든 구성원의 이해가 바탕이 되어야 한다. 모든 구성원은 프로그램의 목적과 목표, 활동내용, 진행방법, 성과 및 평가 방법 등 운영 과정에 대해 사전에 숙지하고 프로그램에 참여할 수 있도록 해야 한다. 이를 통해 청소년들이 프로그램에 더욱 적극적으로 참여하고, 자신의 역량을 발휘할 기회를 찾아보는 프로그램으로 운영되어야 한다.

3. 프로그램 실행과정에 따른 지도전략 및 안전

프로그램의 실행과정은 청소년 지도자와 청소년이 직접 만나는 시간이다. 프로그램의 실행과정을 도입단계, 전개단계, 종결단계로 나누어 구체적으로 살펴보면 다음과 같다.

1) 도입단계에서의 실행

도입단계는 프로그램에 참여하는 청소년과 청소년 지도자, 강사, 자원봉사자 등 관련 구성원들 간에 긍정적인 관계 형성을 바탕으로 프로그램의 최종 목적에 대해 함께 이해하는 시간이다. 이 단계는 청소년의 자발적 활동을 촉진하여 프로그램의 중심 활동이 원활히 진행될 수 있도록 동기부여와 준비하는 과정을 거치게 된다. 이 단계에서 청소년들은 프로그램 목표를 인식하고, 프로그램이 끝날 때까지 적극적으로 참여하려는 의욕을 가지게 된다. 따라서 도입단계는 프로그램의 목적 달성을 위한 효과를 높이기 위해 매우 중요한 역할을 한다. 프로그램 실행과정에서 도입 부분은 프로그램에 대한 전반적인 이해를 통해 참가 의욕을 형성하는 시기로, 청소년들이 프로그램을 통해 무엇을 성취할 수 있으며, 무엇을 어떻게 해야 하고, 그 이유가 무엇인지를 명확하게 제시할 수 있어야 한다.

도입단계에서 청소년 지도자가 유념해야 할 사항은 다음과 같다(유진이 · 윤해순, 2020).

첫째, 프로그램 목적 및 활동내용 전반에 관한 체계적인 오리엔테이션을 준비해야 한다. 프로그램의 목적과 목표를 명확히 정의하고, 이를 청소년들에게 전달하여야 한다. 각 활동의 구체적인 내용을 설명하고, 프로그램의 성과를 어떻게 평가할 것인지에 대한 기준을 사전에 설정하고 안내해야 한다. 이러한 내용을 청소년들에게 공유하는 것은 청소년들이 목표를 달성하기 위해 어떤 노력을 해야 하는지 알 수 있도록 돕는 데 매우 중요한 역할을 한다.

둘째, 프로그램 구성원을 소개하고 자신의 역할을 파악하며, 친밀감을 조성할 수 있는 분위기를 형성해야 한다. 청소년 지도자, 강사, 자원봉사자 등 모든 구성원을 청소년들에게 소개하고, 각자의 역할을 명확히 한다. 청소년 지도자는 프로그램 초반에 적극적으로 자신을 표현하고, 청소년들과 친밀감을 형성하려는 노력이 필요하다. 눈높이를 청소년들에게 맞추고, 친근하게 다가가는 자세를 유지하도록 한다. 청소년들이 어색함을 극복하고 친밀감을 가질 수 있도록, 흥미로운 자기소개 프로그램을 마련하는 것도 도움이 된다.

셋째, 자기소개나 반응 등을 통해 청소년들을 파악하고, 참가자 수준에 맞게 프로그램을 설명하며 반응과 의견을 긍정적으로 수용해야 한다. 자기소개나 반응 등을 통해 청소년들의 성향, 관심사, 수준 등을 파악해야 한다. 이를 바탕으로 청소년들의 수준에 맞게 프로그램 전반적인 내용을 설명하고, 각 활동의 목적과 기대되는 결과를 안내한다. 이해도를 높이기 위해 시각 자료나 예시를 사용하는 것도 도움이 된다. 프로그램에 관한 청소년들의 반응과 의견을 긍정적으로 받아들이고, 이를 반영하도록 노력하여야 한다. 청소년들이 자신의 의견이 존중받는다고 느끼게 되면, 프로그램에 더 적극적으로 참여할 가능성이 커진다.

넷째, 청소년들에게 프로그램의 전체적인 목표뿐만 아니라 각각 활동목표의 의미를 알려 주어, 청소년들이 주도적으로 활동에 참여하고 내면화할 수 있도록 도와야 한다. 이를 통해 청소년들이 프로그램의 큰 그림을 이해하고, 자신이 참여하는 활동의 중요성을 깨닫도록 돕는 것이 중요하다. 또한, 각각의 활동에 대한 목표를 명확히 알면, 청소년들이 활동에 더욱 주도적으로 참여하고 내면화하는 데 도움이 된다.

프로그램 실행 중 도입단계에서 청소년들의 흥미를 유발하기 위한 지도전략을 살펴보면 〈표 9-4〉와 같다.

〈표 9-4〉 도입단계에서의 지도전략 및 과제

요인	목표	지도전략 및 과제
태도	• 지도자에 대한 적극적 태도 형성 • 과제 및 프로그램 상황에 대한 적극적 태도 형성	– 참가자와 공통의 가치 공유 – 프로그램 과정을 돕기 위한 협조적인 의향 밝힘 – 참가자의 언어, 관점, 태도 등 수준을 반영 – 과제제시 및 요구사항을 명확히 하고 합리적 이유 제시 – 과제와 관련된 부정적 상황을 제거 · 극소화 – 참여에 대해 성공적인 확신을 갖도록 함 – 첫 번째 경험을 가능하면 적극적으로 만듦
	• 프로그램에 대한 청소년의 적극적인 자아개념 개발	– 참여 활동에 대해 부정적 태도 · 신념을 지닌 자들을 가능하면 적극적으로 직면하게 함 – 참가자를 그 주제에 대해 열성적인 자와 연결 – 참가자를 격려 – 전체 과정에서 참가자의 개인적 통제력 촉진 – 프로그램 목표를 명확히 제시 – 평가 기준을 명확히 제시

요인	목표	지도전략 및 과제
	• 성공에 대한 기대 제공	– 성공적인 프로그램을 위한 소요시간 제시 – 결과에 대한 시범적 모델 제시
요구	• 지도과정이 참가자의 요구에 부응한다는 확신 • 지도과정을 참가자의 심리적 요구와 결합	– 참가자의 요구수준을 찾아낼 수 있는 사정 기법 사용 – 참가자의 규범적 요구를 찾아낼 수 있는 사정 기법 사용 – 참가자의 심리적 요구에 적합한 내용, 예제 제시 – 실패 · 두려움을 유발할 수 있는 프로그램 환경 제거
	• 참가자의 단계별 요구충족	– 안전 · 소속감 · 존경 · 자아실현 등을 이룰 수 있는 적절한 프로그램 기회 제공

출처: Wlodkowski(1995: 권두승(2012)에서 재인용).

(1) 도입단계에서의 라포형성

도입단계에서 라포(rapport)[3]는 프로그램을 원활하게 실행하여 목표를 달성하는 데 매우 중요한 역할을 한다. 긍정적인 라포형성은 청소년들이 어색하거나, 두렵지 않게 프로그램에 참여할 수 있도록 동기를 부여하고, 원활한 소통에 도움을 준다. 청소년과의 라포형성을 위한 구체적인 전략을 제시하면 다음과 같다.

첫째, 개방적인 분위기를 조성한다. 청소년들이 질문이나 의견을 자유롭게 말할 수 있는 개방적이고 안전한 분위기가 될 수 있도록 한다. 이러한 환경에서 청소년들은 편안하게 자신을 표현할 수 있을 것이다. 다만, 그들의 개인적인 정보나 이야기를 함부로 공유하지 않도록 주의할 필요가 있다.

둘째, 되도록 이름을 부르도록 한다. 청소년의 이름을 부르는 것은 그들이 프로그램공동체의 일원으로 인정받았다는 느낌을 주는 데 효과적이다. 하지

3) '라포'는 프랑스어 'rapport'에서 유래한 단어로, '관계' 또는 '연결'을 의미한다. 이는 특히 상담이나 심리치료, 교육 등에서 신뢰와 이해를 바탕으로 한 긍정적이고 협력적인 관계를 나타내는 데 사용된다. 영어(rapport) 발음으로 '래포'로 발음되기도 하나 그 어원이 프랑스어에서 유래되어 보통 '라포'로 사용한다.

만 특정 청소년의 이름을 자주 부르면, 청소년들이 편애한다고 느낄 수 있으니 주의해야 한다. 또한, 실수로 이름을 잘못 부르거나 헷갈리면 불편함이나 어색함을 줄 수 있으니 주의할 필요가 있다.

셋째, 공감과 지지를 아끼지 않는다. 청소년들이 겪는 어려움이나 감정을 공감하고 지지해 주는 태도를 보여 준다. '그럴 수 있겠구나', '네 마음이 이해돼' 같은 표현이 도움이 될 수 있다. 다만, 청소년들과의 관계에서 지나치게 감정적으로 연루되지 않도록 주의해야 한다. 객관적이고 이성적인 태도를 유지하면서도 따뜻한 지지를 제공하는 것이 중요하다.

넷째, 청소년 지도자의 개인 경험을 공유한다. 청소년 지도자 자신의 외부적 관심과 경험의 증거 등을 공유하게 되면 지도자의 역할에 대한 믿음과 신뢰를 더하게 된다. 지도자의 관심과 연구, 직업의 경험 등은 수업을 위한 실례를 도출하는 데 사용될 수도 있다. 다만, 과도하게 공유하지 않도록 주의하도록 한다.

(2) 도입단계에서의 안전관리

도입단계는 원활한 프로그램의 운영을 위해 참여 청소년의 특성(환자 파악 등)을 파악하고 활동 장소, 시설, 설비, 기자재 등에 대한 사전 안전점검을 하며, 지도자와 이용자를 대상으로 활동의 개요 및 안전교육을 하는 단계이다. 도입단계에서의 안전관리 항목을 세부적으로 살펴보면 다음 〈표 9-5〉와 같다.

〈표 9-5〉 청소년 프로그램 도입단계에서의 안전관리 리스트

구분	확인항목
참가자/프로그램/기자재	• 참여 청소년의 명단, 인원, 건강 상태 등의 주요 정보를 확보하였는가? • 참여 청소년의 보호자에게 활동내용과 관련된 정보가 전달되었는가? • 계획한 참여 청소년의 조건과 실제로 참여한 청소년의 차이는 없는가? • 프로그램별 장비, 안전용품 등 준비물이 적절하게 구비되어 있는가? • 프로그램별 위험요소에 따른 대처방법을 준비하였는가? • 프로그램 내용 및 구성이 양성 평등하도록 준비되었는가?
지도자	• 확보된 지도자의 인원수와 전문성은 프로그램 운영에 적합한가? • 응급처치가 가능한 지도자가 배치되었는가? • 모든 지도자에게 사전 안전교육을 하였는가? • 지도자는 활동 및 긴급 상황에서 각자의 역할을 명확히 파악하고 있는가? • 구급약품 및 장비의 보관장소를 참여 지도자가 숙지하고 있는가? • 비상연락체계를 수립하였는가?
활동환경	• 활동 기간에 일기예보, 특보, 유행성 질병 여부 등을 파악하였는가? • 활동장 주변의 의료기관, 소방서, 경찰서 등 비상연락처를 확보하였는가? • 현장답사(사전 안전점검)를 통하여 활동 장소의 적합, 안전성을 확인하였는가? • 활동현장에서 유사시 외부와 연락이 가능할 수 있는 통신상황은 원활한가?

출처: 한국청소년활동진흥원(2023).

2) 전개단계에서의 실행

전개단계는 프로그램의 계획에 따라 구체적인 활동을 진행해 나가는 과정으로 실행단계에서 중심에 해당하는 부분이다. 이 단계는 참가 청소년들이 프로그램 목표를 달성하기 위해 자기주도적으로 과제를 해결해 나가며, 실질적으로 가장 많은 활동을 하는 시기이기도 하다. 전개단계에서의 모든 활동은 기본적으로 계획에 따라 진행되어야 하지만, 애초의 목표나 계획이 불변하는 것은 아니다. 계획에 따른 프로그램을 진행하는 과정에서 다양한 상황에 따라 계획을 수정할 필요가 있을 수 있기 때문이다. 따라서, 계획된 프로그램에 대해 조정이 필요하다고 판단되면 충분히 검토한 후 그 상황에 적합한 프로그램으로 수정 후 진행하여야 한다(유진이, 2020).

프로그램 전개단계에서는 앞서 도입단계에서 공유한 목표를 실제로 명확하게 실행하고 구체적으로 달성해 가는 노력을 해야 한다. 이를 위해 청소년 지도자는 달성하고자 하는 프로그램 목표에 따라 전달하고자 하는 과제를 명확하게 하고, 단계적인 접근을 통해 낙오자 없이 프로그램을 이끌어 가야 한다.

전개단계에서 활용할 수 있는 지도전략에 대하여 구체적으로 살펴보면 다음과 같다.

첫째, 프로그램의 방향을 명확히 제시한다. 청소년들에게 도입단계에 이어 프로그램의 방향을 활동별로 구체적으로 제시할 필요가 있다. 프로그램을 시작할 때 간단히 개요를 설명하거나, 청소년들이 이해하기 쉽게 다양한 활동 자료를 배포하는 것도 좋다.

둘째, 단계적으로 접근한다. 활동을 단계적으로 설계하여 기초적인 내용부터 심화된 내용으로 진행한다. 청소년들이 점진적으로 이해하고 따라올 수 있도록 돕는다.

셋째, 참여와 유도를 통해 적극적으로 개입하도록 한다. 청소년들이 적극적으로 참여할 수 있도록 질문을 던지고, 토론을 유도해야 한다. 이러한 과정을 통해 청소년들이 자신의 생각을 표현하고 다른 사람들의 의견을 존중할 수 있는 기회를 마련한다. 또한, 활동에 청소년들이 적극적으로 참여할 수 있도록 역할을 분담하고, 각자의 역할에 대해 명확히 설명한다.

넷째, 균형 잡힌 피드백과 평가를 제공한다. 활동 중에 청소년들이 잘하고 있는

점과 개선할 점에 대해 즉각적인 피드백을 제공한다. 긍정적인 피드백과 함께 건설적인 비판도 함께 제공하는 것이 필요하다. 다만, 비판할 때는 구체적이고 부드럽게 전달해야 한다. 청소년들이 자신의 활동을 평가하고, 다른 참가자들의 활동을 평가하는 기회를 제공해야 한다. 이를 통해 자기 성찰과 타인의 시각을 이해할 수 있게 된다.

넷째, 보상을 통한 동기부여를 한다. 각 활동에 명확한 목표를 설정하고, 그 목표를 달성하기 위한 구체적인 방법을 제시하여야 한다. 목표달성을 위한 활동에 대해 보상체계를 도입하여 청소년들이 성과에 따라 보상을 받을 수 있도록 한다. 작은 칭찬부터 인센티브까지 청소년에게 강화물이 되는 다양한 보상을 활용할 수 있다.

다섯째, 다양성을 존중한다. 청소년들의 개인차를 존중하고, 각자의 속도와 능력에 맞게 활동을 조정할 수 있어야 한다. 이를 통해 모두가 자신감을 가지고 참여할 수 있도록 돕는 것이 중요하다. 또한, 청소년들의 다양한 문화적 배경을 고려하여 프로그램을 설계하고, 이를 존중하는 태도를 보이는 것이 필요하다.

여섯째, 협력과 팀워크를 활용한다. 협력과 팀워크를 증진하기 위해 그룹 활동을 도입한다. 청소년들이 서로 도와가며 문제를 해결하도록 하면 성취감을 통한 상승효과를 기대할 수 있다. 프로그램 초기 팀 빌딩 활동[4]을 통해 청소년들이 서로를 잘 알고 신뢰할 수 있는 기반을 마련하는 것이 필요하다.

---

4) 팀 빌딩 활동이란, 팀 구성원들이 협력과 신뢰를 쌓고, 효과적으로 함께 일할 수 있도록 돕는 활동을 말한다. 이러한 활동은 팀의 결속력과 상호 이해를 높여 팀워크를 강화하는 데 중요한 역할을 한다. 주요 목표는 팀 구성원들이 서로를 더 잘 알고, 효과적인 소통과 협력 기술을 개발하며, 팀의 목표를 공유하고 달성하기 위해 함께 노력하는 것이다.

프로그램 실행 중 전개단계에서 청소년들의 흥미를 유발하기 위한 지도전략을 살펴보면 〈표 9-6〉과 같다.

〈표 9-6〉 전개단계에서의 지도전략 및 과제

요인	목표	지도전략 및 과제
전개 부문 (자극)	• 참가자의 주의 유지	– 모든 참가자에 대한 적절한 반응 – 참여과정에 대해 책무성 주지
	• 참가자의 관심 형성	– 지도과정을 참가자의 관심 · 흥미와 연결 – 참여활동을 통한 이익을 명백히 제시
	• 참가자의 적극적 참여 확대	– 적극적 반응 및 참여 유도 – 연속적 경험을 위한 기획 · 조건 창출
심화 부문 (영향)	• 지도과정에서 참가자의 정서격려 및 통합	– 참여과정에서 선택적으로 인간적인 관점을 강조 – 물리적, 정서적 수준에서 직접적 인지경험을 하도록 지원 – 선별적으로 프로그램 내용 및 지도절차를 참가자의 관심과 일치시킴
	• 집단 내에서 최적의 정서적 풍토유지	– 집단 내 응집력 극대화를 위한 협동적 목표 사용

출처: Wlodkowski(1995: 권두승(2012)에서 재인용).

(1) 전개단계에서의 안전관리

전개단계는 청소년이 직접 활동해 나가는 과정으로 참여 청소년들이 안전하게 잘 참여할 수 있도록 안전 관련 유의사항을 재전달하고 숙지할 수 있도록 한다. 또한, 안전사고 발생 시 신속한 대처방안과 그에 따른 정확한 역할분담에 따른 연락체계를 숙지할 수 있도록 한다. 전개단계에서의 안전관리 항목을 세부적으로 살펴보면 다음 〈표 9-7〉과 같다.

〈표 9-7〉 청소년 프로그램 도입단계에서의 안전관리 리스트

구분	확인항목
참여 청소년	• 참여 청소년의 인원 및 건강 상태를 확인하였는가? • 참여 청소년의 복장은 활동에 적합한가? • 운영하는 프로그램에 적합한 사전 안전교육을 하였는가? • 활동내용에 적합한 준비운동을 실시하였는가? • 신체적 · 정신적 불편을 호소하는 청소년이 없는지 수시로 확인하였는가?
프로그램 /기자재	• 프로그램의 대상, 일정, 시간 등 변화된 상황이 있는가? • 프로그램에 사용하는 도구, 장비 등의 상태를 점검하였는가? • 활동 중 휴식, 수분보충, 개인위생을 위한 시간 배정을 고려하였는가?
지도자	• 배치된 지도자의 변화된 상황이 있는가? (교체, 건강 상태 등) • 모든 지도자는 배정받은 위치에서 본인의 임무를 수행하고 있는가? • 참여 청소년과 프로그램, 활동환경 등 특이사항 발생 보고 및 공유체계 관련한 대처가 원활히 이루어지고 있는가?
활동환경	• 활동 장소의 모든 위험한 요소는 제거되거나 위험표지가 이루어졌는가? • 활동 장소의 청결 및 위생 상태는 활동에 적합한 수준인가? • 의료기관, 소방서, 경찰서 등 비상연락처와 지도자 간 비상연락망에 이상이 없는가? • 출입문, 창문, 집기류 등의 상태와 위생 수준은 적합한가? • 날씨, 기온 등 주변 여건의 변화는 없는가?

출처: 한국청소년활동진흥원(2023).

3) 종결단계에서의 실행

종결단계는 앞서 실시한 도입과 전개단계에 따른 프로그램의 실행을 마무리하고, 진행된 프로그램의 내용을 총괄하고, 조직하고, 결론짓는 총결산의 단계이다(마상욱, 2021). 종결단계에서는 지금까지의 활동을 정리하고, 체계적이고 객관적인 평가를 통해 피드백이 이루어질 수 있도록 하여야 한다.

이 단계의 주요 목적은 참가 청소년들이 프로그램을 통해 얻은 결과 등을 통해 자기만족의 정서를 갖게 하는 데 있다. 또한, 다른 구성원과의 상호작용을 통해 얻은 경험을 공유하고 통합할 수 있는 기회를 제공하는 데 있다. 이는 참가자들이 서로의 배움을 나누고, 새로운 통찰을 얻는 데 도움이 된다. 이러한 과정은 프로그램 활동의 전체적인 이해를 돕고, 다른 주제로 옮겨 갈 것인지를 평가하는 근거로 작용할 것이다.

프로그램 실행을 통해 경험하고 학습한 내용은 청소년들에게 더 의미 있는 것일 때 더 효과적이다. 이는 곧 프로그램 내용이 실제적이고 현실적인 것으로 구성되어야 하며, 참가 청소년들이 내외적으로 만족할 수 있어야 한다는 것을 의미한다. 이를 위해서는 프로그램 전 과정에서 지속적인 피드백을 통해 개인의 행동 변화를 촉진하고 유지하는 것이 필요하다(권두승, 2012). 종결단계에서 청소년 지도자가 유의해야 할 지도전략 및 과제를 제시하면 다음 〈표 9-8〉과 같다.

〈표 9-8〉 종결단계에서의 지도전략 및 과제

요인	목표	지도전략 및 과제
종결 (자질 형성)	• 참가자의 확신, 자아 결정력, 내적 동기를 높일 방법에 대한 인식 제고	– 결과에 대한 숙지 · 진전 · 책임감 등에 관한 지속적인 피드백 제공 – 필요하면 건설적인 비판 수행 – 과제의 성공적인 달성에 참가자의 중요성과 책무성 인식 · 확인
종결 (강화)	• 참여 활동에 대한 보상 • 프로그램 참여를 통한 적극적인 변화를 인식하도록 도와줌 • 지속적인 동기 유지	– 초기의 부정적인 활동과 비교해 적극적으로 변화된 참여 격려를 위한 강화물 제시 – 참여결과를 일상에서 발휘할 수 있도록 외적 강화방법 고려 – 참가자의 참여결과에 대한 인식 명확히 – 의미 있고 적극적인 마무리를 위해 강화요인 제공 및 격려

출처: Wlodkowski(1995: 권두승(2012)에서 재인용).

(1) 종결단계에서의 안전관리

종결단계에서는 청소년 활동을 마무리하는 단계로, 정리운동을 실시하고 최종 활동내용을 정리하여 차기 활동을 안내하도록 한다. 종결단계에서의 안전관리 항목을 세부적으로 살펴보면 〈표 9-9〉와 같다.

〈표 9-9〉 청소년 프로그램 도입단계에서의 안전관리 리스트

구분	확인항목
프로그램/기자재	• 계획된 프로그램의 모든 과정이 이루어졌는가? • 도구, 장비가 모두 회수되었고, 상태를 점검하여 보관하였는가? • 필요시 도구, 장비를 보수하거나 파손품을 분리하였는가?
지도자	• 모든 지도자는 정신적 · 신체적으로 건강한 상태인가? • 프로그램 운영 시 위태로운 상황에 대한 의견교환을 하였는가?
활동환경	• 활동 장소는 청결하게 뒷정리를 하였는가? • 추후 활동 시 안전을 고려해야 하는 요소로 보이는 점이 있는가?
참여 청소년	• 활동내용에 적합한 정리운동을 실시하였는가? • 참여 청소년 모두 정신적 · 신체적으로 건강한 상태인가? • 프로그램 및 안전에 관련한 청소년의 의견을 청취하였는가? • 참여 청소년의 소지품 중 분실물이나 파손품은 없는가? • 활동 종료 후 귀가 또는 다음 일정으로 이동, 숙소 복귀 등 해산 후 안전교육을 하였는가?
후속 조치	• 청소년이 안전하게 귀가하여 집에 도착하도록 최대한 노력하였는가? • 특이사항 발생 시 보호자에 대한 정확한 정보전달을 하였는가? • 추후 프로그램 시 고려해야 할 사항을 종합적으로 정리하였는가?

출처: 한국청소년활동진흥원(2023).

4) 안전한 프로그램 실행을 위한 청소년 지도자의 역할

청소년 프로그램 실행에 있어서 가장 먼저 고려해야 할 부분은 안전이라 할 수 있다. 청소년 프로그램 진행 중 안전에 대해 청소년 지도자는 위험을 예견해야 하고, 위험을 피할 수 있어야 하며, 과실을 방지해야 하며, 피해를 최소화해야 한다. 청소년 프로그램 실행 중 청소년 지도자의 역할을 살펴보면 다음과 같다(청소년활동진흥원, 2023).

첫째, 위험을 사전에 예견하는 것이다. 그 당시 그 장소의 상황을 항상 냉정히 파악하고 위험이 발생할 가능성이 있는지 검토하며 프로그램 활동이 사고를 유발하는 방향으로 진행되지 않는지 지켜보아야 한다.

둘째, 위험이 감지되었을 때 회피하지 않는 것이다. 위험한 상황을 직감하였을 때 사고가 발생하지 않도록 모든 수단을 동원한다. 이때 올바른 상황 판단과 정확한 지시가 중요하다.

셋째, 참가자의 과실을 방지한다. 참가자들이 자기 과실을 하지 않도록 감독해야 한다. 참가 청소년의 나이, 능력, 판단력의 정도를 잘 파악하고 지켜보며 대상 특성에 적합하도록 모든 활동을 지도하도록 한다.

넷째, 시설과 장비를 안전하게 사용한다. 시설 및 장비의 사용 요령을 준수하여 안전하게 이용하게 하고, 위험하다고 직감되었을 때는 즉시 조치하도록 한다. 사용 후의 뒷정리도 철저히 해야 한다.

'안전'에 대하여 주지해야 할 점

- 안전은 주어진 여건에 대하여 단 한 번밖에 기회가 없다는 점, 즉 일회성이라는 사실이다.
- 안전은 모든 여건에 대처하는 태도가 자기통제의 능력을 갖추어야 효능을 발휘할 수 있다.
- 안전은 지식으로 이해할 수 있어야 하면서도 실천하여야 한다.
- 지역이나 환경에 따라 안전대책은 항시 다를 수밖에 없다.

출처: 여성가족부(2024).

Chapter

10

청소년 프로그램 평가

학습목표

- 청소년 프로그램 평가의 정의, 목적, 의의에 대해 알아본다.
- 프로그램 평가의 주요 모형에 대해 이해한다.
- 프로그램 평가의 분류에 대해 이해한다.
- 평가자의 역할에 대해 이해한다.

Chapter 10

청소년 프로그램 평가

1. 청소년 프로그램 평가의 정의와 목적 및 의의

1) 청소년 프로그램 평가의 정의와 목적

일반적으로 평가는 사물의 가치나 수준을 판단하여 그 결과를 결정하는 과정을 의미한다(우리말샘, 2024). 프로그램 평가(program evaluation)는 특정 프로그램을 통해 달성하고자 하는 목표와 효과성의 정도를 측정하는 과정이다. 구체적으로는, 프로그램이 의도한 목표를 얼마나 효과적으로 달성했는지와 프로그램의 과정과 결과를 분석하고 평가하는 것을 의미한다.

청소년 프로그램 평가의 경우, 청소년을 대상으로 한 프로그램이 설정한 목표를 얼마나 효과적으로 달성했는지, 그리고 프로그램 과정과 결과가 그 목적에 부합하는지 체계적으로 분석하는 과정이다. 즉, 청소년 프로그램 평가는 단순히 결과를 평가하는 데 그치지 않고, 프로그램을 통해 청소년이 어떤 변화를 겪었는지 파악하며, 예산과 자원이 효율적으로 사용되었는지 검토한다. 그리고 이를 바탕으로 다음 프로그램 설계 및 실행에 필요한 피드백을 제공하는 것이 청소년 프로그램 평가의 핵심 목적이다.

2) 청소년 프로그램 평가의 의의

청소년 프로그램 평가는 프로그램의 효율적 운영과 성과 관리에 핵심적인 역할을 한다. 청소년 프로그램 평가는 프로그램의 운영 효율성과 효과성을 평가하여, 지속적인 품질 개선을 위한 기초 데이터를 제공한다. 이러한 관점에서 볼 때, 청소년 프로그램 평가는 프로그램이 예상한 효과를 발휘했는지를 성과 측면에서 평가하는 중요한 과정이다. 성과 관리는 평가를 위한 다양한 측정 도구를 통해 이루어지며, 이는 프로그램의 강점과 약점을 명확하게 파악하여 다음 프로그램을 개선할 수 있는 기회를 제공한다.

프로그램의 성공적인 운영을 위해서는 자원관리가 중요한 요소로 작용하며, 평가 과정에서는 이를 효율적으로 분석하고 확인하는 것이 필수적이다. 프로그램 운영에 투입된 자원이 적절하게 사용되었는지, 그리고 자원 낭비 없이 효율적으로 관리되었는지를 평가함으로써 '자원 관리'의 성과를 확인할 수 있다. 또한, 프로그램 운영자는 청소년, 후원자, 관련 기관 등 다양한 이해관계자(stakeholder)들에게 프로그램 운영의 투명성을 입증하기 위해, 자원 사용 내역과 운영의 전반적인 과정을 명확하게 공개해야 한다.

따라서 청소년 프로그램 평가는 단기적인 성과를 넘어서, 청소년들이 프로그램 과정에서 경험하는 성장과 변화, 그리고 프로그램 이후 발생하는 장기적인 목표와 사회적 영향까지 포괄하는 거시적 관점에서 평가해야 한다. 이는 청소년의 전반적인 성장을 촉진하고, 프로그램이 사회에 미치는 긍정적인 변화를 효과적으로 측정하는 데 중요한 역할을 한다.

2. 청소년 프로그램 평가 모형

프로그램 평가의 과정은 매우 복잡하며, 평가자의 관점에 따라 평가 결과가 달라질 수 있다. 평가자는 채택하는 이론적 관점에 따라 프로그램의 성과나 효과가 다르게 해석되기 때문이다. 그리고 프로그램의 평가 모형은 평가의 목적에 따라 다르게 분류될 수 있다(마상욱, 2021).

평가자가 어떤 관점에서 프로그램을 바라보느냐에 따라 평가의 초점과 방법이 달라진다. 그렇기에 평가자는 각 평가 이론을 정확히 이해하고, 각 평가 모형의 고유한 장점과 한계를 명확히 인식하여 적절한 모형을 선택해야 한다. 구체적으로 청소년 프로그램 평가 모형을 설명하면 다음과 같다.

1) 논리모형[1)]

프라이와 헤머(Frye & Hemmer)의 논리모형은 다양한 교육 및 평가 주체들이 프로그램의 역동적인 시스템을 이해하고, 의도적인 성과뿐만 아니라 의도하지 않았던 결과들까지 평가할 수 있도록 도와준다(이석민, 2011).

논리모형은 프로그램 평가에서 중요한 도구로, 프로그램의 계획, 실행, 평가 각 단계를 시각적으로 구조화하여 각 요소들 간의 관계를 명확히 한다. 이를 통해 프로그램이 의도한 목표에 도달하는 과정을 체계적으로 이해할 수 있다.

논리모형은 투입(intput), 활동(activities), 산출(output), 성과(outcomes)의 주요 요소로 구성되어 있다. 구체적으로 논리모형의 주요 구성요소는 다음과 같다.

첫째, 투입은 사람(참여자와 운영 인력), 재정적 지원, 물리적 공간이나 장비, 시간, 그리고 필요한 정보와 데이터를 포함한다. 또한 투입은 프로그램이 목표한 결과를 달성하는 데 핵심적인 역할을 하며, 성공적인 프로그램을 위해서는 다양한 자원이 필요하다.

둘째, 활동은 프로그램 목표를 실현하기 위해 수행되는 구체적인 행동과 절차를 가리킨다. 효과적으로 설계된 활동은 프로그램의 성과를 극대화하는 데 중요한 역할을 하며, 활동이 제대로 이루어질 때 의도된 목표에 더 가까이 다가갈 수 있다.

셋째, 산출은 프로그램 활동을 통해 단기적으로 도출되는 구체적인 결과를 의미한다. 이는 프로그램 운영의 성과를 단기적으로 확인할 수 있는 지표로, 주로 수량화할 수 있는 결과물로 표현되며, 프로그램의 참여 인원, 진행된 수업 횟수 등이 산출에 해당한다. 이는 프로그램 평가하기 위한 자료

1) 논리모형은 앞서 3장에서도 다루었음.

로 활용된다.

넷째, 성과는 프로그램이 추구하는 장기적 목표와 그로 인한 변화, 즉 사회적 또는 행동적 변화를 의미한다. 단기적으로는 프로그램을 참여하는 청소년의 지식, 태도, 행동에서 나타나는 긍정적인 변화를 포함하며, 장기적으로는 사회적 또는 경제적 영향을 목표로 한다. 성과는 프로그램이 설정한 목표를 얼마나 달성했는지 평가하는 중요한 지표다.

프라이어와 헤머의 논리모형을 간단히 정리하면 〈표 10-1〉과 같다.

〈표 10-1〉 **프라이어와 헤머의 논리모형**

구분	내용	예시
투입 (input)	프로그램 목표 달성을 위한 자원 (사람, 재정, 장비, 시간 등)	청소년(참여자), 운영 인력, 재정적 지원, 물리적 공간 등
활동 (activities)	목표 실현을 위해 수행되는 구체적인 행동과 절차	교육 세션, 워크숍, 훈련 프로그램 등
산출 (output)	활동을 통해 즉각적으로 도출되는 구체적인 결과물	참여 인원, 수업 횟수, 설문조사 결과 등
성과 (outcomes)	장기적 목표 달성을 위한 변화나 결과	청소년의 지식, 태도, 행동 변화, 사회적 · 경제적 영향

2) CIPP 모형

스터플빔(Stufflebeam)의 CIPP 모형은 프로그램 평가를 위해 네 가지 주요 요소인 상황평가(context), 투입평가(input), 과정평가(process), 결과평가(product)로 구성되며, 각 요소는 프로그램의 개선과 성과달성을 위한 핵심 평가과정으로 자리 잡고 있다(황성철, 2019).

첫째, 상황평가는 프로그램이 시작되기 전에 수행되며, 프로그램의 목표와 방향을 설정하는 데 중요한 역할을 한다. 이를 통해 프로그램이 실제로 필요한지, 대상 집단의 요구를 충족시키는지 확인함으로써, 프로그램의 실행 가능성과 성공 가능성을 예측하는 데 기여한다.

둘째, 투입평가는 프로그램이 계획대로 실행되기 위한 자원과 전략의 적합성을 평가하는 과정이다. 이 평가는 프로그램의 최종 성과와 대상 집단에 미친 영향을 분석하고, 프로그램이 설정한 성과를 달성했는지를 평가하여 프로그램 종료 후 그 효과와 효율성을 측정한다.

셋째, 과정평가는 프로그램이 실제로 실행되는 동안 진행되며, 계획대로 프로그램이 효과적으로 이루어지고 있는지를 점검하는 과정이다. 이 평가의 핵심은 프로그램 중간에 발생할 수 있는 문제를 조기에 발견하고, 필요한 수정 및 개선 조치를 통해 프로그램이 원활히 진행될 수 있도록 돕는 것이다.

넷째, 결과평가는 프로그램이 설정한 목표를 달성했는지, 그리고 그 결과로 발생한 변화와 성과를 평가하는 과정이다. 이 평가는 프로그램의 최종 성과와 대상 집단에 미친 영향을 분석하고, 프로그램이 계획한 성과를 달성했는지를 확인하여 프로그램 종료 후 그 효과와 효율성을 측정한다.

이 네 가지 평가 요소는 각 프로그램의 기획, 실행, 관리, 평가의 모든 단계에서 중요한 역할을 하며, 프로그램의 개선과 발전을 위한 중요한 기초 자료를 제공한다.

스터플빔의 CIPP 평가모형을 간단히 정리하면 〈표 10-2〉와 같다.

〈표 10-2〉 스터플빔의 CIPP 평가모형

평가 유형	주요 목적	핵심 내용
상황평가	프로그램의 목표와 필요성 검토	대상 집단의 요구분석, 환경과 목표 설정
투입평가	필요한 자원과 전략의 적절성 검토	인력 · 예산 등 자원 분석, 실행 전략 검토
과정평가	프로그램 실행 점검 및 개선	계획대로 진행되는지 확인 및 문제 조정
결과평가	목표 달성 여부와 효과성 평가	성과 달성도와 대상 집단에 미친 영향 분석

3) 커크패트릭의 4단계 평가모형

커크패트릭(Kirkpatrick)의 4단계 평가모형은 교육, 훈련, 프로그램의 효과를 평가하기 위해 설계된 체계적이고 구조화된 접근법이다. 이 모형은 프로그램이 청소년에게 가져온 변화를 각 단계별로 평가하여, 주체가 설정한 목표와 기대에 얼마나 부합하는지 평가할 수 있는 틀을 제공한다(유진이 · 윤혜순, 2020). 첫 번째 단계인 반응평가(reaction evaluation)는 청소년이 프로그램에 대해 느끼는 만족도와 흥미를 측정하는 단계로, 프로그램이 긍정적인 반응을 얻고 있는지 파악한다. 두 번째 단계인 학습평가(learning evaluation)는 프로그램을 통해 청소년이 습득한 지식, 기술, 태도의 변화를 확인하는 단계로, 학습 목표 달성 여부를 평가한다. 세 번째 단계인 행동평가(behavior evaluation)는 프로그램에서 배운 내용을 청소년이 실제로 일상생활이나 사회적 상황에서 어떻게 적용하는지 평가하여, 프로그램이 실질적으로 일상에 미치는 영향을 분석한다. 마지막 네 번째 단계인 결과평가(result evaluation)는 프로그램이 주체 기관의 목표 달성에 얼마나 기여했는지를 평가하는 단계로, 프로그램의 구체적인 성과와 효과성을 종합적으로 분석하여 궁극적인 목표 달성 여부를 확인한다.

(1) 1단계 반응평가

반응평가는 프로그램에 참여한 청소년들이 프로그램에 대해 처음 느끼는 만족도와 즉각적인 반응을 분석하는 단계로, 청소년들의 기대와 요구에 프로그램이 얼마나 부합하는지 평가한다. 이 단계에서 청소년들이 프로그램 활동과 내용에서 느끼는 흥미와 유용성을 점검함으로써, 프로그램이 청소년들에게 얼마나 의미 있게 전달되었는지를 평가한다. 특히, 반응평가는 프로그램이 단순한 정보 전달을 넘어서 청소년들에게 적합하고 친숙한 형태로 구성되었는지 확인하며, 청소년들이 경험한 만족감이 후속 평가 단계에 미칠 영향을 예측할 수 있도록 돕는다. 일반적으로 반응평가는 설문지나 관찰법을 활용한다. 또한, 반응평가는 프로그램 운영의 초기 효과를 점검하는 데 유용하며, 청소년에게 긍정적인 경험을 제공할 수 있도록 개선점을 파악하는 자료로 사용된다. 예를 들어, 청소년들이 프로그램에 높은 관심과 참여를 보였다면, 이는 프로그램 설계가 청소년 특성에 적합했음을 나타내며, 반응평가를 통해 이러한 긍정적인 요소를 더욱 강화할 수 있다.

이 평가 단계에서는 청소년 프로그램이 초기부터 긍정적인 경험을 제공하고, 학습, 행동, 성과 단계로 이어지는 평가 과정의 중요한 기초 자료를 제공하는 역할을 한다.

(2) 2단계 학습평가

학습평가는 프로그램이 청소년에게 전달하고자 했던 지식, 기술, 태도의 변화를 효과적으로 달성했는지 점검하는 단계이다. 이 단계에서는 청소년들이 프로그램을 통해 새로운 내용을 얼마나 이해하고 내면화했는지를 파악하고, 기존 지식과 비교하여 얼마나 발전했는지를 평가한다. 학습평가는 프로그램의 교육적 목표가 실제로 청소년에게 반영되고 있는지 점검하는 과정으로, 계획된 학습 성과가 얼마나 충실히 이루어졌는지를 평가한다. 특히 학습평가는 청소년이 습득한 지식과 기술이 실생활에서 어떻게 활용될 가능성이 있는지를 파악하는 데 중요한 정보를 제공한다. 청소년이 교육 목표에 부합하는 이해와 능력을 갖추었는지를 분석함으로써, 프로그램이 청소년의 학습 수준에 적합한지, 아니면 보완이 필요한 부분이 있는지를 확인할 수 있다. 예를 들어, 청소년이 프로그램을 통해 새로운 기술을 습득하고 자신감 있게 이를 표현할 수 있다면, 이는 교육적 목표가 성공적으로 달성되었음을 시사한다.

이 평가 단계에서는 이후 행동평가 단계에서 프로그램이 실질적인 변화를 유도할 수 있는 기반을 마련하며, 프로그램의 전체적인 효과성을 평가하는 데 중요한 자료를 제공한다.

(3) 3단계 행동평가

행동평가는 프로그램에서 배운 지식과 기술이 청소년의 실제 생활과 행동에 어떻게 변화와 영향을 미쳤는지를 평가하는 단계이다. 이 단계는 청소년들이 학습한 내용을 실제 상황에 어떻게 적용했는지, 그리고 그 적용이 장기적인 행동 변화로 이어졌는지를 확인하는 과정이다. 프로그램이 종료된 후, 청소년들의 행동에 변화가 일어났는지, 그리고 그 변화가 지속 가능한지 점검하는 것이 핵심이다. 행동평가는 단순한 지식 습득을 넘어, 청소년들이 배운 내용을 일상생활에서 실천으로 옮겼는지를 평가함으로써 프로그램이 실질적인 변화를 이끌어 냈는지 확인할 수 있다. 예를 들어, 스트레스 관리 기법을 배운 청소년들이 이를 실제 스트레스 상황에서 효과적으로 적용하는 모습을 보였다면, 이는 프로그램이 청소년들의 행동에 변화를 주었다는 증거가 된다. 또한, 행동평가는 프로그램이 청소년의 행동 변화를 촉진할 수 있도록 설계되었는지, 변화가 지속될 수 있도록 필요한 지원이 적절히 제공되었는지를 확인하는 중요한 기준을 제시한다.

이 평가 단계에서는 프로그램이 단기적인 학습 성과를 넘어 실생활에서 긍정적인 변화를 일으켰는지를 구체적으로 파악하고, 프로그램의 전반적인 효과성과 지속 가능성을 평가하는 핵심 지표를 제공한다.

(4) 4단계 결과평가

결과평가는 프로그램이 설정한 목표를 얼마나 달성했는지, 그 목표가 프로그램에 참여한 청소년의 일상생활과 사회적 환경에 미친 실제적 변화를 평가하는 단계이다. 이 평가는 프로그램의 효과성을 측정하며, 특히 장기적인 사회적, 경제적, 문화적 성과를 분석하는 데 초점을 맞춘다. 예를 들어, 청소년 프로그램을 통해 지식 향상, 사회적 기술 개선, 또는 행동 변화가 지속적으로 나타나는지 평가한다.

이 평가 단계에서는 수치적 데이터나 성과 지표를 사용하여 프로그램이 목표를 얼마나 달성했는지를 분석하고, 향후 프로그램 개선을 위한 중요한 자료로 제공된다.

커크패트릭의 4단계 평가모형을 간단히 정리하면 〈표 10-3〉과 같다.

〈표 10-3〉 커크패트릭의 4단계 평가모형

단계	목표	내용
1단계 반응평가	프로그램에 대한 청소년의 만족도와 반응 측정	프로그램의 흥미와 유용성, 청소년의 초기 반응 평가
2단계 학습평가	프로그램을 통해 청소년이 습득한 지식, 기술, 태도의 변화 측정	교육적 목표 달성 여부, 지식과 기술의 이해 및 내면화
3단계 행동평가	학습한 내용이 실제 행동으로 어떻게 변화했는지 평가	배운 내용을 실생활에 적용, 지속적인 행동 변화 확인
4단계 결과평가	프로그램 목표 달성 여부와 프로그램이 미친 사회적 · 경제적 변화 평가	프로그램의 장기적인 성과, 사회적 · 경제적 성과 분석

3. 청소년 프로그램 평가의 분류

1) 평가주체에 따른 분류

평가주체(evaluators)는 프로그램의 평가를 수행하는 개인이나 조직을 의미하며, 평가주체에 따라 평가의 초점, 방법, 결과의 신뢰도와 질이 달라질 수 있다. 평가주체는 크게 내부평가(internal evaluation), 외부평가(external evaluation), 참여자 평가(participant evaluation)로 나눌 수 있다(진은설 외, 2022).

첫째, 내부평가는 프로그램을 기획하고 실행하는 조직 내의 구성원이 프로그램의 세부 사항에 대한 깊은 이해를 바탕으로 평가를 수행한다. 예를 들어,

청소년 프로그램을 운영하는 기관의 프로그램 담당자나 기획자가 내부 평가자에 해당하며, 이들은 프로그램 실행 과정 중 발생한 문제점이나 개선 사항을 신속하게 파악할 수 있다.

둘째, 외부평가는 외부 기관이나 전문가들이 수행하는 평가로, 프로그램에 대해 객관적이고 중립적인 시각을 제공한다. 외부 평가자는 프로그램의 질을 평가하며, 내부 평가자가 간과할 수 있는 문제를 지적할 수 있다. 예를 들어, 평가 전문 기관이나 학계 전문가들이 외부 평가자로 참여할 수 있다.

셋째, 참여자 평가는 프로그램의 주 대상인 청소년들이 평가에 참여하는 방식으로, 프로그램을 실제로 경험한 이들의 다양한 의견을 반영한다. 청소년들의 의견은 프로그램의 적합성, 흥미도, 효과성을 평가하는 데 중요한 역할을 한다. 일반적으로 설문조사나 인터뷰를 통해 수집된 데이터를 바탕으로 평가가 이루어진다.

2) 평가자료에 따른 분류

평가자료는 프로그램의 효과를 측정하기 위한 데이터와 정보를 의미하며, 이는 크게 양적평가(quantitative evaluation)와 질적평가(qualitative evaluation)로 나뉜다. 양적평가는 수치화된 데이터를 기반으로 하여 설문지, 테스트 결과 등을 포함한다. 이 자료는 객관적이고 명확한 기준을 제공하며, 프로그램의 성과를 수치로 평가하는 데 효과적이다. 반면, 질적평가는 수치로는 측정하기 어려운 참여자의 의견, 관찰 내용, 면담 결과 등을 포함하며, 프로그램의 질적 효과를 평가하는 데 중요한 역할을 한다. 질적 자료는 청소년들의 정서적 반응이나 변화된 태도 등을 파악하는 데 유용하다(진은설 외, 2022; 김윤나 외, 2018). 구체적으로 평가자료에 따른 분류를 설명하면 다음과 같다.

(1) 양적평가

양적평가는 수집된 데이터를 수치로 정리하고 이를 바탕으로 프로그램의 효과를 객관적으로 측정하는 데 활용된다. 이 방법은 프로그램의 결과를 명확하고 객관적으로 제시하는 데 강점을 가지며, 다양한 분석 기법을 활용해 프로그램의 성과를 다각도로 평가할 수 있다. 양적평가의 주요 특징은 다음과 같다.

첫째, 설문조사와 같은 구조화된 도구를 사용하여 데이터를 수집하는 것으로, 특히, 양적조사에서 설문조사는 대표적인 조사방법으로 사용되고 있다(노병일, 2023). 예를 들어, 프로그램에 참여한 청소년들에게 만족도를 1점에서 5점 척도로 측정하여 평가할 수 있다.

둘째, 기술통계를 사용해 프로그램의 전반적인 특성을 파악한다. 기술통계는 평균, 중앙값, 표준편차 등을 활용하여 응답 경향과 데이터를 요약하며, 데이터의 분포와 특성을 파악하는 데 유용하다.

셋째, 비교 분석을 통해 프로그램의 효과를 평가한다. 예를 들어, 참여 집단과 비참여 집단 간의 차이를 분석하기 위해 t-검정이나 분산분석(ANOVA)을 활용할 수 있다. 이를 통해 프로그램 참여가 결과에 긍정적인 영향을 미쳤는지 확인할 수 있다.

넷째, 상관분석과 회귀분석을 통해 프로그램의 특정 요소가 결과에 미친 영향을 평가한다. 상관분석은 두 변수 간의 관계 강도를 파악하고, 회귀분석은 특정 요인이 결과 변수에 미친 영향을 추정한다.

다섯째, 효율성 분석을 통해 프로그램 자원의 투입 대비 성과를 평가한다. 예를 들어, 프로그램에 투입된 예산이 성과에 비례하는지를 살펴볼 수 있다.

결국, 양적평가는 주관적 판단의 개입을 최소화하고, 프로그램의 성과를 정량적으로 비교하여 강점과 약점을 분석할 수 있다. 또한 다양한 프로그램 간의 효과성을 비교하거나, 정책 결정 및 자원 배분의 근거로 활용될 수 있다. 양적평가는 프로그램 성과를 체계적으로 분석하여 개선 방향을 제시하는 데 필수적인 도구로 작용한다.

(2) 질적평가

질적평가는 프로그램의 효과성과 성과를 깊이 있게 이해하기 위해 비수치적 데이터를 활용하여 주관적이고 맥락적인 정보를 분석하는 방법이다. 이 방법은 프로그램에 참여한 청소년의 경험과 관점을 바탕으로 프로그램의 의미와 가치를 도출하며, 참여자의 언어나 행동을 자연스러운 현장의 상황에서 관찰한다. 또한, 질적평가는 계량적인 자료보다는 질적 자료를 수집하여 이를 해석하는 데 중점을 둔다(진은설 외, 2022; 황성철, 2019).

첫째, 집단 심층 면접(FGI, Focus Group Interview)은 프로그램 개발 혹은 평가에 많이 사용되는 방법으로 특정한 주제에 대해 선정된 대상자가 지각한 인식에 대한 정보를 얻기 위해 시행되는 인터뷰 방법이다(차승봉 외, 2020). 이 방법은 응답자의 생각, 경험, 태도를 보다 깊이 이해하는 데 적합하며, 특히 양적 조사로는 다루기 어려운 심층적인 정보를 얻는 데 유용하다. 예를 들어, 청소년 리더십 프로그램의 평가에서는 전문가 그룹이 참여 청소년, 지도자, 학부모를 대상으로 심층 인터뷰를 진행하여 프로그램의 효과와 문제점을 도출할 수 있다.

둘째, 내용 분석을 통해 수집된 데이터를 체계적으로 분류하고 분석한다. 예를 들어, 프로그램에 참여한 청소년들의 답변을 주제별로 정리하여 반복적으로 나타나는 패턴이나 중요한 주제를 도출한다.

셋째, 사례연구를 통해 특정 청소년의 경험을 심층적으로 탐구하며, 프로그램이 개별적으로 미친 영향을 분석한다. 이를 통해 프로그램의 성공 사례나 개선이 필요한 부분을 명확히 파악할 수 있다.

넷째, 참여 관찰을 통해 프로그램 진행 상황을 직접 관찰하고 기록하는 것이다. 프로그램 활동에 참여하거나 현장에서 청소년들의 행동과 상호작용을 관찰하여 이를 평가에 반영한다.

다섯째, 현상학적 접근을 활용하여 청소년들의 주관적인 경험과 프로그램의 의미를 심층적으로 이해하는 방법이다. 이 방법은 청소년들이 프로그램을 어떻게 받아들이고 있는지를 집중적으로 분석한다.

이처럼 질적평가는 프로그램의 맥락과 참여자들의 경험을 심도 있게 분석할 수 있다는 장점이 있다. 이를 통해 수치화된 데이터로는 설명하기 어려운 프로그램의 숨겨진 문제점이나 강점을 발견하고, 프로그램 개선 방향을 구체적으로 제시할 수 있다. 또한, 질적평가는 청소년들의 삶에 미친 변화와 의미를 탐구하며, 양적평가의 결과를 보완하는 데 중요한 역할을 한다.

(3) 비교

양적평가와 질적평가는 여러 면에서 차이가 난다. 양적평가와 질적평가의 비교한 것을 간단히 정리하면 〈표 10-4〉와 같다.

〈표 10-4〉 **양적평가와 질적평가의 비교**

구분	양적평가	질적평가
평가목적	객관적이고 수치화된 결과를 통해 프로그램의 효과나 성과를 측정하고 비교	프로그램의 맥락, 과정, 청소년의 경험과 의미를 깊이 탐구
주요 특징	• 데이터가 수치로 표현됨 • 통계적 분석이 가능 • 결과가 일반화 가능	• 데이터가 텍스트, 이미지, 비디오 등으로 표현됨 • 해석 중심 • 특정 맥락과 상황에 초점
자료수집 방법	• 설문조사 • 사전-사후 테스트 • 체크리스트 • 표준화된 도구 사용	• 심층 인터뷰 • 참여 관찰 • 사례 연구 • 집단 심층 면접(FGI)
분석 방법	• 통계 분석(기술통계, 추론통계 등) • 경향성 분석 • 변수 간 관계 분석	• 주제 분석 • 코딩 및 범주화 • 사례 비교 • 패턴 및 의미 해석
장점	• 대규모 데이터를 효율적으로 처리 가능 • 결과가 명확하고 객관적 • 시간과 비용 절감 가능	• 복잡한 상황과 맥락을 심층적으로 이해 • 청소년의 경험을 풍부하게 반영 • 유연한 접근 방식 제공
한계	• 맥락과 개인적 경험을 간과할 수 있음 • 정형화된 질문으로 인해 제한적 정보 제공 • 결과의 해석이 제한적일 수 있음	• 주관적 해석 가능성 • 시간과 비용이 많이 소요 • 결과를 일반화하기 어려움
적용 사례	• 프로그램 참여 후 청소년의 자아존중감 점수 변화 • 참여 인원의 출석률 및 만족도 조사	• 프로그램 과정에서 나타난 청소년의 태도 변화 • 청소년의 프로그램 경험에 대한 심층적인 이야기
적합한 상황	• 프로그램의 효과를 숫자로 비교해야 할 때 • 다수의 청소년 데이터를 수집해야 할 때	• 프로그램의 과정과 맥락을 깊이 이해해야 할 때 • 청소년의 정서적 · 심리적 경험이 중요한 경우

〈표 10-4〉에서 알 수 있듯이, 양적평가 방법은 프로그램의 효과성을 수치화하여 객관적으로 확인하는 데 유용하며, 질적평가 방법은 프로그램의 과정과 맥락을 깊이 이해하고 참여자 관점을 반영하는 데 효과적이다. 서로 대조되는 측면이 많지만 서로 보완하기 위해 양적과 질적을 함께 사용하는 혼합방법(mixed method)으로 한 연구에서 두 가지 이상의 방법을 사용하는 것이다(노병일, 2023).

3) 프로그램 진행경과에 따른 분류

프로그램 진행경과 평가(progress evaluation)는 프로그램이 설계에 맞게 실행되고 있는지와 목표 달성을 위해 진행 중인 과정을 점검하는 평가 방식이다. 이 평가를 통해 프로그램 운영의 효율성을 진단하고, 개선이 필요한 사항을 찾아낼 수 있다(진은설 외, 2022). 주요 평가 요소는 다음과 같다.

첫째, 프로그램 계획의 실행 여부를 평가한다. 이는 초기 설계된 계획이 얼마나 잘 실행되고 있는지를 점검하는 과정으로, 일정 준수 여부, 목표 달성도, 예산 내 운영 여부 등을 포함한다. 또한, 프로그램이 예정된 기간 내에 단계적으로 실행되고 있는지와 계획된 활동들이 차질 없이 진행되고 있는지를 확인한다.

둘째, 청소년의 참여도는 프로그램 평가에서 중요한 요소로, 청소년들의 참여 수준과 적극성을 중점적으로 측정한다. 구체적으로는 참여율, 활동 참여 빈도, 참여자 간 상호작용 등을 평가하며, 이를 통해 프로그램이 청소년에게 얼마나 매력적이고 필요한지를 분석할 수 있다. 예를 들어, 활동에 실제로 참여한 인원의 비율, 활동에 대한 만족도 조사, 자발적으로 참여한 사례 등을 종합하여 평가한다.

셋째, 프로그램 실행 과정에서 발생하는 문제를 점검하는 것은 효율적인 운영을 위한 핵심적인 단계이다. 일정 지연, 청소년들의 불만, 인력 부족, 예산 초과와 같은 문제를 파악하고, 이를 해결하기 위한 구체적인 방안을 수립한다. 이러한 과정은 형성평가와 밀접하게 연결되어 있으며, 반복적인 문제를 예방하고 프로그램 운영 방식을 지속적으로 개선하는 데 중요한 기반을 제공한다.

넷째, 자원관리는 프로그램 운영에 사용된 자원의 효율성과 적절성을 평가하는 중요한 요소이다. 예산이 계획에 따라 집행되고 있는지, 필요한 시설과 장비가 효과적으로 활용되고 있는지, 인력 배치가 합리적으로 이루어졌는지를 점검한다. 이를 위해 예산 집행 보고서, 시설 활용도, 인력 배치 현황 등 구체적인 데이터를 분석하여 자원관리의 효율성을 평가한다.

다섯째, 프로그램 참여 청소년과 이해관계자로부터 피드백을 수집하여 실행 과정의 강점과 개선점을 확인한다. 이를 통해 운영자는 예상치 못한 문제를 발견하거나 현장의 요구사항을 명확히 파악할 수 있다.

이처럼 프로그램 진행경과 평가는 실질적 효과를 증진하고 지속적인 개선을 도모하는 데 필요한 핵심적인 자료를 제공한다.

4) 프로그램 성과에 따른 분류

프로그램 성과평가(program outcomes)는 프로그램이 설정한 목표 달성 여부를 점검하는 핵심 단계다. 성과는 프로그램의 성공과 지속 가능성을 평가하는 주요 지표로, 이를 통해 프로그램이 청소년들에게 미친 긍정적 영향을 파악할 수 있다(진은설 외, 2022).

성과평가는 단기적 효과와 장기적 영향을 모두 고려하여, 프로그램이 청소년의 성장과 발전에 얼마나 기여했는지를 구체적으로 확인한다. 이를 기반으로 프로그램의 개선과 확장을 위한 중요한 자료를 제공하며, 성과는 단기성과(short-term performance)와 장기성과(long-term performance)로 나뉘어 평가된다.

(1) 단기성과

단기성과는 프로그램 종료 직후 청소년들에게 나타난 즉각적인 변화와 효과를 평가하는 것이다. 예를 들어, 프로그램 참여 직후 청소년의 자신감 향상, 사회적 기술 발달, 또는 새로운 지식 습득 정도를 측정할 수 있다. 이와 함께, 프로그램이 청소년들의 태도 변화를 유도했거나 동기를 부여했는지를 분석한다. 단기성과 평가는 프로그램이 청소년에게 미친 즉각적인 영향을 확인하는 데 중요한 자료를 제공하며, 빠른 시점에서 프로그램의 초기 성과를 점검할 수 있게 한다.

(2) 장기성과

장기성과는 프로그램 종료 후 일정 시간이 지난 뒤 청소년들에게 나타나는 지속적인 변화와 영향을 평가하는 것이다. 예를 들어, 프로그램 종료 후 몇 개월 또는 몇 년이 지난 시점에서 청소년들의 학업 성취도, 직업 준비 상태, 사회적 관계 형성 등에서 나타나는 변화를 측정할 수 있다. 이러한 평가는 프로그램이 청소년들의 삶에 어떤 지속적이고 장기적인 영향을 미쳤는지 확인하는 데 중요한 지표가 된다. 이를 위해 후속 조치를 마련하여 청소년들의 변화를 추적하고 정기적으로 점검해야 한다. 특히, 프로그램 종료 후 청소년들의 피드백이나 실생활에서의 적용 사례를 분석함으로써 프로그램이 미친 장기적인 효과를 구체적으로 평가할 수 있다.

5) 프로그램 효과에 따른 분류

프로그램 효과평가(program impact)는 프로그램이 청소년들에게 미친 장기적인 영향을 분석하는 평가 과정이다. 이는 프로그램이 청소년들의 삶 전반에 걸쳐 긍정적인 변화를 가져왔는지 측정하며, 프로그램의 지속 가능성과 진정성을 평가하는 데 중요한 역할을 한다. 효과평가에서는 사전-사후 비교법, 대조군 설계 등을 활용하여 프로그램 참여 전후의 변화를 체계적으로 분석할 수 있다(진은설 외, 2022).

효과평가는 단순히 청소년들의 행동 변화뿐만 아니라 사회적, 정서적 발달을 포함하여 프로그램이 청소년들의 삶에 미친 긍정적 영향을 총체적으로 확인하는 데 기여한다. 이를 통해 프로그램의 장기적인 성과와 개선 필요성을 진단하고, 향후 프로그램 기획 및 운영에 필요한 방향성을 제시할 수 있는 근거를 제공한다.

(1) 행동변화

행동변화(change in behavior)는 청소년들이 프로그램 참여를 통해 얻은 경험을 실제 생활에서 어떻게 활용하는지를 평가하는 것이다. 예를 들어, 청소년들이 프로그램을 통해 배운 사회적 기술을 학교나 지역사회에서 적용하고, 이를 통해 긍정적인 대인 관계를 형성하거나 사회적 상황에 더 잘 적응하는 모습을 관찰할 수 있다. 이러한 행동변화는 프로그램이 청소년들의 일상생활에 미친 영향을 구체적으로 분석하는 데 중요한 자료가 되며, 프로그램의 실질적 효과를 입증하는 핵심 지표로 활용된다.

(2) 사회적 및 정서적 변화

프로그램의 사회적 및 정서적 변화(social and emotional changes)는 청소년들이 프로그램에 참여한 후 자아존중감, 대인 관계, 스트레스 관리 능력 등 정서적인 측면에서 겪은 변화를 평가하는 것이다. 예를 들어, 프로그램 참여가 청소년들의 자아존중감에 긍정적인 영향을 미쳤는지, 대인 관계에서의 상호작용이나 사회적 기술을 향상시켰는지를 분석할 수 있다. 또한, 프로그램이 청소년들의 스트레스 관리와 감정 조절 능력에 미친 영향을 평가함으로써, 정서적인 안정성과 사회적 상호작용 능력 증진에 기여한 정도를 파악할 수 있다. 이러한 사회적 및 정서적 변화는 프로그램이 청소년들의 전반적인 정서적 복지와 사회적 응집력 향상에 기여한 정도를 평가하는 데 필수적이다.

4. 청소년 프로그램 평가자의 역할

청소년 프로그램 평가자의 역할(roles of evaluators)은 청소년들의 참여와 반응을 객관적이고 신뢰성 있는 방식으로 평가하며, 프로그램의 효과와 성과를 정확히 측정한다. 이를 통해 프로그램의 강점과 약점을 파악하고, 청소년들에게 미친 영향을 명확하게 평가할 수 있다. 또한 프로그램 평가자는 평가의 상황과 여건에 따라 각기 다른 역할을 수행한다(홍성미, 2018).

1) 평가자의 업무

청소년 프로그램 평가자의 역할은 프로그램이 목표를 달성하고 효과적으로 운영되도록 평가의 전 과정을 체계적으로 관리하는 데 있다. 이 과정은 프로그램의 목표와 내용을 명확히 이해하는 것에서부터 시작하여 데이터 수집, 분석, 중간 점검, 최종 평가에 이르기까지 단계적으로 진행된다.

첫째, 프로그램 목표 및 내용 이해로 평가자는 프로그램의 핵심 목표와 주요 내용을 정확히 이해해야 한다. 이는 프로그램이 해결하려는 문제와 기대하는 결과를 명확히 파악하는 과정으로, 평가 기준 설정과 목표 달성을 위한 방향성을 제시한다.

둘째, 데이터 수집 및 분석으로 프로그램의 효과와 성과를 평가하기 위해 다양한 데이터를 수집하고 분석한다. 여기에는 설문조사, 인터뷰, 관찰 등 청소년들의 참여와 변화를 측정할 수 있는 방법이 포함된다. 수집된 데이터는 프로그램의 성과와 문제점을 진단하는 데 사용된다.

셋째, 평가 설계 및 방법론 결정으로 평가자는 프로그램의 목표와 특성에 적합한 평가 설계를 수립해야 한다. 이 과정에서는 평가 방법론을 결정하며, 질적 및 양적 평가 도구를 조합하여 보다 신뢰성 있는 결과를 도출할 수 있는 평가 계획을 세운다.

넷째, 중간 점검 및 과정 모니터링으로 프로그램 진행 중간에 평가자는 모니터링을 통해 실행 과정에서의 문제를 파악하고, 필요시 개선 방향을 제시한다. 이 과정에서 피드백은 운영자와 참여자 모두에게 제공되며, 프로그램이 올바른 방향으로 진행되도록 돕는다.

다섯째, 최종 평가 및 결과 도출로 프로그램이 종료된 후에는 성과와 효과를 종합적으로 평가한다. 평가자는 수집된 데이터를 분석하여 프로그램이 목표를 달성했는지, 청소년들에게 긍정적인 영향을 미쳤는지 판단한다.

여섯째, 피드백 제공 및 개선 제안으로 평가 결과를 바탕으로 프로그램의 강점과 약점을 제시하고, 향후 개선점을 제안한다. 이를 통해 청소년 프로그램이 보다 효과적으로 운영되고, 지속 가능한 성과를 달성할 수 있도록 지원한다.

평가자는 이러한 각 단계를 체계적이고 전문적으로 수행하며, 결과적으로 프로그램이 청소년들에게 긍정적인 변화를 가져오는 데 실질적인 기여를 하도록 돕는다.

2) 평가자의 역량과 역할

(1) 평가자의 역량

청소년 프로그램 평가자는 평가의 전문성과 객관성을 확보하기 위해 다양한 역량을 갖추어야 한다. 평가자의 역량은 프로그램 평가를 효과적으로 수행하기 위한 중요한 기준이 된다(변지나 외, 2020). 이를 바탕으로 평가자가 갖추어야 할 필수 역량을 스테반(Stevahn)의 평가자 역량 분류법에 따라 구체화할 수 있다.

첫째, 전문 실무(professional practice) 역량으로, 평가자는 프로그램 평가에 필요한 표준과 윤리적 행동을 준수해야 한다. 평가자는 평가 수행 과정에서 윤리적인 행동을 실천하며, 평가 의뢰자 및 참여자에 대한 존중을 바탕으로 평가를 진행해야 한다. 이는 프로그램에 대한 객관적인 평가를 위해 개인적인 의견이나 감정을 배제하고, 신뢰할 수 있는 데이터를 바탕으로 평가하는 데 필수적이다. 평가자는 또한 평가 가이드라인을 엄격히 적용하여 평가의 신뢰성을 보장하고, 일반적이고 공적인 복지 고려를 염두에 두며 평가를 수행해야 한다.

둘째, 체계적 조사(systemic inquiry) 역량에서 평가자는 양적 및 질적 연구 방법론에 대한 깊은 지식을 바탕으로, 평가 질문 설계 및 데이터 수집 능력을 발휘해야 한다. 평가자는 프로그램 이론을 구체화하고 이를 바탕으로 적합한 평가 디자인을 구축해야 한다. 이를 통해 프로그램이 설정한 목표를 얼마나 달성했는지, 과정에서 발생한 문제를 어떻게 해결했는지를 정확하게 파악할 수 있다. 또한 데이터 분석과 결과 해석을 통해 프로그램의 성과를 평가하고, 그 결과를 명확히 전달해야 한다.

셋째, 상황 분석(context analysis) 역량은 평가자가 프로그램을 평가할 때 이해

관계자의 관심사를 정확히 파악하고, 평가 대상자 및 평가 의뢰자의 특성을 존중하는 데 중요한 역할을 한다. 평가자는 평가의 정치적 고려사항 분석을 통해 중립적인 입장을 유지하고, 평가가 특정 쪽에 치우치지 않도록 해야 한다. 또한 평가활용 문제에 참여하여 평가 결과가 실제로 프로그램 개선에 기여할 수 있도록 한다.

넷째, 평가 프로젝트 관리(evaluation project management) 역량에서 평가자는 평가 예산 수립과 정보와 자원 식별 능력을 통해 평가를 효율적으로 수행해야 한다. 평가 의뢰자와의 협상 및 평가 팀원 관리를 통해 평가 진행 상황을 체계적으로 관리하고, 평가 절차와 결과를 적시에 보고해야 한다.

다섯째, 자기 성찰(reflective practice) 역량을 통해 평가자는 자기 인식을 바탕으로 개인의 역량과 성장 가능성을 성찰하고, 지속적인 전문성 개발을 추구해야 한다. 평가자는 자신의 평가 실무를 향상시키기 위해 관련 섹터 영역에서의 전문성 개발을 추구하며, 이를 통해 청소년 프로그램 평가의 전문성을 강화해야 한다.

이러한 역량을 바탕으로 평가자는 프로그램의 강점과 약점을 체계적으로 분석하고, 개선 방향을 명확하게 제시할 수 있다. 이를 통해 프로그램의 효과성을 극대화하고, 청소년들의 발달과 성장에 실질적인 기여할 수 있는 근거 자료를 제공하게 된다.

(2) 평가자의 역할

청소년 프로그램 평가자는 프로그램이 효과적으로 운영되고 있는지, 목표를 달성했는지를 평가하는 데 중요한 역할을 한다. 평가자는 프로그램의 전반적인 질을 판단하고, 개선점을 찾으며, 궁극적으로 프로그램의 성공적인 실행을 지원한다(진은설 외, 2022; 김윤나 외, 2018). 구체적으로, 청소년 프로그램 평가자의 역할은 다음과 같다.

첫째, 프로그램 목표 및 평가 기준 설정(setting program goals and criteria)이다. 평가자는 프로그램의 목표를 명확히 설정하고, 이에 맞는 평가 기준을 수립한다. 이는 프로그램의 성공을 평가할 수 있는 체계적인 기준을 마련하는 데 필수적이다. 목표와 기준 설정은 프로그램의 효과성을 정확하게 측정하고, 평가가 일관되게 이루어지도록 한다.

둘째, 평가 계획 수립(establishment of evaluation plan)이다. 평가자는 평가를 위한 구체적인 계획을 수립하고, 이를 통해 평가 과정에서 사용할 자료와 방법을 결정한다. 이 단계에서 평가자는 프로그램 목표에 맞는 적절한 평가 방법을 선택하고, 평가 시점, 대상, 측정 도구 등을 명확히 설정한다. 이를 통해 평가가 목적에 맞게 효율적으로 이루어질 수 있다.

셋째, 자료 수집 및 분석(data collection and analysis)이다. 평가자는 프로그램과 관련된 다양한 데이터를 수집하고 이를 분석하여 평가 결과를 도출한다. 자료 수집은 프로그램의 참여도, 효과성, 성과 등을 평가하는 데 사용되며, 질적 자료와 양적 자료를 종합적으로 분석하여 프로그램의 강점과 개선점을 파악한다.

넷째, 중간 점검 및 피드백 제공(provision of interim checks and feedback)이다. 프로그램 진행 중 평가자는 중간 점검을 통해 프로그램이 목표에 맞게 진행되고 있는지 확인하고, 필요시 피드백을 제공하여 문제를 해결할 수 있는 방법을 제시한다. 중간 점검을 통해 프로그램의 문제점을 빠르게 파악하고 개선책을 마련하는 것이 중요하다.

다섯째, 결과 분석 및 보고(analysis and reporting of results)이다. 프로그램 종료 후 평가자는 성과를 분석하고 평가 보고서를 작성한다. 보고서는 프로그램의 효과성과 결과를 평가하고, 향후 개선을 위한 제안을 포함한다. 평가자는 데이터 기반으로 프로그램의 성공 여부를 판단하고, 프로그램 개선 방향을 제시하는 실질적인 정보를 제공해야 한다.

여섯째, 이해관계자와의 소통(communication with stakeholders)이다. 평가자는 프로그램 운영자, 참여자, 관련 기관 등 다양한 이해관계자들과 소통하며, 평가 과정에서 필요한 정보를 제공받고 결과를 공유한다. 이 과정에서 평가자는 프로그램의 성과와 개선점을 명확히 전달해야 한다.

일곱째, 윤리적 책임(ethical responsibility)이다. 평가자는 평가 과정에서 윤리적인 기준을 준수해야 한다. 개인적인 편견이나 외부의 영향을 배제하고, 객관적이고 신뢰할 수 있는 평가 결과를 도출한다. 또한, 프로그램 참여자들의 개인정보 보호와 평가 결과의 공정성을 보장해야 한다.

따라서 청소년 프로그램 평가자는 단순한 데이터를 수집하고 분석하는 역할을 넘어, 프로그램의 성공과 개선을 위한 핵심적인 역할을 수행한다. 평가자는 프로그램의 목표 달성을 돕고, 청소년 프로그램이 보다 효과적으로 운영될 수 있도록 하는 중요한 역할을 담당한다.

Chapter 11

청소년 프로그램 개발의 사례 1

학습목표

- 청소년 프로그램 개발의 주요 사례를 분석하여 그 특성과 효과를 이해한다.
- 청소년 프로그램 개발 과정에서 적용된 이론과 원리를 평가하여 이론적 기초를 강화한다.
- 다양한 청소년 프로그램 사례를 비교하고, 성공 요인 및 한계를 파악하여 향후 개발에 반영할 수 있는 통찰을 제공한다.

Chapter

11 청소년 프로그램 개발의 사례 1

1. 청소년 학습증진을 위한 자기효능감 향상 프로그램[1)]

프로그램은 학습 부진 청소년을 대상으로 글래서(Glasser)의 현실치료를 적용한 집단상담 프로그램의 개발과 그 효과를 연구한 것이다. 프로그램의 목표는 청소년들이 자신을 있는 그대로 받아들이는 자기수용 능력을 키우고, 이를 통해 학습 동기를 향상시키는 것이다. 자기수용은 학습 동기와 밀접한 관련이 있는데, 이는 특히 학교 환경에서의 실패를 받아들이고, 이를 극복하려는 동기를 부여하는 중요한 요소이다. 그러나 학습 부진 청소년들은 낮은 자기효능감으로 인해 학습 동기

1) 자기효능 증진을 위한 현실요법 프로그램 개발 및 효과성 연구(박미영, 2016) 논문에서 발췌하여 정리함.

가 부족하고, 이는 학업 성취에 부정적인 영향을 미친다.

글래서의 현실치료는 개인이 자신의 행동에 대한 책임이 자신에게 있음을 인식하게 하여, 학생들이 학업 성취의 원인을 외부가 아닌 자신에게서 찾도록 돕는다. 이를 통해 학생들은 실패를 성공 경험으로 전환할 수 있으며, 더 큰 학습 동기와 책임감을 가지게 된다.

프로그램은 청소년들이 자기 이해와 자기수용을 바탕으로 자기효능감을 회복하고, 학습과 진로 선택에 필요한 내적 동기를 강화하는 데 초점을 맞추고 있다. 결과적으로, 프로그램은 청소년들이 학업 성취와 진로 선택에서 긍정적인 변화를 경험하도록 지원하는 것을 목표로 한다.

1) '청소년 학습증진을 위한 자기효능감 향상' 사례

활동명	나를 위해 선택했어!	운영기간	2016.11.07. ~ 2016.12.23.
활동횟수	10회(20시간 이상)	활동대상	청소년
참여인원	10명	활동장소	**중학교
프로그램 배경 및 동기	• 프로그램은 대학원 상담심리학과 학습상담을 위한 프로그램 「너희를 위해 준비했어」 팀에서 개발한 현실치료 집단 프로그램으로, 청소년을 대상으로 한다. 주요 목표는 청소년들의 자기수용, 자기효능감, 진로 정체감, 성취동기 그리고 감정표현 능력을 향상시키는 것이다. • 프로그램은 학습에 대한 관심은 있지만 방법을 몰라 어려움을 겪고 있거나 이제 막 학습에 대한 관심을 갖기 시작한 청소년들을 대상으로 설계되었다. 참가자들은 자발적으로 참여한 학생들과 교사의 추천을 받은 학생들로 구성되었으며, 다양한 배경과 학습 수준을 가진 청소년들이 함께 프로그램에 참여하게 되었다.		
프로그램 목적	• 프로그램의 목적은 자기효능감이 낮아 학습에 어려움을 겪고 있는 청소년들이 자신을 긍정적으로 수용하고 자신의 잠재력과 강점을 강화함으로써 학습 동기를 높		

	여, 청소년들이 학습에 대한 자신감을 회복하고 적극적으로 학습에 임할 수 있도록 돕는 것이다.
프로그램 목표	• 자기효능감 향상: 청소년들이 자신이 학습에서 성공할 수 있다는 믿음을 키우고 학습 과정에서 마주하는 도전과 장애물을 스스로 극복할 수 있도록 지원한다. • 자신의 욕구와 성취 경험 탐색: 현실치료 WDEP(욕구, 행동, 평가, 계획) 모델을 적용하여, 청소년들이 자신의 강점과 자원을 발견하고, 이를 통해 자신을 긍정적으로 수용하며, 자기개발에 대한 동기를 부여받을 수 있도록 돕는다. • 학습 동기 강화: 청소년들이 학습에 대한 긍정적인 태도와 동기를 강화하여, 학습에 적극적으로 참여하고 성취감을 느낄 수 있는 환경을 제공한다.
프로그램 구성 및 활동내용	▷ 프로그램은 총 10회기로 구성되며, 각 회기마다 목표 제시, 강의, 활동, 경험 나누기의 형태로 진행된다. 주요 활동으로는 교수법, 역할연습, 체험학습, 집단토론, 영화를 활용한 감정 표현하기, 피드백 등이 있으며, 청소년들이 실생활에 적용할 수 있는 기술과 전략을 학습할 수 있도록 설계되어 있다. • **자기탐색 및 이해:** 첫 회기에서는 청소년들이 자신의 욕구와 현재 상황을 탐색하고, 이를 바탕으로 자기이해를 돕는 활동을 진행한다. 이를 통해 자신의 내적 동기와 필요를 명확히 인식하게 된다. • **자기수용 훈련:** 청소년들이 자신의 강점과 자원을 인식하고, 이를 바탕으로 긍정적인 자아개념을 형성할 수 있도록 돕는 훈련을 진행한다. 이 과정은 자기수용을 강화하고, 자기효능감을 증진하는 데 중점을 둔다. • **목표 설정 및 성취경험:** 청소년들이 학습 및 진로 목표를 설정하고, 이를 달성하기 위한 구체적인 계획을 수립하는 활동을 진행한다. 목표를 달성하면서 성취감을 경험하고, 이를 통해 자기효능감을 높일 수 있도록 한다. • **WDEP[2] 모델 적용:** 현실치료의 WDEP 모델을 활용하여 청소년들이 자신의 행동을 평가하고, 이를 개선할 수 있는 구체적인 계획을 수립하는 연습을 진행한다.

2) WDEP 체계는 행동 변화를 위한 상담 과정으로 W(Wants)는 욕구, 바람, 지각 탐색하기(자신에게 어떤 일이 일어나게 되기를 바라는지를 명확하게 생각해 보게 하는 것)/D(Doing and Direction)는 행동과 방향 탐색하기(어디로 가고 있는가를 탐색하도록 도와주는 절차)/E(self-evaluation)는 자기평가(개인의 행동과 욕구와의 관계를 점검)/P(Planning)는 계획(성공할 가능성이 높은 실제적인 단기적 목표를 세우는 것)이다.

2) 학습 증진 프로그램 _ 상세 내용

(1) 회기별 활동 개요서

단계	회기	프로그램	활동목표	활동내용	활동장소	활동 시간	활동 인원
환경 조성	1	오리엔테이션 반갑다 친구야~	• 프로그램의 취지와 내용을 이해하고 참여 동기를 높일 수 있다.	• 프로그램 내용 목적 설명하기 • 친밀감 게임 • 서약서 • 별칭짓기	**중학교 집단 상담실	60‘	10명
욕구 탐색	2	욕구 중에 욕구	• 인간의 기본욕구의 탐색 과정을 통해서 ‘자기욕구’와의 관계를 이해할 수 있다.	• 인간의 5가지 욕구 이해하기 • 나의 욕구 이해하기(욕구 파일 검사: 청소년용) • 욕구 중에 욕구 탐색하기	**중학교 집단 상담실	60‘	10명
행동 탐색	3	나를 위한 선물	• 시간 조망을 통해 자기 이해를 도모하고, 꿈을 이루기 위해 현재 무엇을 어떻게 하고 있는지 탐색할 수 있다. • 자신의 감정을 이해하고 이를 표현할 수 있다.	• 역할극으로 표현하기 • 집단원들이 돌아가면서 각자 역량에 맞게 대본을 즉석에서 써서 발표하기 • 집단원 간 피드백 나누기	**중학교 집단 상담실	120‘	9명
	4						9명
행동 평가	5	나는야 성취의 달인	• 성취 경험을 통해 자신에 대한 평가를 재조명한다.	• 현재까지 경험했던 성취 경험을 공유하고 피드백(활동지)	**중학교 집단 상담실	60‘	10명
계획	6	내 안에 숨겨진 씨앗	• 영화 감상 후, 자신의 숨겨진 강점을 탐색하고 이를 통해 자기효능감을 향상시킨다.	• 영화 ‘미스터 히치’ 감상하기 • 자신의 강점과 약점에 대해서 쓰고 발표 후 피드백	**중학교 집단 상담실	120‘	10명
	7						10명

단계	회기	프로그램	활동목표	활동내용	활동장소	활동 시간	활동 인원
	8	뭘 해도 괜찮아	• 나의 미래에 대해 탐색하고 관심 분야를 체계적으로 정리한다.	• 간이 직업흥미검사 • 뭘 해도 괜찮아요	**중학교 집단 상담실	60'	10명
	9	또 다른 욕구를 찾아서	• WDEP 모델을 실생활에 적용할 수 있는 능력을 배양한다.	• 나의 다른 욕구 찾아보고 계획하기 • 내 아이(중학생 아들, 딸)에게 카드 쓰기	**중학교 집단 상담실	60'	10명
마무리	10	마음먹은 대로 마무리	• 자신의 욕구 체계적으로 탐색하고 평가할 수 있는 능력을 기른다.	• 회기 동안 느낌 말하기 • 집단 활동 평가 및 마무리하기	**중학교 집단 상담실	60'	10명

(2) 프로그램 평가 운영 체계

(가) 평가 목표

① **프로그램 목표 달성도 파악 및 개선 사항 도출:** 청소년들의 자기수용 및 자기효능감이 향상됨에 따라 학습 동기와 성취도가 얼마나 증가했는지를 분석하고 이를 통해 프로그램의 성과를 명확히 평가하고, 개선이 필요한 부분을 식별하여 향후 프로그램의 질적 향상을 도모한다.

② **프로그램 지속 가능성 및 발전 방향 모색:** 프로그램이 장기적으로 지속 가능하도록 운영할 수 있는지 평가하고, 청소년 학습 증진을 위한 효과적인 방법들이 무엇인지 모색한다. 이 과정에서 프로그램이 지속 가능한 발전을 위해 필요한 요소들을 평가하여, 실질적인 개선책을 마련한다.

③ **연계사업의 기획 및 개발 활용:** 프로그램 평가 결과를 기반으로, 다른 교육 프로그램과의 연계성을 강화할 방법을 모색하고, 이를 통해 새로운 프로그램 개발에 대한 아이디어를 제시하고 이러한 연계와 개발이 프로그램의 확

장성과 효과성을 더욱 강화하는 데 기여하도록 한다.

④ **평가대상의 요구도 및 만족도 분석:** 프로그램에 참여한 청소년들의 요구와 만족도를 분석하여, 이들의 학습 증진을 위해 실제로 필요한 지원이 무엇인지 파악하고 프로그램의 효과성을 극대화할 수 있는 구체적인 방안을 모색하고, 청소년들이 느끼는 프로그램의 가치와 만족도를 지속적으로 향상시킨다.

(나) 평가 체계도

평가	목표 달성의 효과성	프로그램 만족도	프로그램 참여도	리더(지도자) 평가
측정도구	사전 · 사후 검사 (자기수용검사지), 욕구파일검사, 결과물 완성도	만족도 설문지	출석률, 활동일지	리더 평가양식, 모니터링 일지
평가방법	• 참여 구성원별 다각화된 평가 진행(참가자, 리더, 보조 리더 등). 각 구성원의 경험과 피드백을 체계적으로 수집하여, 프로그램의 전반적인 운영과 성과를 다각도로 분석한다. • 프로그램의 질적 향상을 위해 대학원 교수와 외부 전문가가 참여하여 프로그램 활동을 심층 분석하고, 참가자들의 성과와 반응을 평가하며, 전문적인 시각에서 프로그램의 강점과 개선이 필요한 부분을 진단한다. 이를 통해 프로그램의 효과성을 극대화하고, 향후 발전 방향을 구체화한다.			

프로그램 효과성 검증 및 평가 결과 반영을 통한 개선

(다) 평가 방법

평가도구	평가내용	평가목표 달성	적용
활동 회의록 및 활동일지	• 참가자 적극성 • 프로그램 진행의 적절성 • 계획 대비 활동 진행	• 현장 관찰일지 10회 • 개인별 활동일지 10개	모든 활동
출석부	• 참가자 참여도	• 전체 출석률 98% 달성 • 목표 인원 100명 대비 98명 출석	모든 활동
만족도 조사	• 프로그램 효과성 • 프로그램 계획의 적절성 • 참여 청소년 만족	• 전체 프로그램 만족도 • 매우 만족 100% 달성(5점 척도)	마지막 회기
자기수용 검사 사전 사후 질문지	• 자기수용 목표 달성도	• 자기수용 향상 • 10명 중 7명 향상	첫 회기, 마지막 회기
기본욕구 검사	• 기본욕구 목표 달성도	• 자신의 욕구 • 10명 중 8명 자신의 욕구 변화	첫 회기, 마지막 회기
성장나무 스티커 감정표현	• 자신이 설정한 목표에 따라 성장하는 경험을 쌓기 정도 • 자신의 감정을 솔직하게 표현하고 다른 사람의 감정을 이해하려는 노력 정도	• 성장나무를 활용하여 스스로의 선택을 통해 성취감 경험으로 80% 이상 변화 • 감정표현을 통해 관계 개선 향상	매 회기 도입 시
소감문	• 전체 활동에 대한 참가자 소감문 가장 좋았던 점, 아쉬운 점, 개선사항	• 마지막 회기 참가자 10명 응답	평가 회기

(3) 프로그램 특성화 및 차별화

(가) 청소년 맞춤형 프로그램 재구성

① 프로그램 개발 과정에서 청소년들의 욕구를 탐색하고, 이를 바탕으로 프로그램을 재구성하였다. 청소년들이 실제로 필요로 하는 내용과 방식으로 프로그램 맞춤형으로 설계함으로써, 참여 청소년 중 70%가 자기수용에 관한 사

전검사에 비해 사후검사에서 긍정적인 변화를 경험하였다.

② 프로그램 활동 시간은 오전 8시 20분부터 10시까지로 설정하였으나, 모든 청소년들이 100% 참석하여 높은 몰입도를 나타냈다. 이는 프로그램 설계가 청소년들의 참여와 효과성을 극대화하는 데 기여했음을 입증하며, 청소년들의 높은 참여율과 몰입도는 프로그램의 성공적인 실행을 보여 준다.

(나) 정의적 영역 강화 및 자기효능감 증진

① 프로그램은 청소년의 학습 동기와 자기효능감 높이는 데 중점을 두었다. 이를 위해 리더와 보조 리더들은 체계적인 활동을 설계하여 참여자들이 자신을 이해하고 수용할 수 있도록 지원하였다. 다양한 프로그램 활동을 통해 청소년들은 자신의 내적 자원과 능력을 발견하고 효과적으로 활용할 수 있는 기회를 제공받았다.

② '성장나무', '나를 위해 선택했어'와 같은 활동을 통해 청소년들이 자신에 대한 긍정적인 자기 개념을 표현할 수 있도록 유도하였다. 이러한 활동은 청소년들이 자신의 강점과 자원을 인식하고 효과적으로 이해하는 데 기여하였으며, 자기효능감이 향상되었다. 참여자들은 프로그램을 통해 자신에 대한 이해가 깊어지고 자기효능감이 강화되는 경험을 하였다.

③ 목표달성 검증 설문 결과에 따르면, 참가자의 절반이 '변화'를 경험했다고 응답하였으며, 10명 중 8명은 프로그램이 '아주 많은 도움이 되었다' 또는 '많은 도움이 되었다'고 긍정적으로 평가하였다. 이러한 결과는 프로그램이 청소년들에게 스스로 변화를 인식하고, 긍정적인 결정을 내리는 데 도움이 되었음을 확인할 수 있었다.

(다) 전문가 참여와 지속적 관리

① 프로그램 개발 및 운영 과정에서 경험이 풍부한 교수와 리더들이 체계적으로 참여하여 프로그램의 구조적 틀을 강화하고, 지속적인 관리와 추후 안정적인 운영에 기여하였다.

② 프로그램 종료 후에도 지속적인 피드백과 관리가 이루어지도록 후속 프로그램을 설계하여 학습 효과를 장기적으로 유지하도록 하였으며, 현장일지를 통해 집단 활동을 분석하고 청소년들의 집단 내 관계와 행동 변화를 세밀하게 기록하였다. 이러한 분석을 통해 청소년들이 스스로 목표를 충족시키는 능력이 향상된 것을 확인할 수 있었다.

③ '성장나무' 스티커를 활용한 피드백 시스템은 참여율과 성취동기를 높이는 데 중요한 역할을 하였다. 이 시스템은 청소년들이 자신의 욕구에 대한 성과를 시각적으로 확인할 수 있도록 하여 지속적인 동기를 부여할 수 있도록 학교와 연계하여 청소년들이 지속적으로 자기 발전을 추구할 수 있도록 지원하였다.

(4) 프로그램의 기대효과

① 청소년들은 프로그램을 통해 자신이 할 수 있다는 믿음을 키우고, 학습 과정에서 겪는 도전과 장애물을 스스로 극복하는 능력을 향상시킬 수 있다. WDEP 모델을 실생활에 적용함으로써 자기효능감을 강화하고, 학업적 어려움을 해결하는 데 필요한 자신감을 얻을 수 있다.

② **자신의 욕구와 성취경험 탐색:** 현실치료 기법 중 WDEP(욕구, 행동, 평가, 계획) 모델을 활용하여 청소년들이 자신의 욕구와 성취 경험을 체계적으로 탐색할 수 있다. 이를 통해 자신의 강점과 자원을 발견하고, 자신을 긍정적으

로 수용하며 자기개발에 대한 동기를 부여받을 수 있다.

③ **학습동기 강화:** 프로그램은 학습에 대한 긍정적인 태도와 동기를 강화하여, 청소년들이 학습에 적극적으로 참여하고 성취감을 느낄 수 있는 환경을 제공하며 긍정적인 자기개념 형성을 통해 학습에 대한 열정을 높이고, 적극적인 학습 자세를 유지할 수 있도록 돕는다.

2. 코로나에 빼앗긴 건강권을 되찾아라 프로그램[3)]

코로나-19 팬데믹은 전 세계적으로 많은 사람의 일상과 건강에 심각한 영향을 미쳤으며, 특히 청소년들의 건강권을 크게 위협했다. 장기적인 학교 휴교, 체육활동의 제한, 사회적 거리 두기 등은 청소년들이 규칙적인 운동을 할 수 있는 기회를 크게 감소시켰고, 이로 인해 신체적 · 정신적 건강이 악화되는 사례가 늘어나고 있다.

이 프로그램은 이러한 위기를 극복하고 청소년들이 다시 건강한 삶을 영위할 수 있도록 돕기 위해 기획되었다. 청소년들이 스스로 건강을 관리하는 능력을 기르기 위해, 규칙적인 운동 방법을 배우고 이를 실천할 수 있는 기회를 제공한다. 또한, 건강관리의 중요성에 대한 인식을 제고하기 위한 캠페인 활동을 통해, 청소

3) 여성가족부 · 한국청소년활동진흥원(2022)의 청소년 프로그램 공모사업 사례집에서 일부 발췌하여 정리함.

년들이 자신의 건강에 대한 경각심을 갖도록 한다.

1) '코로나에 빼앗긴 건강권을 되찾아라' 사례

활동명	안양을 달리는 청소년	운영기간	2022.09.17. ~ 2022.11.05.
활동횟수	8회	활동대상	청소년
참여인원	16명	활동장소	석수청소년문화의 집 및 외부
프로그램 배경 및 동기	• 코로나에 빼앗긴 건강권을 되찾기 위해 청소년 스스로의 건강을 관리할 수 있는 규칙적인 운동 방법을 배우고 소개하며, 건강관리 중요성에 대한 위기의식을 일깨우는 캠페인 활동 전개와 함께 우리 동네 청소년이 운동하기 좋은 장소를 발굴하고 개선 방향을 지역사회에 제안하는 사회참여 활동이다.		
프로그램 목적	• 코로나-19로 인한 위기를 극복하고 청소년들이 건강한 생활습관을 유지할 수 있도록 지원하는 것을 목표로 한다.		
프로그램 목표	• **건강관리 인식 제고:** 청소년들에게 건강관리의 중요성을 교육하고, 경각심을 일깨우기 위한 캠페인을 실시한다. • **규칙적 운동 습관 형성:** 청소년들에게 규칙적인 운동 방법을 소개하고, 다양한 운동 콘텐츠를 제공하여 참여를 유도한다. • **운동 환경 개선:** 청소년들이 안전하고 효과적으로 운동할 수 있도록 지역 내 운동코스를 개선하고, 청소년들의 의견을 반영하여 지역사회의 건강환경을 조성하는 활동을 전개한다.		
프로그램 구성 및 활동내용	• **규칙적 운동 배우기:** 일상에서 쉽게 실천할 수 있는 규칙적인 운동 방법을 배워 건강 습관을 형성한다. • **건강 식습관 교육:** 올바른 영양 지식을 제공하고, 건강한 간식을 선택할 수 있는 방법을 교육한다. • **건강습관 중요성 캠페인:** 청소년들에게 건강습관의 중요성을 알리는 인식 캠페인을 진행한다. • **운동코스 개선 활동:** 청소년들이 운동하기 좋은 지역 내 장소를 발굴하고, 그 개선 방안을 제안하는 활동을 통해 지역사회의 건강환경을 개선한다. • **온라인 홈트레이닝 콘텐츠:** 지속적으로 청소년들이 건강한 생활습관을 유지할 수 있도록, 온라인을 통해 다양한 홈트레이닝 콘텐츠를 제공한다.		

2) 안양시 석수청소년 문화의 집_ 상세 내용

(1) 회기별 활동 개요서

회기	주요 프로그램 내용 개요	중점(특이)사항	활동 시간	활동 인원
1	• **오리엔테이션** – 오리엔테이션 및 안전교육 – 나 자신 알아보기 – 건강한 몸 만들기를 위한 홈트레이닝	• 사전–사후 인바디 검사를 통한 운동의 효과성 검증	180‘	16명
2	• **규칙적 운동과 운동코스(동안구) 탐색 ①** – 청소년이 운동하기 좋은 운동코스 사전 조사 – “청소년 건강권과 사회적 책임” 캠페인 활동 준비하기 – 건강한 몸 만들기 (①전문 헬스트레이너와 함께하는 45분간의 홈트레이닝, ②닭가슴살, 고구마, 곤약, 샐러드 등 대표적인 재료를 소개하고 쉽게 만들 수 있는 건강식단과 간식을 체험해 볼 수 있도록 적당량을 제공)		180‘	12명
3	• **우리 동네 탐방, 캠페인 활동 ①** – 청소년이 운동하기 좋은 운동코스 탐색(동안구) – “청소년 건강권과 사회적 책임” 캠페인 활동 진행(평촌 중앙공원) – 건강한 몸 만들기 야외 운동 진행 – 건강간식 장보기 실천	• 야외활동	180‘	13명
4	• **규칙적 운동, 운동코스 제안활동 ①** – 평촌중앙공원 현장 탐방 결과 정리 – 청소년이 운동하기 좋은 운동코스 제안서 작성(동안구)		180‘	14명

회기	주요 프로그램 내용 개요	중점(특이)사항	활동 시간	활동 인원
	– 건강한 몸 만들기를 위한 홈트레이닝과 건강식단과 간식관리 – 홈트레이닝 보급용 영상촬영			
5	**• 규칙적 운동과 운동코스(만안구) 탐색 ②** – 청소년이 운동하기 좋은 운동코스 사전 조사 – "청소년 건강권과 사회적 책임" 캠페인 활동 준비하기 – 건강한 몸 만들기를 위한 홈트레이닝과 건강식단과 간식관리		180'	15명
6	**• 우리 동네 탐방, 캠페인 활동** – 청소년이 운동하기 좋은 운동코스 탐색(만안구) – "청소년 건강권과 사회적 책임" 캠페인 활동 진행(삼덕공원) – 건강한 몸 만들기 야외 운동 진행 – 건강간식 장보기 실천	• 야외활동	180'	15명
7	**• 규칙적 운동, 운동코스 제안활동 ②** – 삼덕공원 현장 탐방 결과 정리 – 청소년이 운동하기 좋은 운동코스 제안서 작성(만안구) – 건강한 몸 만들기 홈트레이닝 진행 – 건강한 몸 만들기를 위한 홈트레이닝과 건강식단과 간식관리 – 홈트레이닝 보급용 영상촬영		180'	14명
8	**• 최종 마무리활동** – 건강 식습관을 위한 영양 관리 이해 – 청소년이 운동하기 좋은 운동코스 개선을 위한 제안 실천 – 활동 소감 나누기, 만족도 조사, 인바디 검사	• 안양시청을 통한 제안서 업로드 • 활동 결과물 제작 • 홈 트레이닝용 영상 유튜브 업로드	180'	16명

회기	주요 프로그램 내용 개요	중점(특이)사항	활동 시간	활동 인원
추가 활동	• **결과물 제작** – 안양시 홈페이지 제안 내용 답변 확인 후 참가자 공유 및 모니터링 – 보급용 콘텐츠 제작물 유튜브에 공개 – 지속적 건강관리를 위한 자기 관리 달력 보급			

(2) 프로그램 평가 운영 체계

(가) 평가 목표

① **프로그램의 목표 달성 정도 파악 및 개선 사항 도출:** 참여 청소년 역량 강화 및 지역사회 공동체 형성 정도

② **프로그램 지속 및 개선, 발전 방향 도출:** 프로그램의 지속적인 운영 가능성을 평가하고, 청소년의 건강 증진과 지역사회 참여를 위한 장기적 발전 방향 탐색

③ **연계사업의 기획 및 개발 활용:** 평가 결과를 활용하여 청소년 건강 증진을 목표로 하는 다른 프로그램과 연계성을 강화하거나 새로운 건강 증진 프로그램을 기획하고 개발할 수 있는 기초 자료로 활용

④ **평가대상의 요구도 및 만족도 분석:** 프로그램 참여 청소년들의 요구와 만족도를 분석하여, 건강 회복 및 유지에 필요한 지원을 강화하고 프로그램의 효과성을 높일 방안을 모색

(나) 평가 체계도

평가	목표 달성의 효과성	프로그램 만족도	프로그램 참여도	지도자 평가
측정도구	추진성과물 및 사전 · 사후 검사, 인바디 검사, 결과물 완성도	만족도 설문지	출석률, 활동일지	지도자 평가양식, 모니터링 일지

평가방법

- 참여 구성원별 다각화 평가 진행(참가자, 지도자, 보조지도자 등)
- 기관 및 전문강사 활동 및 참가자 평가 분석을 통한 활동의 질적 향상 도모

프로그램 효과성 검증 및 평가 결과 반영을 통한 개선

(다) 평가방법

단계	평가내용	평가도구	평가참여대상	평가 시기
계획 및 준비 과정 평가	• 목적 및 목표 설정의 타당성 • 프로그램 내용 구성의 적절성	• 계획서 • 평가회의	프로그램 담당자 및 자원인력	6~8월
과정 평가	• 참가자들의 참여도(적극성) • 프로그램의 목표 달성 추진달성도 • 프로그램의 효과성 • 활동 장소와 시설의 적절성	• 설문지 • 활동일지 • 활동 성과물 • 평가회의	참가 청소년 및 담당 지도자 및 보조 지도자	9~11월
결과 및 효과성 평가	• 프로그램 목적 및 목표 달성도 • 프로그램 내용의 충실성 • 참가자들 만족도 • 프로그램 효과성 • 개선 및 제안사항 반영 정도	• 계획서 • 설문지 • 활동일지 • 역량평가 • 인바디 검사 • 유튜브 영상	참여 청소년 및 담당 지도자 유튜브 영상 시청자 등	11~12월

(라) 평가도구: 사용 평가도구별 목표 달성

평가도구	평가내용	평가목표 달성	적용
활동 회의록 및 활동일지	• 참가자 적극성 • 프로그램 진행의 적절성 • 계획 대비 활동 진행	팀 작업물 4개 개인별 활동일지 8개	모든 활동
출석부	• 참가자 참여도	전체 출석률 89.8% 달성 목표 인원 128명 대비 115명 출석	모든 활동
공모사업 청소년 만족도 설문지	• 프로그램 효과성 • 프로그램 계획의 적절성 • 참여 청소년 만족	전체 프로그램 만족도 매우 만족 100% 달성(4점 척도)	평가 회차
청소년 역량 사전 사후 질문지	• 청소년 역량 강화 목표 달성도	비판적 사고 20.2% 상승 협업 529.5% 상승 역량변화 총점 24.6% 상승	첫 회기, 마지막 회기
인바디 사전 사후 검사	• 규칙적 체육활동의 효과성 검증(규칙적인 운동 실행 횟수에 따른 효과 검토)	평균 체중은 0.6kg 감소 평균 근육은 변화 없음 평균 체지방은 0.2kg	첫 회기, 마지막 회기
목표 달성 검증 설문지	• 청소년의 건강관리에 대한 경각심 일깨우기 • 청소년 스스로 건강관리 할 수 있는 콘텐츠 보급 • 청소년이 운동하기 좋은 지역사회 내 운동코스 개발	건강관리 경각심은 1.2점 상승 스스로의 건강관리는 1.1점 상승 사회참여 의지는 1.5점 상승으로 사회참여 의지 항목이 가장 높은 상승률을 보임	첫 회기, 마지막 회기
소감문	• 전체 활동에 대한 참가자 소감문 가장 좋았던 점, 배운 점, 활동 전과 후 차이점, 아쉬운 점	마지막 회기 참가자 15명 응답	평가 회기
유튜브 영상	• 유튜브 영상 게시 후 댓글 및 청소년 참가자의 평가 등 다양한 방향의 완성도 평가 추진	긍정적 평가 정도 검증 (긍정평가 개수)	종료 후 지속적 모니터링
모니터링지	• 프로그램 내용의 적절성 • 평가내용 반영 정도	모니터링지 4개, 반영률 90% 이상 달성	규칙적인 운동 전파하기, 마지막 회기

(3) 프로그램 특성화 및 차별화

(가) 청소년 건강권 보장을 위해 사회참여 활동과 연계

① 청소년들이 개인의 건강이 단지 개인의 노력으로만 해결되는 것이 아니라 사회적 책임과 연관되어 있음을 인식하도록 돕는다. 이를 위해 '운동하기 좋은 우리 동네 만들기'라는 사회참여 활동을 통해 건강권을 보장한다.

② 청소년들에게 건강할 권리와 지역사회가 청소년 건강 관리를 위해 적합한 환경과 프로그램을 지원할 의무가 있음을 알리기 위한 캠페인을 실시한다.

③ 프로그램 시작 전 비판적 사고 항목의 평균 점수가 58.9점에서 프로그램 종료 후 70.8점으로 20.2% 상승하였으며, 협업 항목은 54.8점에서 71.0점으로 29.5% 상승하여, 사회참여 활동을 통한 비판적 사고와 협업 역량의 향상이 이루어졌음을 보여 준다. 이는 토론 과정과 자료조사, 현장 탐방 과정을 통해 다양한 친구들과 협력한 결과로 분석된다.

(나) 청소년기 건강 습관의 중요성을 생활 속 실천적 청소년활동으로

① 코로나 19 장기화로 인한 생활패턴 변화와 그로 인한 정신적, 신체적 문제를 해결하기 위해, 청소년들이 자신의 건강 상태를 인식하고 건강관리 습관의 중요성을 이해할 수 있도록 다양한 실천 활동을 제공한다.

② 건강 식습관에 대한 궁금증을 해소하기 위해 전문 강사를 통한 교육을 진행하고, 매 회기별 1시간의 홈트레이닝 운동과 1:1 개인 PT를 통해 올바른 운동 자세와 방법을 배운다. 또한 건강 식단과 간식 관리 방법을 배우고 마트와 시장을 방문하여 건강 장보기 체험을 통해 참여도를 높일 수 있었다(출석율 89.8%).

③ 목표 달성 검증 설문에서 청소년 건강관리 중요성 인식 문항 평균은 사전검사 6.5점에서 사후검사 7.7점으로 1.2점 상승하여 중요도 인식이 향상하였다는 것을 볼 수 있다. 또한 나의 건강 습관 서약서를 통해 프로그램 종료 후에도 지속적인 자기관리를 할 수 있도록 동기부여를 지원한다.

(다) 청소년활동 프로그램을 통한 건강 습관 문화 확산

① 프로그램에 참여한 청소년은 「건강 습관 서약하기」를 통해 스스로 건강 습관을 지속적으로 실천할 것을 약속한다.

② 참가자들이 자신과 가족 그리고 주변 친구들에게 '안양을 달리는 청소년' 콘텐츠를 소개하고 함께 실천하는 캠페인을 진행한다.

③ 청소년들이 가장 많이 사용하는 매체를 통해 매일 홈트레이닝 동영상과 월별 목표 달성 체크를 포함한 2023년 자기관리 달력을 제작하여 보급한다. 이를 통해 지속적인 건강관리와 운동 독려를 지원한다.

(4) 기대효과

① 청소년들이 건강에 대한 경각심을 갖게 되어, 스스로 건강을 관리할 수 있는 자기 관리 역량을 함양하여 건강한 성장을 도모한다.

② 프로그램을 통해 생산된 온라인 콘텐츠는 향후 다양한 건강관리 콘텐츠 개발의 기초 자료로 이를 통해 청소년들이 접근할 수 있는 다양한 건강관리 자료와 방법을 제공한다.

③ 청소년 사회참여 활동을 통해 사회참여의 중요성을 배우고 지역사회에 대한 관심과 실천 의지를 높이며 이로 인해 청소년들이 민주시민으로 성장하여 지역사회에 긍정적인 영향을 미칠 것으로 기대된다.

Chapter

12

청소년 프로그램 개발의 사례 2

학습목표

- 청소년 프로그램 우수사례를 살펴보고 새로운 적용방안을 모색한다.
- 청소년 프로그램 실제를 살펴보고 새로운 적용방안을 모색한다.

Chapter

12 청소년 프로그램 개발의 사례 2

1. 청소년 프로그램 공모사업[1)]

1) 프로 N잡러의 시대, 나만의 '부캐' 찾기 프로젝트

'프로 N잡러의 시대, 나만의 '부캐' 찾기 프로젝트' [이번. 생엔. N잡러!] 프로그램은 2023년 청소년 프로그램 공모사업에서 대면 활동 중 최우수상을 받은 활동이다. 사업 기간은 2023년 4월 14일~10월 30일이고, 참가대상은 중학교 1학년~3학

1) '청소년 프로그램 공모사업'은 여성가족부가 주최하고 한국청소년활동진흥원이 주관하는 사업으로, 청소년 프로그램 공모를 통해 청소년활동 프로그램 예산 및 운영을 지원함으로써 신규 프로그램 개발을 유도하고 운영 우수사례를 보급하여 청소년활동 활성화를 도모하고자 하는 목적으로 진행되는 사업이다. 여기에서는 여성가족부 · 한국청소년활동진흥원의 2023년 공모사업을 통해 선정된 우수작을 일부 발췌하여 요약 · 정리하였다.

년이고, 총 참여 인원은 51명이다. 주요 내용은 ① 미래인재 이해하기, ② 아이디어 도출 및 계획, ③ 창업아이템 제작 및 홍보, ④ 부캐 창업경진대회 및 N잡 토크콘서트 진행 등으로 이루어졌다.

(1) 프로그램 목적 및 목표

빠르게 변화하는 직업 환경에 유연하게 대처하기 위해, 자유학년제를 맞이한 청소년들을 대상으로 개인의 흥미와 적성을 바탕으로 한 주도적 창업활동을 제공함으로써 청소년의 진로개발 및 창업가 정신 역량을 향상하여 스스로 건강한 미래를 설계한다.

(2) 프로그램 세부일정

회기 (소요시간)	주요 프로그램 내용 개요	중점사항
1회기 (2시간)	• [N잡러] 이해하기 – 오리엔테이션, 다양한 ‘N잡 시대’로 보는 미래인재 필요 역량 알기	• 참여형 특강
2회기 (2시간)	• [미래의 나] 이해하기 – 나의 강점 찾기(DISC 행동유형 진단) 비전 맵(스토리보드), 인생 지도 그리기	• 청소년들이 선호하는 자아 탐색 검사로 대체 가능
3회기 (2시간)	• 빅데이터 활용한 [아이디어] 도출 – 사회적 문제와 관심사를 연결한 창업 아이디어 도출	• 팀 작업(관심사 및 창업 방향에 따라 팀 배분)
4회기 (2시간)	• [스타트업] 계획서 작성 – 비즈니스모델캔버스 작성을 통한 구체적 계획 수립	

회기 (소요시간)	주요 프로그램 내용 개요	중점사항
5회기 (2시간)	• 창업아이템 제작 (1) – 최소기능제품 제작	• 테스트 작품 제작 후 상호 간 피드백 진행
6회기 (2시간)	• 창업아이템 제작 (2) – 브랜드 소개서 제작	• 테스트 작품 제작 후 상호 간 피드백 진행
7회기 (2시간)	• 홍보 · 마케팅 – 마케팅 트렌드(오픈마켓, 크라우드펀딩, 라이브커머스, SNS마케팅) 이해하기	• 브랜드의 제품 및 서비스에 따라 효과적인 홍보전략을 수립 및 홍보 진행
8회기 (2시간)	• 브랜드 전략 공유회 – 팀별 제작 작품 소개, 나의 진로계획, 부캐 활용법 스피치	• PT 발표자료 브랜드별 준비
9회기 (2시간)	• 부캐 창업경진대회 – 청소년, 지역주민 대상으로 '팀별 창업아이템' 설명과 투표(펀딩) 진행 – 창업아이템을 직접 체험할 수 있는 부스 운영	
10회기 (2시간)	• N잡 토크콘서트 – N잡을 실현한 멘토들의 사례공유 토크콘서트, 질의응답 및 자유 토크	

(3) 프로그램 기대효과

자유학년제 청소년들에게 진로 및 자아 탐색의 기회를 제공함으로써 진로설계 시 자기주도적인 진로계획을 수립할 수 있다.

급변하는 직업 세계에서 요구되는 역량에 대해 인지하여 자신만의 아이디어를 바탕으로 새로운 가치를 지속적으로 창출해 낼 수 있다.

창업가정신 역량을 향상함으로써 유연한 사고를 바탕으로 산업구조에 대응할 수 있다.

(4) 프로그램 평가 운영체계

구분	평가내용	평가지표
프로그램 참여 청소년	• 청소년 활동 역량 • 프로그램 만족도 • 프로그램 진행 경과	• 사전 · 사후 설문조사 • 소감문, 만족도 조사 • 매 회기 프로그램 활동일지
지도자	• 프로그램 참여도 • 프로그램 효율성	• 프로그램 참여 출석률 • 지도자 평가회의

2023년 '이번 생엔 N잡러!' 브랜딩 예시

- **트렌디실크:** 반려인구 증가에 따른 반려견과 반려인의 커플아이템 브랜드
- **언제로쿠키:** 청소년 당 섭취 증가에 따른 제로슈거 디저트 브랜드
- **별하:** 청소년 자존감 증진을 위한 긍정적 메시지를 담은 캐릭터숍
- **추억의 전통놀이:** 사라져 가는 전통놀이를 트렌디하게 재구성한 브랜드

2) 문화 다양성 디지털로 잇다

'문화 다양성 디지털로 잇다' [코넥트(Korea+Connect)] 프로그램은 2023년 청소년 프로그램 공모사업 중 디지털 활동에서 최우수상을 받았다. 사업 기간은 2023년 5월 15일~11월 14일이고, 참가대상은 고등학교 1학년~3학년이고, 총 참여 인원은 연 315명이다. 주요 내용은 ① 다양성 마주하기, ② 다양성 현상 읽기, ③ 다양성 실천하기, ④ 다양성 확산하기, ⑤ 다양성 사후 연계 활동 등으로 이루어졌다.

(1) 프로그램 목적 및 목표

뉴미디어 영상 세대인 청소년들의 시각으로 디지털 도구를 활용한 문화 다양성 미디어 콘텐츠(동화책 · 영상 제작)를 개발 · 보급 한다. 이러한 활동을 통해 다양성을 존중하고 수용하는 태도를 강화하여 민주시민으로의 성장은 물론 문화 다양성과 감수성을 향상한다.

(2) 프로그램 세부일정

회기 (소요시간)	주요 프로그램 내용 개요	중점사항
전문가 네트워크 협력체계 구축	• 전문가 네트워크 협력체계 구축 – ㈜가꿈미디어연구소, 관내 지역아동센터 24개소, 안양시 장애인인권센터, 학교 등 MOU 체결 – 프로그램 세부 활동내용 자문 및 전문가 멘토 지원	• 협력 유관기관 지원 (학교연계형)
1회기 (2시간)	• [디지털 문화 다양성 마주하기] 오리엔테이션 및 안전교육 – 프로그램 · 지도자 소개, 안전교육, 사전효과성 조사, 개인 목표설정 등 – 미디어, 문화 다양성 주제 관련 관계 형성 놀이 – 영역별(장애인) 전문 이해 교육	• 공모사업, 프로그램에 대한 이해를 바탕으로 개인 목표설정, 관계 형성
2회기 (2시간)	• [디지털 문화 다양성 현상 읽기] 문화 다양성 인식조사 및 인터뷰 시행 – 안양시 청소년축제와 연계하여 안양시민 또는 청소년들의 문화 다양성 인식조사	• 문화 다양성 기반 시청각 자료(미디어)를 활용한 집중도 높이기, 문화 다양성 사고전환, 안양시민이나 청소년 대상 문화 다양성 인식조사
3회기 (2시간)	• [디지털 문화 다양성 현상 읽기] ① 문화 다양성 편견 드로잉으로 해소하기 – 영역별(인권) 전문 이해 교육 – 영화 속 문화 다양성(차별과 편견 등) 내용 찾아 드로잉으로 바꿔 보고 이야기 나누기	

<table>
<tr><th>회기
(소요시간)</th><th>주요 프로그램 내용 개요</th><th>중점사항</th></tr>
<tr><td>4회기
(2시간)</td><td>• [디지털 문화 다양성 현상 읽기]
② 문화 다양성 편견 드로잉으로 해소하기
– 광고 속 문화 다양성(차별과 편견 등) 내용 찾아 드로잉으로 바꿔 보고 이야기 나누기</td><td></td></tr>
<tr><td>5회기
(2시간)</td><td>• [디지털 문화 다양성 실천하기]
① 디지털 문화 다양성 동화책 제작
– 동화 · 그림 작가와 만남
– 미디어 동화책 개념과 유형 익히기</td><td rowspan="4">• 디지털 도구를 활용한 문화 다양성 영역 중요성 설명
• 팀 프로젝트 활동을 통해 협업, 의사소통 능력 향상</td></tr>
<tr><td>6회기
(2시간)</td><td>• [디지털 문화 다양성 실천하기] ★집중워크숍★
② 디지털 문화 다양성 동화책 제작
– 팀별 협동 놀이(팀 관계 형성)
– 동화책 스토리 방향 설정, 스토리 원고 작성
– 미디어 도구 활용 교육(포토샵, 일러스트 등)</td></tr>
<tr><td>7회기
(2시간)</td><td>• [디지털 문화 다양성 실천하기]
③ 디지털 문화 다양성 동화책 제작
– 캐릭터, 배경 등 스토리에 맞는 삽화 콘티 및 디자인 수정 및 피드백
– 표지, 속표지 디자인 및 소개 글 작성 등 마무리</td></tr>
<tr><td>8~13회기
(3시간)</td><td>• [디지털 문화 다양성 실천하기]
④ 디지털 문화 다양성 동화책 집중 제작
– 캐릭터, 배경 등 스토리에 맞는 삽화 콘티 및 디자인 수정 및 피드백
– 표지, 속표지 디자인 및 소개 글 작성 등 마무리</td></tr>
<tr><td>14~18회기
(3시간)</td><td>• [디지털 문화 다양성 실천하기]
멀티미디어 동화책 영상 제작
– 동작 그래픽 기법 전문교육
– 제작 완료된 동화책 캐릭터, 배경 등 분할작업
– 조별 시나리오 정리, 더빙 작업(추가작업 포함)
– 코넥트 멀티미디어 동화책 영상 제작 수정 및 완료</td><td>• 제작된 동화책, 영상에 지역사회에서 도움 준 협력기관 및 함께한 청소년, 문화 다양성 감수성 확산을 위한 프로그램 과정 내용 담기</td></tr>
</table>

<table>
<tr><th>회기
(소요시간)</th><th>주요 프로그램 내용 개요</th><th>중점사항</th></tr>
<tr><td>19회기
(4시간)</td><td>• [디지털 문화 다양성 확산하기]
마을 축제 연계 영상 상영회 '다양성 포용 축제'
– 코넥트 사업 홍보(문화 다양성 쿠키 만들기)
– 멀티미디어 동화책 영상 상영회</td><td rowspan="3">• 사후연계 활동으로 지속 가능한 프로그램이 될 수 있도록 운영

• 찾아가는 동화책 영상 상영회, 마을 축제 연계 영상 상영회
↓
• 지역사회 문화 다양성에 대한 감수성 및 포용문화 확산</td></tr>
<tr><td>20회기
(2시간)</td><td>• [디지털 문화 다양성 확산하기]
지역사회로 찾아가는 영상 상영회 '어린이집'
– 안양시립대구어린이집 방문 동화책 함께 읽어 주기
– 멀티미디어 동화책 영상 상영회, 동화책 전달식</td></tr>
<tr><td>21회기
(3시간)</td><td>• [디지털 문화 다양성 사후연계 활동]
문화 다양성 동화책 활용 관련 공공기관 정책 제안 활동
– 안양시청 동화책 적극 활용 협조
– 안양 관내 어린이집 동화책 배포 및 설명회 (202개소)</td></tr>
</table>

(3) 프로그램 기대효과

문화 다양성의 기본적 가치 · 관점을 이해하고 체험 활동을 통해 권리와 의무가 조화를 이루는 '안양형 문화 다양성 존중 문화'를 조성한다.

문화 다양성 동화책 및 멀티미디어 영상 동화책 제작 활동을 통해 문화 다양성에 관한 사회적 관심 증대 및 지역사회 내 지속 가능한 문화 다양성 포용문화를 확산한다.

(4) 프로그램 평가 운영체계

구분	사전	사후
프로그램 참가 청소년	• 핵심역량 및 자율역량 측정 (현재의 역량 정도)	• 핵심역량 및 자율역량 측정 (역량의 효과성 정도)
청소년 및 지역사회	• 참가 청소년 팀별 오픈채팅방 오픈	• 오픈채팅방 개선 · 건의사항 및 피드백
	• 프로그램 참여율 출석부	• 프로그램 참여율 출석부
	• 문화 다양성 인식도 설문 응답	• 프로그램 확산 및 사후연계 활동 운영 ① 5월, 10월 축제 연계 영상 상영회 ② 찾아가는 문화 다양성 영상 상영회
지도자	• 평가계획 수립	• 프로그램 자체평가 및 참가자 상시 피드백을 통한 프로그램 개선

청소년활동 영역 중 다양한 영역으로 매칭 가능한 프로그램 예시

- 디지털 동화책 메타버스 또는 VR 영상 제작－진로, 자기 계발, 디지털
- 시니어－청소년 디지털 교류(시니어 디지털 소외 현상 극복)－자원봉사, 세대 교류
- 동화책 점자책 변환－장애 · 비장애 통합활동

2. 사회복지공동모금회 공모사업[2)]

2023년 복권기금 아동 · 청소년 방학프로그램 지원사업 배분신청서

<table>
<tr><th colspan="2">기 관 명</th><td colspan="2">**지역아동센터</td><th>고유번호
(사업자등록번호)</th><td colspan="2">598-**-00***</td></tr>
<tr><th colspan="2">사 업 명</th><td colspan="5">2023년 복권기금 아동 · 청소년 방학프로그램 지원사업</td></tr>
<tr><th rowspan="2">사업
기본 정보</th><th>대상 지역</th><td colspan="2">대전광역시 **구 **동</td><th>사업수행
인력</th><td colspan="2">3명</td></tr>
<tr><th>사업 기간</th><td colspan="5">2023년 8월 1일 ~ 2023년 12월 31일 (총 5개월)</td></tr>
<tr><th rowspan="2">사업
참여자</th><th>참여자 구분</th><td colspan="5">_V_ ①아동 · 청소년</td></tr>
<tr><th>핵심 참여자</th><td colspan="2">저소득 한부모 가정
아동 · 청소년</td><th>인원수</th><td colspan="2">25 명</td></tr>
<tr><th colspan="2">사업구분</th><td colspan="5">모금회 지속가능발전목표(C-SDGs)</td></tr>
<tr><th colspan="2">주거/환경 개선</th><td colspan="5">☑ 지속가능한 지역사회 인프라 구축</td></tr>
<tr><th>필수
확인사항</th><th>☑ 확인</th><td colspan="5">방학프로그램 <u>600만원</u> 이내 신청 가능</td></tr>
<tr><th rowspan="2">사업
내용</th><th>세부 사업명</th><th colspan="5">지원 내용</th></tr>
<tr><td>방학프로그램</td><td colspan="5">저소득 가정 아동 · 청소년을 대상으로 문화 불평등 완화를 위한
제주도 체험학습 프로그램 ‘우리도 제주도 간다’</td></tr>
<tr><th>사업비</th><th>총 사업비</th><td colspan="2">9,966,300 원</td><th>신청금액</th><td colspan="2">6,000,000 원</td></tr>
<tr><th>신청금액
세부내역</th><th>방학
프로그램</th><td colspan="3">6,000,000 원</td><td colspan="2">100 %</td></tr>
<tr><th rowspan="2">담당자</th><th>성명</th><td>***</td><th>직통전화</th><td>042-***-****</td><th>E-mail</th><td>****@naver.com</td></tr>
<tr><th>직위</th><td>사회복지사</td><th>휴대폰</th><td>010-****-****</td><th>FAX</th><td>042-***-****</td></tr>
</table>

2) ‘사회복지공동모금회 공모사업’ 2023년 사회복지공동모금회 배분지원사업으로, 저자가 지원받아 **지역 아동센터에서 운영된 프로그램을 일부 발췌하여 요약 · 정리하였다.

1) 사업명

저소득 가정 아동 · 청소년을 대상으로 문화 불평등 완화를 위한 제주도 체험학습 프로그램 '우리도 제주도 간다'

2) 사업 내용 및 추진방법

(1) 사업 참여자 및 인원

① 사업 참여자

- 지역아동센터를 이용하는 대상자 중 제주도 여행 경험이 없는 저소득 가정 아동 · 청소년 10명
- 지역아동센터를 이용하는 대상자 중 제주도 여행 경험이 없는 아동 · 청소년 15명

② 참여자 선정기준

- 1순위－지역아동센터 이용 대상자 중 제주도 여행 경험이 없는 저소득 한부모 가정 아동 · 청소년
- 2순위－지역아동센터 이용 대상자 중 제주도 여행 경험이 없는 저소득 가정 아동 · 청소년
- 3순위－지역아동센터 이용 대상자 중 제주도 여행 경험이 없는 다문화 가정 아동 · 청소년

- 4순위 – 지역아동센터 이용 대상자 중 1~3순위에 해당하지 않지만, 제주도 여행 경험이 없는 아동 · 청소년

(2) 사업 내용 및 방법

① 사업 필요성

코로나19 펜데믹으로 인해 불가능했던 해외여행 빗장이 풀리면서 보복성 여행 심리로 공항이 발 디딜 틈 없이 붐비고 있다고 한다. 국토교통부 항공정보포털시스템에 따르면 올 1월 전체 국제선 여객은 461만 1000명으로 지난해 1월보다 1187% 증가했다고 한다. 청소년들이 자주 접하는 다수 매체에서도 해외여행 예능 프로그램이 줄을 이으면서 해외여행에 대한 욕구를 부채질하고 있어, 해외여행을 갈 수 없는 환경의 청소년들의 소외감 또한 커질 것으로 걱정된다.

얼마 전 지역아동센터를 이용하는 대상자의 보호자로부터 '개근 거지'라는 단어를 듣게 되었다. 이 단어는 '현장(교외)체험 학습'을 갈만한 형편이 못되는 아이들을 비꼬는 혐오 표현으로 코로나19로 인해 지난 몇 년간 해외여행을 못 떠나면서 자취를 감춘 듯 보였다가 코로나19 풍토병화 국면 전환에 따른 해외여행 재개로 다시 아이들의 입에 오르내리고 있다고 한다.

앞서 해외여행 수요증가에 대해 이야기했지만 사실 현재 지역아동센터를 이용하는 저소득 청소년들은 여행경험조차 없는 경우가 대부분이다. 특히 비행기를 타고 이동하는 해외여행은 다문화가정 아동 · 청소년이 친지를 방문하는 경우를 제외하고 전무하며 국내 여행지 중 서울 경기와 접근성이 좋은 강원도를 제외

하고 가장 많이 방문한다는 제주도조차 한 번도 가 보지 못한 청소년들이 대부분이다.

현재 **지역아동센터를 이용하고 있는 대상자는 총 29명으로 저소득의 한부모 가정 아동 · 청소년 8명, 국민기초생활수급 가정을 포함한 저소득 가정 아동 · 청소년 7명, 다문화 가정 아동 · 청소년 5명, 가족 중 장애가 있는 가정의 아동 · 청소년 2명, 장애가 있는 청소년 1명, 자녀가 3명 이상인 다자녀 가정 아동 · 청소년 2명, 자녀가 2명 이상인 가정의 아동 · 청소년 4명으로 구성되어 있다.

센터 이용 청소년들과 생활하다 보면 모든 아동 · 청소년들이 갖는 일반적인 욕구가 저소득 가정의 경우 쉽게 좌절되는 것을 목격하게 된다. 용돈이 부족해서 다른 청소년들이 모두 가지고 있는 물품을 사지 못한다거나 경제적인 이유로 학원에서 단체로 가는 체험학습에 가지 못하는 청소년의 실망한 표정을 마주할 때면 어떤 말을 건네야 할지 막막할 때가 있다.

아동 · 청소년의 삶의 질을 종합적으로 모니터링할 수 있는 「아동 · 청소년 삶의 질 2022」 보고서에 따르면 전반적인 삶의 만족도는 '17년 6.99점에서 '20년 6.80점으로 감소되었고 부정 정서는 '17년 2.67점에서 '20년 2.94점으로 증가했다. 말로 꺼내기 힘든 현실인 한국의 아동 · 청소년의 사망원인 1위는 자살로 '15년 이후 계속해서 증가하고 있다.

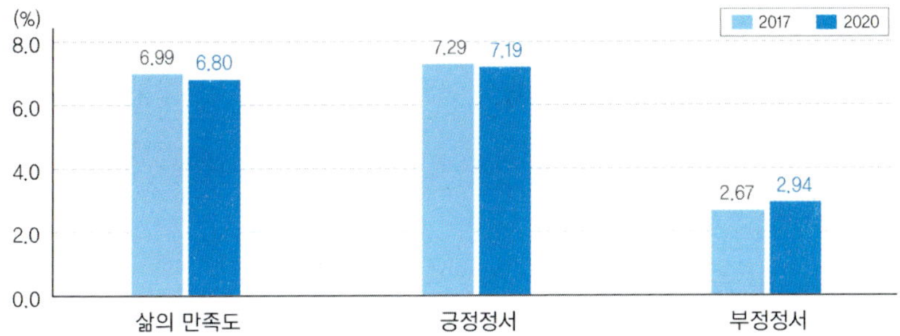

[그림 12-1] **주관적 웰빙(2017, 2020)**

출처: 여성가족부, 청소년종합실태조사.

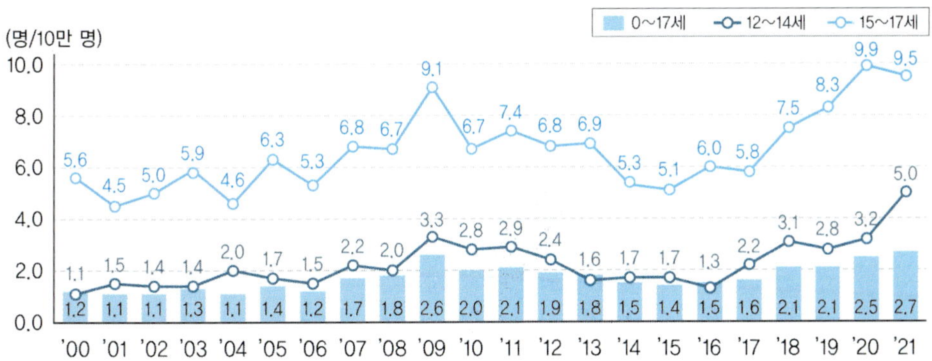

[그림 12-2] **자살률(2000~2021)**

출처: 통계청, 「사망원인통계」 원자료.

아동 · 청소년의 삶의 질은 그 자체로써도 중요할 뿐 아니라 부모의 삶의 질에도 중요한 영향을 미친다. 인생 초기인 아동기 및 청소년기의 삶의 질은 인생 전반에 걸쳐 영향을 미칠 수 있으며 노력을 통해 개선의 여지도 높다.

'우리도 제주도 간다' 프로그램을 통해, 아동·청소년이 인식하는 주관적 삶의 만족도가 향상되길 바라며, 보다 건강한 성인으로 성장할 수 있는 계기가 되길 바란다.

② **사업 목적 및 목표**

- 목적: 저소득 가정 아동·청소년이 제주도 체험학습 프로그램 '우리도 제주도 간다' 참여를 통해 주관적 삶의 질을 향상한다.
- 성과목표: 참여 아동·청소년 주관적 삶 만족도 사전평가 점수 대비 사후평가 점수 상승
- 산출목표: 1. 제주도 숙박여행 1회
  2. 여행 이동수단으로 비행기 탑승 2회
  3. 여행 일정에 아동·청소년 의견 반영
  4. 자유로운 매체를 활용하여 여행 소감을 표현하는 기회 1회 제공
- 질적평가: 프로그램 일지, 활동사진, 아동·청소년 원탁회의록, 전시회 방명록
- 양적평가: 사전·사후 설문 조사를 통해, '아동·청소년의 주관적 삶의 만족도'가 향상되었는지 평가. 양적평가 설문은 문화체육관광부, 「2022년 국민여행조사 보고서」와 김푸른솔, 「코로나19 기간동안 가족의 경제적 상황이 아동·청소년의 주관적 삶의 질에 미치는 영향」 2023, 석사학위 논문의 '아동·청소년의 주관적 삶의 질' 설문지를 참고하여 재작성함.

③ 사업 기대효과

'우리도 제주도 간다' 프로그램을 통해 긴 방학을 마치고 돌아온 아이들이 떠들썩한 학교 교실에서 서로 여행 경험에 대해 이야기 나눌 때, 그동안 침묵을 지키던 아이들의 얼굴에 작은 미소를 띄울 수 있기를 기대해 본다.

④ 사업진행일정

주요내용 \ 기간	8월	9월	10월	11월	12월
참여자 선정	●				
아동 · 청소년 대상 사전 설문	●				
아동 · 청소년 원탁회의 사업 설명 및 사전 모의활동	●				
아동 · 청소년 원탁회의 의견 반영을 위한 회의	●	●			
체험프로그램 진행	**9월 ~ 11월 중 제주행 비행기표 예매 상황에 따라 조정				
아동 · 청소년 원탁회의 체험 프로그램 평가 회의 및 전시회 준비				●	
전시회				●	
아동 · 청소년 대상 사후 설문					●

⑤ **세부사업 내용**

세부 사업명	활동 내용(수행방법)
우리도 제주도 간다	• 참여자 선정: 참여 선정 기준에 따라 참여자 선정 • 사전 설문: 아동 · 청소년을 대상으로 사전 설문 진행. 여행경험, 주관적인 삶의 만족도에 관한 조사 • 원탁회의 1차 진행: 프로그램 설명 및 여행에 대한 기대와 소망 모으기 • 원탁회의 2차 진행: 프로그램 일정에 아동 · 청소년 의견반영을 위한 자치회의 진행 • 체험 프로그램 진행: 티켓팅 및 예약을 원활하게 하기 위해 여행사 섭외하여 제주도 2박 3일 일정으로 진행 • 원탁회의 3차 진행: 프로그램 질적평가를 위한 회의 및 참여 소감을 그림, 글, 사진, 영상으로 표현할 수 있도록 함 • 전시회: 아동 · 청소년의 보호자 및 지역주민을 초대하여 전시회 개최 방문 인원 약 100명 예상 • 사후 설문: 미참여자 포함 모든 아동 · 청소년을 대상으로 사후 설문 진행하고 참여 아동 · 청소년의 여행 경험의 변화를 조사함. 아동 · 청소년의 주관적인 삶의 만족도가 상승하였는지 양적평가 진행

⑥ **자원연계 전략 및 계획**

- 인력 충원 계획: 사회복무요원 1명(참여 사회복무요원 대상 특별휴가 부여 안내로 협의), 자원봉사자 2명(후원자, 센터 방학 중 근로에 참여한 경험이 있는 한국장학재단 근로학생 대상 자원봉사 신청 유선 안내)
- 자원연계 계획:
  1. 후원금: 현재 **지역아동센터 후원자분께 사업을 안내하고 후원 요청 유선 연락. 7월 20일 운영위원회 회의를 통해 후원금 모집에 긍정적인 의사를 확인함.
  2. 전시회 장소: **동 행정복지센터 연계 **문화센터 대관 협조요청

(3) 예산편성

(단위: 원)

목	세목	계	산출근거	예산조달 계획				
				신청금액	비율 (%)	자부담	비율 (%)	자부담 재원
총계		9,966,300		6,000,000	100	3,966,300	100	보조금
사업비	우리도 제주도 간다	75,000	아동·청소년 원탁회의 진행 1,000원 * 25명 * 3회	0	0	75,000	1.9	보조금
		4,407,000	항공료 왕복 152,900원 * 5명(인솔교사) 145,700원 * 25명(아동·청소년)	4,407,000	73.5	0	0	–
		2,100,000	전세버스이용료 공항수송 350,000원 * 2회 제주도관광버스 2박3일 1,400,000원(33인승)	0	0	2,100,000	52.9	보조금 /후원금
		1,500,000	식사료 10,000원 * 30명 * 5회	750,000	12.5	750,000	19	보조금 /자부담
		776,000	입장료 29,200원 * 5명(인솔교사) 25,200원 * 25명(아동·청소년)	0	0	776,000	19.6	보조금
		150,000	여행자보험가입 5,000원 * 30명	0	0	150,000	3.7	보조금
		833,300	여행사 이용 수수료 결제대금 * 10%	833,300	13.9	0	0	–
		125,000	사진전 진행 5,000원 * 25명 * 1회	9,700	0.1	115,300	2.9	보조금
	소 계	9,966,300		6,000,000	100	3,966,300	100	

※ 인건비 및 관리운영비는 지원 불가함.

3) 신청기관 신뢰성 점검표

신청기관 신뢰성 점검표

1. 귀 기관 · 시설 · 단체에서 최근 **3년 이내(공모사업인 경우: 공고일 기준/비공모사업인 경우: 배분사업신청일 기준)**에 회계부정, 학대 및 성폭력 등 인권침해 사안[「사회복지사업법」 제40조(시설의 개선, 사업의 정지, 시설의 폐쇄 등) 1항 4호 및 9호의 각목(아래 관련 법령 참조)], 또는 이에 준하는 사안이 발생하여 정부(경찰, 검찰 등) 및 지자체 등으로부터 형사 · 행정처분 받은 사실이 있다면 해당란에 V 체크해 주세요.

   ※ **조치 완료되지 않은 사건이나 처분이 확정되지 않은 현재 진행 중인 사건의 경우, 기간과 상관없이 작성**해 주세요.

   ※ 귀 기관 · 시설 · 단체의 사건으로 인해 운영법인이 대신 처분받은 경우, '해당 있음'으로 작성해 주세요.

   ※ (신청기관이 운영법인인 경우) 귀 운영법인이 사건 당사자 기관이 아님에도 산하 기관 · 시설 · 단체의 사건으로 인해 대신 처분받은 경우라면, '해당 없음'으로 작성해 주세요.

   ※ 인권침해 사건의 경우, 이용인(생활인)에 대한 시설장 또는 종사자의 인권침해 사건에 한해 작성해 주세요.
   (이용자 간, 종사자 간 사건은 제외)

V 체크	내용
✓	가. 해당 없음(2번 문항 생략 후 하단에 최종 서명함)
	나. 해당 있음(2번 문항부터 기재)

관련법령

- 「사회복지사업법」 제40조(시설의 개선, 사업의 정지, 시설의 폐쇄 등) 1항 4호 중 회계부정
- 「사회복지사업법」 제40조(시설의 개선, 사업의 정지, 시설의 폐쇄 등) 1항 9호 중 성폭력범죄 또는 학대관련범죄
  - 성폭력범죄: 「성폭력범죄의 처벌 등에 관한 특례법」 제2조제1항제3호부터 제5호까지
    「아동 · 청소년의 성보호에 관한 법률」 제2조제3호
  - 아동학대관련범죄: 「아동복지법」 제3조제7호의2
  - 노인학대관련범죄: 「노인복지법」 제1조의2제5호
  - 그 밖에 대통령령으로 정하는 성폭력범죄 또는 학대관련범죄
- 「장애인복지법」 제2조 4항에 따른 장애인학대관련범죄
- 이 외의 학대 · 성폭력 관련 범죄와 관련한 법률

2. 처분과 관련한 구체적인 내용을 작성해 주세요.

구분	내용	
발생시기/기간	년 월 일 ~ 년 월 일	
관련 사안 및 관련자	V 체크	내용
		가. 회계부정: 사업비 횡령, 유용(관련자 (V표시): ☐ 시설장 ☐ 종사자)
		나. 인권침해: 이용자 학대, 성폭력(관련자 (V표시): ☐ 시설장 ☐ 종사자)
사건종류	V 체크	내용
		가. 회계부정(내용:)
		나. 학대(내용:)
		다. 성폭력(내용:)
처분내용	V 체크	내용
		가. 행정처분
		나. 형사처분
		다. 기타(처분이 확정되지 않은 경우)
	내용	
	• 처분종류: • 처분확정일자: • 처분에 대한 조치이행 종료여부: ☐ 완료 ☐ 진행 중 • 처분에 대한 조치이행 종료(예정)일자:	

※ 2개 이상의 처분이 있는 경우 표를 추가하여 작성 바랍니다.

※ 컨소시엄 사업인 경우, 컨소시엄 구성기관별로 각각 1부씩 작성하여, 첨부파일로 제출 바랍니다.

3. 2번의 기재사항과 관련하여 기관의 의견이 있는 경우 자유롭게 작성해 주세요.

상기 내용은 사실에 기반하여 작성되었으며, **작성 내용이 사실과 다른 경우 배분사업에 선정된 후에도 배분취소, 환수, 일정기간 지원중단 등의 조치가 있을 수 있음**에 동의합니다.

202*년 *월 **일

기관대표자: *** (직인)

4) 2023년 복권기금 방학프로그램 결과보고서

(1) 사업개요

기관명	**지역아동센터	대표자		***
주 소	대전광역시 *** *** 37, 2층	전화번호		042－***－***
		FAX		042－***－***
사업명	저소득 가정 아동 · 청소년을 대상으로 문화불평등 완화를 위한 제주도 체험학습 프로그램 '우리도 제주도 간다'			
총 지원액	6,000,000원	집행금액		6,000,000원
총 사업기간	2023.06.01. ~ 2023.12.31.	사업보고기간		2024년 1월 29일 ~ 2024년 1월 31일
작성자 (담당자)	***	작성자 연락처	E-mail	******@naver.com
			전화번호	042－***－***

(2) 방학프로그램 사업계획 및 결과

세부 사업내용	계획	결과
참여자선정	• 2023년 8월 19일 ~ 2023년 8월 30일까지 보호자 대상 아동 · 청소년 참여 확인 조사 • 1순위 제주도 여행 경험이 없는 저소득 한부모 가정 아동 · 청소년 • 2순위 제주도 여행 경험이 없는 저소득 가정 아동 · 청소년 • 3순위 제주도 여행 경험이 없는 다문화 가정 아동 · 청소년	• 1순위 참여 확인 문**외 4명 • 2순위 참여 전**외 4명 • 3순위 참여 임**외 1명 • 4순위 참여 차**외 4명 • 참여 아동 · 청소년 총 16명 인솔교사 5명으로 계획 실행 • 참여 청소년 송** 코로나 감염 및 인솔교사 1인 개인사유로 미참여 • 아동 · 청소년 15명 인솔교사 4명 참여

세부 사업내용	계획	결과
	• 4순위 1~3순위에 해당이 없지만 제주도 여행 경험이 없는 아동 · 청소년	
아동 · 청소년 사전설문	• 지역아동센터 이용 아동 · 청소년을 대상으로 사전검사 18명 진행	• 참여 아동 · 청소년 중 50%에 해당하는 대상이 지난 1년간 숙박을 포함하는 여행을 다녀온 적이 없다고 보고됨. • 주관적 삶의 질 조사결과 평균 77.5점으로 조사됨.
아동 · 청소년 원탁회의	• 사업 설명을 위한 원탁회의 1회기 • 아동 · 청소년 의견 반영을 위한 원탁회의 1회기 • 사업평가를 위한 원탁회의 1회기 • 총 3회기로 계획함.	• 사전검사를 위한 설문 시 사업에 대한 간단한 안내가 이루어짐. (8월 28일) • 아동 · 청소년 의견 반영을 위한 원탁회의는 참여를 원하지만 보호자 미동의 등으로 참여하지 못하는 아동 · 청소년이 있어 개인 인터뷰로 진행됨. • 의견 반영 사항으로 식사 메뉴 선정에 흑돼지고기 바비큐, 고기국수. 숙소위치 선정에 바닷가 근처 반영됨. 체험 프로그램으로 승마체험 반영됨.
체험 프로그램 진행	• 9월~11월 중 제주도 비행기표 예매 상황에 따라 일정 조정 진행	• 2023년 9월 20일 ~ 2023년 9월 23일 3박 4일 일정으로 진행함. • 곽지해수욕장 근처 숙소 • 메이즈랜드, 승마체험, 에코랜드, 아르떼 뮤지엄, 주상절리, 런닝맨 체험 진행
전시회	• 11월 전시회 계획 • 참여 아동 · 청소년 보호자 및 지역주민 초대	• 문화센터 대관 일정으로 10월에 전시회 진행(10월 12일 *** 문화센터) • '제주도 다녀완' 사진 전시회 진행 • 동영상 제작 및 '제주도 푸른밤' 우쿨렐레 공연 • 행정복지센터 동장님 외 지역주민 30명 이용 아동 · 청소년 20명 총 50명 방문

세부 사업내용	계획	결과
평가 및 사후 설문	• 12월 사업 평가 및 사후설문 진행	• 11월 아동 · 청소년 사후설문 및 사업평가 진행 • 사후설문 양적평가 조사결과 주관적 삶의 질 평균이 사전검사보다 상향된 것으로 조사됨. • 아동 · 청소년 인터뷰 결과 센터에서 했던 활동 중 가장 인상 깊은 프로그램이었다고 보고됨.

(3) 예산집행 내역

(단위: 원)

목	세목	본예산(신청금액)	변경예산	집행액
총 계		6,000,000	0	6,000,000
사업비	방학프로그램	6,000,000	0	6,000,000
이자수입		358원 ※ 모금회 지원금의 이자수입만 기재		

※ 예산집행 관련 증빙 첨부.

[그림 12-3] 전시회에 출품된 사진 작품. 저자 직접 촬영

(4) **지역아동센터 2023년 「우리도 제주도 간다」 설문지

복권기금 아동·청소년 방학프로그램 지원사업으로 진행하는 「우리도 제주도 간다」 사전 평가 및 사후 평가를 위한 설문입니다. 설문에 응답해 주시면 매우 감사하겠습니다.
이 설문은 앞으로 프로그램 운영과 결과보고 시 사용될 예정입니다. 대답한 내용은 비밀로 할 것입니다. 정답이나 오답은 없습니다. 대답하기 싫은 질문에는 답변하지 않아도 좋습니다. 각각의 질문들에 대해 본인의 생각이나 상황에 가장 잘 맞다고 생각하는 답을 선택해 주세요.

1. 2023년 숙박 여행을 다녀온 적이 있나요? (숙박 여행은 1박 2일 이상 사는 곳을 벗어나 외부에서 하는 여가활동을 의미)

① 있다 ② 없다

1-2. 위의 문항에 1번이라고 응답한 경우 누구와 함께 다녀왔나요?

① 가족 ② 지역아동센터 ③ 학원 ④ 친척 ⑤ 기타_____

2. 여행을 할 때 이용했던 이동수단이 있다면 모두 체크해 주세요.

① 자가용 ② 버스(고속, 시내 · 외) ③ 기차 ④ 비행기 ⑤ 기타_____

3. 다음은 국내 여행지 지역입니다. 다녀온 곳이 있다면 모두 체크해 주세요.

① 강원 ② 제주 ③ 전남(태안, 보령, 부여, 계룡시) ④ 경남(남해군, 거제시, 통영시) ⑤ 기타_____

4. 다음은 국내 여행지 지역입니다. 가장 가고 싶은 지역은 어디입니까? 한 곳에 체크해 주세요.

① 강원 ② 제주 ③ 전남(태안, 보령, 부여, 계룡시) ④ 경남(남해군, 거제시, 통영시) ⑤ 기타_____

5. 친구와 여행을 하게 된다면 가장 가고 싶은 장소나 활동이 있다면 자유롭게 적어 주세요.

6. 아래의 말들에 얼마나 찬성하는지 말씀해 주세요.

설문 내용	0=전혀 찬성하지 않음							매우 찬성=10			
	0	1	2	3	4	5	6	7	8	9	10
나는 내 인생을 즐기고 있다.											
내 인생은 잘 흘러가고 있다.											
나는 좋은 인생을 살고 있다.											
내 인생에는 좋은 일이 많이 일어난다.											
나는 내 인생에 만족한다.											
나는 나의 모습 그대로를 좋아한다.											
나는 날마다 내가 해야 할 일들을 잘 처리하고 있다.											
사람들은 보통 나에게 친절한 편이다.											
나는 내가 어떻게 시간을 보낼지에 대해 충분히 선택할 수 있다.											
나는 현재 많을 것을 배우고 있는 것 같다.											
나는 내 미래에 대해 긍정적으로 생각한다.											

7. 자신의 삶에서 다음의 것들에 대해 각각 얼마나 만족하나요?

설문 내용	0=전혀 만족하지 않음						완전히 만족함=10				
	0	1	2	3	4	5	6	7	8	9	10
함께 사는 사람들											
지금 살고 있는 집											
현재 다니고 있는 지역아동센터											
살고 있는 동네											
내가 안전하다고 느끼는 정도											
친구들											
내 시간을 사용하는 방법											
나의 외모											
내가 가지고 있는 것(내가 가진 돈이나 물건)											
내가 가진 자유											
앞으로 나의 미래에 일어날 일들											
일반 어른들이 내 말에 귀 기울여 주는 정도											
나의 건강											
전체적인 내 삶											

☺ 설문에 응답해 주셔서 감사드립니다.

참고문헌

강다연(2019). 청소년 프로그램의 평가방법론에 대한 연구. 서울대학교 대학원 석사학위논문.

강석영 · 양은주 · 방나미(2011). 잠재적 학업중단 창소년을 위한 개입 프로그램 개발. **열린교육연구**, 19(1), 89-125.

국가법령정보센터 홈페이지. https://www.law.go.kr

권양이(2013). **청소년 프로그램 개발과 평가**. 서울: 박영사.

권양이(2014). 청소년의 부모와의 갈등, 또래지지 및 우울감이 학교적응에 미치는 영향. **미래청소년학회지**, 11(2), 87-114.

권양이(2023). **아동복지론**. 서울: 학지사.

권일남(2000). 청소년을 위한 야외활동 프로그램 운영 방향. **한국농업교육학회지**, 31(2), 85-98.

권일남 · 정철상 · 김진호 · 김영철(2003). **청소년활동 지도론**. 서울: 학지사.

김나연 · 이기춘(2005). 취학기 아동청소년 소비자교육의 연구동향 - 연구주제, 연구방법 및 교육대상을 중심으로. **한국가정과교육학회지**, 17(4), 27-4.

김남선(2010). **평생프로그램 개발론–이론과 실제**. 경북: 대구대학교 출판부.

김영종(2013). **사회복지프로그램개발과 평가**. 서울: 학지사.

김영종 · 권순애(2003). 논리모델(Logic model): 사회복지 프로그램 기획에의 적용가능성. **사회과학연구**, 209-226.

김윤나 · 오승근 · 정건희 · 손진희 · 양은일(2018). **미래지향적인 청소년프로그램 개발과 평가**. 서울: 신정.

김정률(2017). 청소년 프로그램 개발과 성과평가를 위한 Logic model 적용의 참여연구-참여연구 전개과정을 중심으로. **한국청소년활동연구**, 3(2), 41-71.

김지연(2019). 교육 프로그램 목표의 구체성: 청소년 개발에 대한 함의. **교육 연구 리뷰**, 14(3), 98-112.

김진화(2001). **청소년문제행동론**. 서울: 학지사.

김진화(2009). **평생교육 프로그램 개발론**. 경기: 교육과학사.

김진화 · 김경준 · 송병국 · 권두승 · 오혁진(2012). **청소년 프로그램개발 및 평가론**. 경기: 교육과학사.

김현정(2020). 장기 교육 목표와 청소년 개발에 미치는 영향. **교육 이론 저널, 45**(3), 123-138.

노병일(2023). **사회복지조사론**. 경기: 공동체.

마상욱(2021). **청소년 프로그램 개발 및 평가**(제2판). 경기: 공동체.

박경일 · 박승기 · 조수경 · 오승환 · 김진아 · 김안나(2019). **사회복지 프로그램 개발과 평가**. 경기: 양성원.

박성희(1994). **청소년활동 프로그램 개발의 기초: 프로그램 개발과 운영**. 서울: 한국청소년개발원.

박영주(2021a). 지역 사회 참여와 교육 목적: 청소년을 위한 더 나은 미래 구축하기. **지역 교육 리뷰, 12**(4), 98-112.

박영주(2021b). 참여적 프로그램을 통한 청소년 리더십 육성. **청소년 리더십 저널, 10**(1), 30-45.

박지영 · 배화숙 · 엄태환 · 이인숙 · 최희경(2005). **사회복지실천론**. 경기: 학지사.

변지나 · 정서현(2020). 개발 프로그램 평가자 역량 기준 마련을 위한 해외 사례 및 국내 적용 현황 분석. **국제개발협력, 15**(1), 23-48.

서울특별시, 서울여성가족재단(2015). **서울시 어린이 · 청소년 참여증진방안 연구**. 서울: 서울시여성가족재단.

서윤아 · 김형숙(2023). 노인학습자를 위한 미술교육 프로그램 요구분석, **조형교육**, 85, 47-66.

석봉지역아동센터(2023). '우리도 제주도 간다' 사업계획서.

손영우 · 최옥채 · 송영미 · 김옥선 · 주옥인(2017). **사회복지실천론**. 경기: 양서원.

신용주(2017). **사회복지 프로그램 개발론**. 서울: 학지사.

여성가족부(2014). **청소년백서**.

여성가족부(2022). **청소년백서**.

여성가족부(2023). **청소년백서**.

여성가족부(2024). **청소년백서**.

여성가족부(2024). 청소년프로그램 공모사업 공고 보도자료. 1월 29일.

여성가족부 · 한국청소년활동진흥원(2023). 2023년 청소년 프로그램 공모사업사례집.

유진이 · 윤혜순(2020). **청소년 프로그램 개발과 평가**(제2판). 경기: 양서원.

이 건(2012). 증거기반 정책과정에서 서베이조사방법의 역할탐색. **한국정책논집**, 12, 94-112.

이교봉(2008). 청소년의 역량개발을 위한 청소년 활동 프로그램의 발전 방안에 관한 연구. 명지대학교 대학원 박사학위논문.

이병기(2010). **청소년 프로그램 개발론**. 서울: 학지사.

이봉주 · 김예성 · 임정임(2009). 학교폭력예방프로그램 개발 및 효과성 평가 연구-논리모델에 기반하여. **한국청소년연구, 20**(20), 257-281.

이석민(2011). 프로그램 논리모형(Logic Models)의 적용과 사용에 관한 연구-간접흡연제로! 서울 평가지표 개발연구 사례를 중심으로. **한국거버넌스회보, 18**(1), 211-242.

이성호(2004). **교육과정 개발의 원리**. 서울: 학지사.

이순호(2019). **청소년 기관 운영론**. 경기: 양서원.

이순호(2020). **청소년 프로그램 개발과 평가**. 경기: 교육과학사.

이신동 · 조형정 · 장선영 · 정종원(2012). **알기 쉬운 교육방법 및 교육공학**. 경기: 양서원.

이창훈(2008). ADDIE모형에 근거한 창의 공학 설계교육 프로그램 모형 개발과 적용방안. **한국기술교육학회지, 8**(1), 131-146.

이화정 · 양병찬 · 변종임(2003). **평생교육 프로그램 개발의 실제**. 서울: 학지사.

임중철 · 김선웅(2019). **사회복지 프로그램 개발과 평가**. 경기: 공동체.

임지연(2006). 청소년 활동 프로그램의 논리주도적 평가준거체계개발. 고려대학교 대학원 박사학위논문.

임철일(2000). **교수설계이론**. 서울: 교육과학사.

전보혜(2016). 범이론적 모형과 ADDIE 모형을 이용한 치과금연 프로그램 개발. 이화여자대학교 대학원 박사학위논문.

정건희 · 장여옥 · 손진희 · 이응택 · 박경미(2024). **청소년프로그램개발과 평가**. 경기: 어가.

정용권 · 김진모(2009). 기업체 근로자의 경력개발프로그램 요구분석. **산업교육연구**, 19, 1-30.

정하성 · 안승열(2003). **청소년 프로그램의 실제론–사회적응 프로그램 개발**. 서울: 학문사.

정하성 · 안승열(2015). **청소년 프로그램의 실제론–사회적응 프로그램 개발**. 경기: 교육과학사.

조규필 · 진은설 · 현안나 · 박현진 · 안은민 · 김수진(2015). **2015 학교 밖 청소년 자기계발 프로그램 운영모형 개발**. 부산: 한국청소년상담복지개발원.

주석진 · 김희영 · 최웅(2019). 학교사회복지사의 수련제도 도입에 대한 인식과 수련교육 요구분석. **학교사회복지**, 45, 29-57.

진은설 · 이혜정 · 김도형(2022). **청소년 프로그램 개발과 평가**. 서울: 학지사.

차승봉 · 박혜진(2020). FGI 분석을 통한 학습 프로그램 활성화 방안 연구. **문화와 융합, 45**(7), 453.

최민규(2018a). 교육 기관의 응집력 구축: 공동 목표의 역할. **교육 리더십 저널, 25**(1), 67-79.

최민규(2018b). **청소년 리더십과 조직관리**. 서울: 백산출판사.

최민규(2018c). 청소년 프로그램의 의도성: 성공을 위한 틀. **교육 심리학 저널, 36**(2), 145-159.

최용석(2006). 외식기업의 서비스 마케팅믹스가 브랜드자산구성과 재구매 의도에 미치는 영향 연구: 한식브랜드 중심으로. 경기대학교 대학원 박사학위논문.

한국청소년개발원 편(1997). **프로그램 개발과 운영**. 서울: 인간과복지.

한국청소년개발원(2004). **청소년학 용어집**. 서울: 교학사.

한국청소년개발원 편(2009). **청소년 프로그램 개발 및 평가론**. 경기: 교육과학사.

한국청소년활동진흥원(2022). 숙박형 등 청소년수련활동 계획의 신고 제도 안내 매뉴얼: 주최 기관용.

한국청소년활동진흥원(2023). 청소년활동 종합 안전 매뉴얼: 활동안전관리편.

한국청소년활동진흥원(2024). 2023 청소년프로그램 공모사업 사례집.

한국청소년활동진흥원 홈페이지 https://www.kywa.or.kr

한상철(2009). **청소년학**. 서울: 학지사.

황성철(2019). **사회복지프로그램 개발과 평가**. 경기: 공동체

홍선미(2018). **청소년 프로그램 개발과 평가**. 서울: 한국문화사.

Bloom, B. S. (1956). *Taxonomy of educational objectives: The classification of educational goals. In Handbook I: Cognitive Domain*. New York: David McKay Company.

Chambers, E. (2000). *Program Evaluation: A Guide for Practitioners*. Educational Publications.

Davidson, E. J. (2005). *Evaluation Methodology Basics: The Nuts and Bolts of Sound Evaluation*. Thousand Oaks, CA: Sage Publications.

Dean, D. G. (1994). *The Youth Development Handbook: Coming of Age in American Communities*. New York: The Free Press.

Dewey, J. (1938). *Experience and Education*. New York: Macmillan.

Eccles, J. & Gootman, J. A. (2002). *Community Programs to Promote Youth Development*. Washington, DC: National Academy Press.

Gallahue, D. L. & Ozmun, J. C. (2006). *Understanding Motor Development: Infants, Children, Adolescents, Adults*. New York: McGraw-Hill.

Kolb, D. A. (1984). *Experiential Learning: Experience as the Source of Learning and Development*. Englewood Cliffs, NJ: Prentice Hall.

Lerner, R. M. & Lerner, J. V. (2004). Positive Youth Development in the United States: Research Findings on Evaluations of Positive Youth Development Programs. *The ANNALS of the American Academy of Political and Social Science, 591*(1), 40–58.

Lerner, R. M. & Steinberg, L. (2009). *Handbook of Adolescent Psychology, Volume 1: Individual Bases of Adolescent Development*. Hoboken, NJ: John Wiley & Sons.

Mager, R. F. (1962). *Preparing Instructional Objectives*. San Francisco: Fearon Publishers.

Robinson, S. P. & Judge, T. A. (2010). *Organizational Behavior*. New Jersey: Pearson Education.

Seevers, B. S. (1997). *Program Planning and Evaluation*. Educational Publishing.

Stufflebeam, D. L. (2003). *The CIPP model for evaluation. In Evaluation Models: Viewpoints on Educational and Human Services Evaluation*. Dordrecht: Springer.

Szopik-Depczyńska, K. (2016). The importance of planning in project management - Theoretical approach. *Reports on Economics and Finance, 2*(1), 83-91.

Tyler, R. W. (1949). *Basic Principles of Curriculum and Instruction*. Chicago: University of Chicago Press.

찾아보기

저 / 자 / 소 / 개

■ **김연서**

대전대학교 대학원 사회복지학박사
현, 우송정보대학교 사회복지학과 겸임교수
〈저서 및 주요 논문〉
청소년문화론(공저)
빈곤아동의 자기결정성이 심리적복지감에 미치는 영향

■ **이재연**

대전대학교 대학원 사회복지학박사
현, 푸른나무 숲 심리상담센터장
〈저서 및 주요 논문〉
지역사회복지론(공저)
생태체계요인이 청소년의 우울에 미치는 영향

■ **박미영**

한남대학교 대학원 아동복지학박사
현, 동그라미심리상담센터 센터장
　　동그라미발달연구소 사회적협동조합 이사장
〈저서 및 주요 논문〉
발달장애인 사례보고서(공저)
장애자녀와 비장애자녀를 함께 양육하는 어머니의 돌봄 경험에 관한 현상학적 연구

■ **최난희**

대전대학교 사회복지학과 박사
현, 채움사회적협동조합 석봉지역아동센터 시설장
〈저서 및 주요 논문〉
지역아동센터 이용 아동의 결핍인식이 우울감에 미치는 영향
-자아존중감과 사회적지지의 매개효과를 중심으로-

■ **심희숙**

대전대학교 대학원 사회복지학박사
현, 국공립 예뻐뽀어린이집 원장
〈저서 및 주요 논문〉
청소년심리 및 상담(공저)
아동의 삶의 질에 영향을 미치는 요인

■ **홍정미**

대전대학교 대학원 사회복지학박사
현, 산마을케어센터 대표
　　산마을통합돌봄사회적협동조합 이사장
〈저서 및 주요 논문〉
사회복지현장에서 살맛나는 세상(공저)
치매돌봄제공자의 심리적 임파워먼트가 서비스질에 미치는 영향: 직무몰입 매개효과를 중심으로

■ **윤종선**

대전대학교 대학원 사회복지학박사
현, (사)부스러기사랑나눔회 대표
〈저서 및 주요 논문〉
청소년 심리 및 상담(공저)
빈곤청소년의 일상 스트레스와 심리적 안녕감 사이의 관계
-자기효능감과 진로성숙도의 조절효과를 중심으로

■ **유재진**

대전대학교 대학원 공공사회복지 박사과정
현, 동그라미발달연구소 사회적협동조합 실장
　　대전열린가족통합상담센터 전문강사
〈저서 및 주요 논문〉
발달장애인 사례 보고서(공저)

청소년 프로그램 개발과 평가

1판 1쇄 인쇄 — 2025년 2월 10일
1판 1쇄 발행 — 2025년 2월 14일

저　　자 - 김연서 이재연 박미영 최난희
　　　　　 심희숙 홍정미 윤종선 유재진
발 행 인 - 강철원
발 행 처 - 양성원
주　　소 - 경기도 파주시 검산로 173번길 29-12
전　　화 - 031-946-3861(代)
팩　　스 - 031-946-3864
이 메 일 - tnwpub@naver.com
홈페이지 - tnwpub.co.kr
출판등록 - 2015년 8월 31일 제 2015-000211 호

ISBN 979-11-6126-610-7

정가 22,000원